KB271005

북한의 선택,
공멸인가 공존인가?

북한의 선택, 공멸인가 공존인가?

초판 1쇄 찍은 날 · 2007년 6월 10일 | 초판 1쇄 펴낸 날 · 2007년 6월 15일

지은이 · 유석렬 | 펴낸이 · 김승태

편집 · 이덕희, 최선혜, 방현주 | 디자인 · 이훈혜, 이은희, 정혜정
영업 · 변미영, 장완철, 김성환 | 물류 · 조용환, 엄인휘

등록번호 · 제2-1349호(1992. 3. 31.) | 펴낸 곳 · 예영커뮤니케이션
주소 · (110-616) 서울 광화문우체국 사서함 1661호 | 홈페이지 www.jeyoung.com
출판사업부 · T. (02)766-8931 F. (02)766-8934 e-mail: jeyoungedit@chol.com
출판유통사업부 · T. (02)766-7912 F. (02)766-8934 e-mail: jeyoung@chol.com
제작 예영 B&P · T. (02)2249-2506~7

copyright©2007, 유석렬

ISBN 978-89-8350-717-4 (03300)

값 12,000원

북한의 선택,
공멸인가 공존인가?

유석렬 지음

예영카뮤니케이션

과거를 살펴 미래를 분석하는 것은 상식이다. 그럼에도 불구하고 그것은 어디까지나 우리 인간의 상식일 뿐이다. 하나님이 계획하심을 우리로서는 어떻게 미리 알 길이 없다. 오늘 우리가 내놓은 이 "북한의 선택"이라는 어휘에서 왠지 북한의 종말을 느낀다. 이런 느낌과 이런 분석들이 거의 20년 이상 우리를 어리둥절하게도 해 왔다.

그럼에도 불구하고 우리는 과거를 살펴보며 오늘 일어나고 있는 이 정세들을 정확하게 그리고 심도 있게 다룰 필요를 느낀다. 지난 1년간은 그 어느 때보다도 많은 정보와 변화 그리고 내부 사정을 느낄 수 있었다. 그리고 이 일을 위해 연구원에서 수고하여야 했음을 알고 있다.

전문가의 통찰력과 지식, 그리고 노고가 곁들여져 출판되는 이 조그마한 책자가 북한을 이해하고 더 나아가 북한을 향해 복음을 전해 하나님의 나라를 성취해 보려는 이들에게 큰 도움이 될 것을 의심치 않는다.

무익한 종 이 삭
모퉁이돌선교회

차례

북한은 2005년 설 연휴 때 핵 보유 선언으로 기분을 망치게 하더니 지난해 추석 연휴 기간에는 핵 실험을 예고, 한글날에는 이를 강행하여 우리의 간담을 서늘하게 하였다. 핵 실험 후에 닥쳐올 무서운 국제적인 보복을 예상하면서도 김정일 국방위원장이 그 길을 택한 이유는 무엇인가? 미화 위조 유통과 마약 밀매 등으로 국제 금융 제재를 자초한 북한이 그 제재를 풀고 체제 단속을 위한 내부 결속을 겨냥했을 것이라는 분석이다.

새해가 시작되면서 모든 사람들의 관심은 온통 북핵 문제를 비롯한 한반도 정세 변화에 쏠리고 있다. 정초부터 김 위원장이 중국을 비밀리에 방문했고, 남북 관계는 군사 문제를 제쳐 놓은 채 경협에만 매달리면서 '반보수 대연합' 을 들고 나왔기 때문이다. 북한은 체제 수호를 위한 최후의 보루로서 천신만고 끝에 핵을 보유하게 된 만큼 결코 핵을 쉽게 폐기할 수 없다는 입장이다. 미 · 일 등 주변국들로부터 압박을 예상하지만 북한은 그러한 압박을 완화시키는 핵심 축으로 한 · 중 · 러와의 협력 강화를 택했다. 그것이 핵 폐기 압력을 막는 방패막이 역할로 훌륭하게 활용할 수 있다는 것이다.

이런 상황에서 북핵 해결을 위한 제 5차 6자 회담이 아무런 성과 없이 끝났고 다음 회담을 준비하고 있는 중에 북한의 마약 밀매와 위폐 제조 문제가 느닷없이 나타나 북·미가 극한 대결로 치닫게 되었다. 북한은 미국의 금융 제재 조치가 철회되지 않으면 6자 회담에 복귀하지 않겠다는 태도이며 미국은 범죄 행위에 대하여는 엄격한 국내법으로 대처하겠다는 단호한 태도를 보였다.

북한은 "미국의 대조선 적대시 책동이 계속되는 한 자위적 전쟁 억제력을 적극 강화 발전시킬 것"이라며, "미국이 침공할 경우 자위를 위해 핵무기로 보복을 가할 것"이라고 엄포를 놓았다. 한편, 미국은 북한의 '폭정 종식'을 위해서는 '점령' 대신 '정권 교체' (Regime Change)로 보고 김정일 체제의 붕괴를 목표로 내부 교란 작전인 '작계 5030'을 수립해 실행 중이라고 했다.

북한은 나름대로의 목표가 있고 전략이 있다. 역사적으로 북한 정권이 들어선 후 변함없이 추구해 온 목표는 혁명을 완수하여 전 한반도를 통치하는 것이다. 남쪽에 체제를 달리하는 정권이 들어서 미국과 지속적인 군사 관계를 유지하는 한 북한의 전략 목표는 좌절되고 북한 체제는 심각하게 위협 받는 것으로 보았다. 더구나 1990년대 들어서면서 국제 정세가 북한에게 급격히 불리해지자 북한은 혁명 완수보다는 체제를 유지하는 문제가 '발등에 떨어진 불'이 되었다.

북한에게는 또 하나의 골치 아픈 문제가 생겼다. 탈북 동포 문제이다. 중국에 체류하고 있는 탈북 동포들은 불법 체류의 성격상 중국 공안에 쫓기고 인신 매매, 강제 북송으로 고문과 매질과 감금을 당하면서 모진 역경 속에 살고 있다. 중국은 탈북자를 북중간 양자 문제로 그 성격을 엄격히 제한하고 양 공안국간의 협정에 따르고 있다. 그러나 미국 정부는 북한 체제를 압박하는 한 방법으로 탈북 동포에게 난민 지위를 부여하고 한국 국적을 취득한 탈북 동포에게 정치적 망명을 허용하는 등 정책의 변화를 보이고 있다.

그렇지 않아도 불안하던 남북 관계도 북한의 미사일 발사에 대한 유엔 제재 결의안이 채택된 이후 사태가 더욱 꼬여 갔다. 북한은 유엔 안보리 결의안을 전면 거부하고 나섰고, 미·일은 대북 추가 제재로 맞섰다. 개성 공단과 금강산 관광 사업 등 남북 경협도 현금의 북한 유입 자제라는 측면에서 논란의 대상이 되고 있다. 남한의 힘겨운 지원을 받고서도 고맙다는 말 한 마디 않던 북한이 북한의 선군 정치가 남한 주민들을 살리니 쌀을 '내라'는 식의 억지를 썼다. 지원이 끊겨 곤경에 처한 북한은 전군과 전민에게 '전시 동원령'을 내리고 주민 이동 통제, 군의 전투 식량 긴급 조달 등 긴박한 움직임도 관측되었다.

북한의 미사일 발사는 한미일 공조에 큰 타격을 주었지만, 미국은 미일 동맹을 강화하면서 중국과 연대하는 전략을 성공시켰다. 일본은 대북 강력 제재를 주장한 한편, 중국과 러시아는 제재보다 규탄에 무게를 두는 유엔 안보리 결의를 채택케 했다. 북한은 '믿는 도끼에 발을 찍힌 셈이니' 중국에 대해 '배신자'라고 분통을 터뜨렸고 한국에 대해서도 불쾌감을 드러내기도 하였다.

한국과 미국 간에도 여러 가지 문제가 있다. 특히 전시 작전권 문제로 온 나라가 떠들썩했다. 사실 따지고 보면 전시 작전권 문제는 그렇게 서두를 일이 아니다. 이양을 주장하는 측에서는 '전시 작전권 이양은 자주 국방의 핵심이고 자주 국방은 자주 국가의 길'이라고 하지만 그동안 전시 작전권은 한국의 '자주'나 '군사 주권' 또는 '군 통수권'을 크게 훼손하여 문제를 일으킨 적이 없었다. 작전권 이양 문제는 원만한 한미 관계에서도 극히 신중해야 할 사안인데 지금과 같이 한미 관계가 불협화음을 내고 있는 상황에서는 더욱 주의를 기울여야 할 문제이다.

북한이 핵 실험까지 한 상황에서 한국은 한국전쟁 이래 최대의 엄중한 안보 위기를 맞고 있다. 북한은 핵을 손에 쥐었을런지 모르지만 핵을 먹고는 살 수 없는지라 주변국들로부터 본격적인 경제 제재를 받으면 북한 내에 엄청난 아사자와 탈북자들이 체제를 크게 위협할 것이다. 최근 들어 북한과 미국이 6자 회담을 통한 문제 해결의 실마리를 찾기 위한 진지한 노력이 엿보여 또 한 번 기대를 걸게 하고 있다.

이 책의 목적은 북한 실상과 남북 관계 그리고 주변 정세를 올바로 이해하면서 북한의 복음화와 민족의 통일을 앞당겨 실현할 수 있도록 함께 기도하자는 데 있다. 이때야말로 모여서 기도하고 흩어져서 선교할 시기임을 깨닫고 북한 복음화를 위해 한 목소리로 기도하면서 앞장서 나서야 할 때이다. 북한 선교 주저할 시간이 없다.

이 책은 모두 7장으로 이루어졌다. 제 Ⅰ, Ⅱ장은 북한의 대내 정세와 전략, 그리고 북한의 대량 살상 무기 개발과 생존에 대해서 다루었다. 북한은 대내적으로 '선군 정치'를 내세운 주민 결속을 통하여 체제 유지에 모든 전략의 초점을 맞추고 있다. 김정일 위원장을 중심으로 한 '수령 결사 옹위주의' 기치를 들고 있으나 최근 북한의 상황 변화는 이러한 분위기를 거스르고 있다. 북한은 체제 유지 강화를 위하여 대량 살상 무기를 개발했으나 그 결과는 체제의 생존을 단축시키는 위험을 함께 가지고 있다.

제 Ⅲ장은 한반도 위기와 북한의 미·중 관계를 분석했다. 한반도 위기는 중국의 '동북공정'에서 시작된다. 중국은 북한이 핵 문제로 미·일을 비롯한 주변국들의 대북 경제 제재에 동참, 북한이 고립된 틈을 악용하고 있다. 중국이 북한의 자원을 독점, 배타적 영향권 내에 두려한다면 한반도의 통일은 요원할 수밖에 없다. 그러나 북한과 중국 내에 종교적 변화의 바람이 일고 북미간 대결이 해결의 가닥을 찾아감에 따라 북한의 고립이 완화되고 미국의 영향도 늘어날 것이 예상된다.

제 Ⅳ, Ⅴ장은 공전하는 남북한 관계와 불편한 한·미 동맹 관계를 설명했다. 북한은 정권 수립 이후 대남 혁명을 전략 목표로 추구했으나 불리한 주변 상황에 따라 체제 유지에 역점을 두었다. 최근에는 한국 정부의 지속적인 친북 진보 정책에 힘입어 당초의 '민족 해방, 인민 민주주의 혁명 전략'으로 회귀한 것으로 보인다. 더구나 남북한 관계가 한국 정부의 진지한 노력에도 불구하고 공전하고 있는 가운데 한미 동맹 관계는 '전시 작전권' 이양 문제를 비롯하여 북핵 문제를 둘러싸고 심각한 이견을 보이고 있다.

제 Ⅵ, Ⅶ장은 북한 체제 일탈 심화와 북한 종교 탄압 및 북한 선교 문제를 심층 분석했다. 북한 정권은 체제 유지를 위해 대량 살상 무기를 개발하고 주민 결속을 통한 체제 단속을 강화하고 있다. 그럼에도 불구하고 북한 체제를 일탈하는 많은 현상이 드러나고 있음은 주목할 만하다. 북한 체제 유지와 관련, 기독교는 미국의 핵이나 한국의 보수 세력보다 더 위험한 것으로 지목되고 있다. 북한의 변화와 개방을 이끌 수 있는 힘은 기독교가 가지고 있다는 것을 북한 정권도 잘 알고 있기 때문이다. 이 때문에 북한은 기독교를 계속 탄압하고 있지만 북한 선교는 이제 돌이킬 수 없는 강력한 힘이 되고 있다.

끝으로 이 책이 북한 선교에 관심 있는 많은 사람들에게 읽혀 북한 복음화를 위한 힘을 모으고 함께 기도할 수 있는 북한 복음화 동역자들이 늘어나기를 바란다. 독자들로부터 값있고 꼭 필요한 조언이 있기를 원하고 이 책을 출간해 준 예영커뮤니케이션에 감사하며 원고 정리 및 교정을 맡아 함께 수고해 준 모퉁이돌선교회 박영국, 임호정 간사에게 깊은 감사의 뜻을 표한다.

2007년 5월 10일
유석렬

Ⅰ. 북한 대내 정세와 전략

1. 향후 북한의 전략, 무엇을 노리나

1) 신년사의 의미와 필요성

북한 당국은 매년 거르지 않고 신년사를 발표한다. 올해도 1월 1일을 기해 어김없이 《노동신문》, 《조선인민군》, 《청년전위》 3개 신문 명의로 '신년 공동 사설'을 발표했다. 김일성 생존 시에는 육성으로 매해 신년사를 발표해 왔다. 김일성 사후 1995년부터는 '유훈 통치' 기간에다 공식 연설을 한 번도 해 본 적이 없는 김정일 위원장에게는 부담도 있어 '공동 사설'로 대치하고 방송 아나운서가 읽게 하고 있다.

김일성의 육성으로 북한 전 지역에 방송되는 신년사는 그의 카리스마적 존재에 비추어 정치적인 비중이 대단했으나 '공동 사설'로 바뀐 후 그 중요성이 크게 줄었다. 올해 신년 공동 사설은 "원대한 포부와 신심에 넘쳐 더 높이 비약하자"는 주제이나 내용상으로 볼 때 전년과 다를 바 없다. 과거 11년간 '신년 공동 사설'의 제목을 분석해 보면 '당의 령도', '강성 대국 건설', '진군', '선군' 등의 단어들이 차례로 많이 나온다. 결국 한마디로 말하면 '당의 령도 밑에 선군 기치 따라 강성 대국을 건설하자.'는 것, 즉 사상 결속으로 수령 결사 옹위주의를 내세워 체제를 수호하자는 것이다.

2006년 공동 사설은 1만 3,000여자에 달하는 방대한 내용을 평양 방송 아나운서가 40분간 읽었다. 목청을 돋우어 힘차게 읽었지만 새로운 것이 없고 밋밋하고 추상적이며 구체적인 내용이 없는 두루뭉술한 수사(修辭)로만 나열했을 뿐이다. 새로운 단어를 사용, 표현을 달리했을 뿐이다. 그것도 그럴 것이 별로 바뀐 것이 없는 열악한 북한의 대내외 상황 속에서 무슨 새로운 획기적 내용을 발표할 수 있겠는가?

이런 북한의 '신년 공동 사설'이 가지는 의미는 결코 확대 해석되어서는 안 될 것이다. 많은 전문가들은 북한의 신년사를 통해 북한이 군사력 강화, 내부 결속 강화 및 남북 관계 지속 등에 중점을 둘 것이라고 전망한다. 그러나 이러한 정도의 전망은 공동 사설을 읽지 않고서도 북한이 처한 상황에 대해 조금만 이해하고도 쉽게 알 수 있는 것이다.

북한의 신년 공동 사설을 이해하는 방법은 내용이나 표현 자체보다는 왜 그런 표현을 했을까 하는 배경 분석이 중요하다. "선군 기치 밑에 우리식 사회주의의 위대한 번영의 시대를 열어나가는" 것이라든가, "혁명 수뇌부의 세련된 영도가 있기에 우리 조국과 민족의 앞길에는 끝없이 휘황찬란한 전망이 펼쳐지고 있다"는 것은 현실과 동떨어진 자화자찬이다. 주민들을 굶어 죽게 만들고 학정(虐政)을 견디지 못해 목숨을 걸고 국경을 넘게 하면서 어떻게 '휘황찬란한 전망'이라고 말할 수 있을까? 첫 부분 두서너 줄만 읽어도 더 읽고 싶은 생각이 나지 않는 내용들이다.

또 '경제 강국 건설의 귀중한 물질적 밑천을 마련하였다.'는 대목에서는 좀 황당한 느낌이 든다. 먹고사는 문제도 해결할 수 없는 상황에 경제 강국이라니, 그리고 군사 분야에 가서는 '군사적 위력을 백방으로 강화하겠다.'라고 하는데 대량 살상 무기를 은밀하게 개발하는 것 말고는 무슨 돈으로 그렇게 하겠다는 것인지 미국의 금융 제재로 북한 경제가 더욱 어려워질 것은 분명한데 말이다.

이렇게 허황된 신년 공동 사설 내용을 발표하는 날부터 북한 주민들은 가정과 직장에서 읽고, 암기하고 실천하겠다는 각오를 보여야 하니 그들의 고단한 처지를 가히 짐작할 수 있다. 그럼에도 불구하고 '신년 공동 사설'은 북한에서 나오는 몇 개 안 되는 중요한 일차 자료 중의 하나이기 때문에 행간을 읽으면서 북한의 의도와 배경을 분석하는 것은 의미 있는 일이다.

2) 북한의 대내 정세와 전망: 체제 수호가 관건

(1) 정치 정세: '수령 결사 옹위주의'로 체제 고수

2006년 북한의 대내 정치적인 최대 역점은 체제 안정 및 유지에 두어질 전망이다. 북핵 문제 해결과 관련 미국과 최악의 관계로 치달을 개연성이 있다. 6자 회담을 통한 북핵 해결 가능성은 점차 희박해지고 북미 간에 마주 달리는 기차처럼 강경 일변도로 나갈지도 모르기 때문이다. 2005년 말에 조성된 위폐(僞幣) 문제 등 북한의 국제 범죄 행위에 대한 미국의 제재 움직임도 심상치 않다. 미국의 조직적인 제재가 시작될 경우 북한 지도 체제에도 심각한 위협이 될 수 있으며, 특히 김정일 위원장에 대한 북한 주민들의 신뢰에도 금이 갈 수 있다.

북핵 문제가 해결되지 않으면 북한은 미·일을 비롯한 서방 국가

들과의 관계도 후퇴되는 가운데 한국과 중국과의 관계만 활발하게 지속될 전망이다. 북한이 외부 세계와의 접촉은 북한 주민의 의식구조를 시장 경제 원리와 인권, 그리고 민주적 생활 방식을 불가피하게 따르는 방향으로 점차 바꿔 놓을 것이다. 이러한 변화는 주체사상이나 선군 정치를 내세우고 있는 북한 당국에게는 엄청난 위협적 요인으로 작용할 것이다.

이런 맥락에서 북한은 현 시기를 '평시'보다는 '전시'를 방불케 하는 위험한 때로 인식하면서 선군 정치와 수령 결사 옹위주의를 통해 주민 결속 및 체제 수호에 역점을 둘 수밖에 없다는 것이다. 흔들리지 않는 김정일 위원장의 권위를 확고히 유지하는 것이 바로 '우리식 사회주의'를 고수하는 길이다. 이 목적을 위해서 김 위원장은 '선군 정치'를 통해 무력을 장악하고 대미 관계, 핵 문제 등에서 지난해의 업적을 과대 포장하는 방식으로 당·군·민의 결속을 통해 '수령 결사 옹위'를 끌어내려는 것이다.

올해 신년 공동 사설에서 북한은 "미제의 반 공화국 고립 압살 책동을 단호히 짓부시고, 우리의 사상과 제도, 우리의 위업을 굳건히 지켜냈다."고 하면서, "위대한 장군님의 세련된 령도 예술과 특출한 정치 실력을 떠나서 생각할 수 없다."고 주장했다. 이는 북한 정권의 체제 수호를 위한 절박한 대내용이다. 그러지 않아도 정치적 불안 요소들이 도사리고 있는데 중심이 흔들릴 수 없기 때문이다.

체제 결속을 위해서는 이제까지 미국에 대해서 공세적 표현을 써 왔으나 상황이 불확실하고 자칫 미국의 제재가 현실화 될 가능성이 높은 상황에서 미국을 자극하거나 대치 국면을 만들지 않으려는 의도가 엿보인다. 그 대신 북한은 "사회주의 강성 대국의 령마루를 향하여 전당, 전군, 전민이 대담하고 전면적인 공격전을 벌여 나갈 것"

을 호소했다.

현시점에서 체제 수호와 관련 북한의 최대 관심은 사상 투쟁이다. 신년 공동 사설에서 북한은 "사회의 주력을 이루고 있는 혁명의 3세, 4세들을 정치 사상적으로 튼튼히 준비시켜 일심 단결의 대가 굳건히 이어지도록 해야 한다.", "우리는 사회주의를 결사 수호한 〈고난의 행군〉 정신을 절대로 잊지 말아야 하며 백절불굴의 투지로 만난을 맞받아 뚫고 나가야 한다.", "적들의 비열한 사상 문화적 침투와 심리 모략전을 혁명적인 사상 공세로 단호히 짓부시며 사회주의 제도를 좀먹는 온갖 이색적인 요소들이 추호도 침습할 수 없게 해야 한다."는 등 '사상 제일주의'를 내세워 체제 결속을 기했으며, 앞으로 북한 당국은 어느 것보다 대내적으로 사상 투쟁을 앞세울 전망이다.

(2) 경제 정세: 피치 못할 '고난의 행군' 재개

2006년 신년 공동 사설에서 북한은 "경제 건설 분야에서 최근 몇 해 동안에 해 놓은 일보다 더 큰 성과를 이룩하였다.", "경제 전반이 확고한 상승의 궤도에 들어서게 되었다."고 했으며 경제 분야의 기적과 전변은 번영과 행복의 날을 기약한다는 희망찬 기대를 안겨 주었다.

북한의 경제는 1990년부터 1998년까지 마이너스 성장을 기록하다가 99년 6.2% 성장한데 이어 2000년 1.3%, 2001년 3.7%, 2002년 1.2%, 2003년 1.8%, 2004년 2.2%, 2005년에도 비슷한 정도로 성장한 것으로 추정하고 있다. 이러한 수치에 따르면 북한의 경제가 전반적인 상승을 하고 있는 것은 사실이지만 아직도 가난의 늪에서 벗어나지 못하고 있는 것을 보면 '경제 분야의 기적과 전변'이라고 할 아무런 근거가 없는 것이다.

　　2004년도 북한의 국민 총소득은 208억 달러로 한국의 약 33분의 1, 1인당 국민 소득은 914달러로 약 16분의 1 수준으로 추정했다. 북한의 인구는 2,270만 명으로 남한(4,808만 명)의 절반밖에 안 되지만 위의 수치만 가지고도 북한의 생활 수준을 어렵지 않게 짐작할 수 있다.(중앙 2005.6.1)

　　신년 공동 사설의 호언장담과는 달리 북한의 식량 사정은 여전히 열악하다. 북한의 지난해 곡물 수확량은 전년의 420만 톤에서 기껏 10% 늘어났을 뿐이다. 그러나 이것은 실제 북한이 필요로 하는 최소 곡물 수확량인 600만 톤에 여전히 못 미치는 수치다. 북한이 90년대 중반 200만~300만 명이 사망했던 기근의 늪에서 탈출했다고 볼 수 없다. 여전히 식량은 부족하며 지난해 작황이 다소 좋았다고 해도 일회성일 가능성이 높다.

　　2003년 1kg당 150원하던 수입쌀이 2006년 1월 현재 850원으로 (평양 대흥시장의 경우) 102.5원하던 옥수수쌀 1kg이 502원으로 치솟았다. 식용유 1병(1kg) 1,000원, 소금 1kg 200원을 호가하는데 일반 기술 노동자의 평균 월급 1,500~2,000원 가지고 살길이 막막하다. 식량 배급도 지난해에는 사람이 생존을 위해 필요한 칼로리 절반에도 못 미치는 250g을 주었다가 현재는 300~350g로 올려 주고 있으나 여전히 턱없이 부족하다.(미래 2005.10.22)

　　이런 상황에서 북한은 2005년 5월 전 주민에게 '제 2의 고난의 행군'을 준비하라고 지시했다는 것이다. 다시 한 번 대량 아사(餓死)를 각오하고서라도 국제 사회의 북핵 폐기 압박에 굴복하지 않겠다는 의지의 표현으로 보인다. 이와 함께 북한 당국은 북한에 주재하고 있는 대부분의 NGO들이 지난해 말까지 북한을 떠나줄 것을 요청했다. 이러한 결정은 북한 지도부가 최근 들어 북한의 기밀 정보가 거듭 유출되고 있는 것에 대해 불쾌감을 표시한 것으로 볼 수 있다. 경제보다 중요한 사상의 오염을 막기 위한 조치였다.

북한의 경제를 활성화시키는 길은 개혁·개방의 길로 나가는 것이지만 이는 북한의 체제 붕괴를 앞당길 수 있어 김 위원장 체제가 전재하는 한 개혁·개방은 생각할 수 없는 것이다. 실제로 김 위원장은 개혁·개방에 대해 노골적인 반감과 거부감을 표시했다. "개혁·개방에 대한 우리의 입장은 단호하고 명백합니다. 누가 무어라고 하든, 어떤 바람이 불어오든 우리당과 인민은 결코 개혁·개방의 길로 나가지 않을 것입니다."(조국 2004. 12월 발간)라고 했다.

2006년 신년 공동 사설은 인민 경제의 개건 현대화에 대해서 장시간 할애했다. 지난해에 이어 올해도 '농업을 경제 건설의 주공 전선'으로 설정한 가운데 "농사에 모든 역량을 총동원, 총집중할 것을 촉구, 농업 증산을 통한 '먹는 문제' 해결을 최우선 경제 과업으로 제시했다. 이어서 공동 사설은 전력, 석탄, 금속 공업과 철도 운수 부문 등 기간산업을 결정적으로 추켜세울 것"과 주민 생활과 직결된 경공업 분야에서의 증산을 촉구했다.

북한 당국이 농업이나 경공업을 내세운 것은 식량난 등 최악의 생활고에 허덕이는 북한 주민들의 불만과 체제 일탈을 막기 위한 궁여지책이며 유사시에 불만계층들의 반 김정일 세력으로의 결집을 우려하고 있다는 반증이다. 북한 체제의 속성이나 총체적인 경제 위기 상황으로 볼 때 농업이나 경공업보다 기간산업 등의 생산재 산업에 역점을 둘 수밖에 없는 것이 현실이다. 공동 사설에서 "긴요하고 실리 있는 대상부터 하나하나씩 개건 현대화를 해야 한다."고 주장한 것은 무엇보다 산업 시설 현대화에 역점을 둘 것임을 분명히 한 것이다. 식량이나 생필품 등은 한국과 중국을 비롯한 주변국들과 국제기구 등에 의존할 가능성이 크다.

그러나 유엔 세계식량기구(WFP)는 올해 들어 북한 내 모든 식량 지원 사업을 11년 만에 중단했다. 또 북한의 위폐 제조, 인권, 핵 문제 등으로 금융을 비롯한 경제 제재를 미국이 본격화하는 경우 북한의 경제는 매우 심각한 타격을 받을 수 있을 것이다. 현재 북한은 마카오 거래 은행의 인출 금지 조치로 막대한 액수의 비자금을 쓸 수 없게 됐다. 다른 국제 은행들도 북한과의 거래를 꺼리고 있다. 이런 상황이 지속되다간 '경제 활동의 뇌사 상태'에 이를 수도 있을 정도로 심각하다는 것이다.(중앙 2006.1.11)

경제 관리 개선과 관련, 내각의 역할을 증대시키는 부분에서는 내각의 책임 하에서 진행하는 경제 사업의 범주를 확대하고 이를 위한 제도적 개선 작업을 지속적으로 강화할 것이 예상된다. 한편 개혁·개방을 외면하고 있는 북한 경제가 단기간 내에 활성화될 가능성은 없기 때문에, 경제 침체로부터 나오는 모든 불평과 불만을 내각으로 돌리겠다는 꼼수를 쓰자는 것이다.

(3) 군사 정제: 대량 살상 무기로 '수령 결사 옹위'

김정일 국방위원장은 제도적으로 북한군을 지휘, 통솔하는 최고의 지위와 직책을 차지하고 있다. 매년 김정일 생일 때면 그의 생가로 선전되는 백두산 밀영에서 인민군 고위 장성들의 충성 맹세 결의 대회가 열린다. 이러한 결의 대회는 김일성 생일에 금수산 기념 궁전에서 되풀이된다. 마찬가지로 군에 대한 김정일의 관심과 배려는 여타 분야에 비교가 되지 않을 정도로 각별하다. 그는 "총대 위에 나라와 민족의 자주권이 있고 번영이 있고 찬연한 미래가 있다."(노동 2002.2.16)고 드러내 놓고 말했다.

그럼에도 불구하고 김정일이 군부를 완전히 장악했다는데 대해서 회의적인 시각도 있다. 그가 군부에 끌려 다니는 것이 아니냐는 의문이 그것이다. 그는 군부의 의견이 있을 때 무리가 있더라도 받아들임으로써 군의 사기를 높이고 충성을 끌어낸다. 북한이 김일성 사후 내외적으로 당면하고 있는 상황은 평시가 아닌 전시적 상황을 방불케 했다. 김정일 위원장이 군을 장악하든 못하든 군을 우선시하는 '선군 정치'는 체제 수호에 첫 번째 조건이다.

김정일 위원장이 '선군 정치'를 내세우고 있는 또 하나의 이유는 미국으로부터 오는 그의 신변 안전에 대한 위협을 차단하자는 것이다. 2004년 4월 7일 군과 당 기관에 배포한 '전시 사업 세칙'에 따르면 미국의 무력 공격에 대응 "전 부대에 김 총서기의 신변 안전을 철저하게 보장하는 것을 기본으로 둔다."는 지시가 있었다. 같은 시기에 장성급 군 핵심 간부의 군관들에게 교육용으로 배포한 '학습제강'에는 "미 CIA가 미 국방성에 대북 조선 공격 작전의 첫 목표로 북조선의 핵 시설보다 군 수뇌부를 우선시해야 한다고 주장하고 있다."며 김 위원장에 대한 위해(危害) 우려를 제기하면서 이에 대한 철저한 대비를 촉구했다.(중앙 2005.4.8)

특히 이 문건은 김 위원장이 "적들이 우리 혁명의 수뇌부를 노리며 갖은 책동을 다하는 조건에서 우리는 한시도 혁명의 경각성을 늦추지 말아야 한다."고 언급한 사실도 공개했다. 이런 맥락에서 올해 신년 공동 사설은 '수령 결사 옹위주의'를 한층 강조했다. "령도자를 따라 이 세상 끝까지 가려는…", "위대한 장군님만을 굳게 믿고 혁명의 수뇌부와 생사 운명을 끝까지 같이하려는 신념…", "령도자를 사상과 신념으로 따르고 결사 옹위하는 투철한 혁명가…", "수령 결사 옹위의 총폭탄 대오" 등으로 설명하고 있다.

선군 정치를 통한 수령 결사 옹위주의를 기회가 있을 때마다 강조하지만 현재 북한 군인들의 기강 해이와 전의(戰意) 상실 현상이 심각한 것으로 나타났다. '학습제강'을 통해서 북한은 김 위원장에 대한 충성심을 강조한 외에 군 수뇌부와 지휘관들의 정신 무장과 돈과 뇌물 등에 대한 경각심을 일깨웠고, 일상생활에서의 엄격한 청렴성을 요구했다. 이는 북한군 내부의 기강 해이와 부패상이 반영된 것이다.

최근 알려진 북한군의 기강 해이 사례엔 장교나 사병 가릴 것이 없다. 국경수비대들은 도강(渡江)을 묵인해 주는 대가로 돈을 챙기기도 하고, 군인들의 탈영과 귀대 거부 등 군기 문란 사건이 급격히 늘었다는 것이다.(중앙 2005.4.8) 중국 국경 지역의 북한 소식통에 의하면 지난해 9월 20일 남포시 변두리 지역에서 군인 수명이 민간인을 살해한 사건이 발생하였고, 9월 30일에는 30대 남자 2명이 권총과 수류탄으로 무장한 채 이 지역 3개의 안전부를 습격했으며, 이중 한 곳에서 안전원 3명을 살해한 사건이 발생한 것으로 전해졌다. 이같은 현상은 군 내부에서까지 물자와 식량 부족 현상을 반영하고 있는 것이며 군 내부에서는 '전쟁이 일어나면 우린 어차피 이길 능력도 안 된다'는 전의 상실 현상도 심각히 나타나고 있다는 것이다.

『2004 국방백서』에 따르면 경제 악화로 군사력 유지에 어려움을 겪고 있는 북한은 노후화된 무기를 과감히 도태시키고 전쟁에 필요한 야포 등은 증강했다. 우선 전투에서 핵심적인 기능을 담당하는 야포를 1,000문 더 생산해 일선 부대에 배치했다. 보병여단을 9개 줄여 더 큰 규모인 사단 10개로 확대 개편했다. 또 미사일 지도국을 신설해 미사일 전투력을 강화했다. 사정거리 4,000~10,000km인 대포동 2호 개발도 계속하고 있다. 이에 따라 북한군은 한국군에 비해

병력은 1.7배, 전차는 1.5배, 야포는 2배를 보유하고 있다.(중앙 2005.2.5)

군 정보기관에 따르면 북한은 아직도 50년대 도입했거나 생산한 미그-15.17 전투기 수백 대를 운영하고 있다. 북한군이 노후 무기를 폐기하기로 방침을 바꾼 것은 오래된 부속품을 확보하는데 한계에 부딪힌 것 때문이며, 최근 전기 및 유류 부족으로 지하 군수 공장 가동에 어려움을 겪고 있다는 것이다.

리언 러포트 한미연합사령관은 미 상원청문회 발언을 통해서 주한 미 공군과 한국 공군은 한 달에 15시간 비행 훈련을 하는 반면 북한 공군은 1년에 12~15시간 비행기를 띄우는 수준이라고 밝혔다. 그는 "첨단 전투기 몇 대를 제외하고는 보유기들이 전부 낡아 관리에 어려움을 겪고 있다."고 보고했다. 이어 "육군도 최근 수년간 대규모 기동 훈련이 급감해 여단급 기동 훈련조차 드물 정도이고, 12대의 차량을 보유한 부대가 훈련에는 3~6대만 동원하고 있다."며, "이는 물자와 기름 부족 때문"이라고 말했다.

이런 상황에서 올해 공동 신년 사설은 "국방 사업은 강성 대국 건설의 제일 중대사"라며 "선군 시대 경제 건설 로선의 요구대로 국방 공업에 필요한 모든 것을 최우선적으로 보장해 주어야 한다."고 주장하고 있다. 하지만 북한의 현재 경제 사정이나 앞으로 미국의 경제 제재가 예견되는 시점에서는 뾰족한 수가 없어 보인다. 그러기 때문에 공동 사설은 "혁명의 수뇌부를 목숨으로 사수하자."라든지, "하나밖에 없는 조국을 위해 둘도 없는 목숨을 서슴없이 바치자."는 말밖에는 할 말이 없다.

그럼에도 불구하고 공동 사설을 통해서 북한이 '군사적 위력을 백방으로 강화' 하든지 '군사 기술적 위력을 튼튼히 다진다' 거나, "한

치라도 침범한다면 침략자들을 일격에 짓뭉개 버릴 수 있게"와 같은 언어를 구사하는 것은 단순히 북한군이나 주민들에게 자신감을 주기 위한 것만은 아닌 것으로 보인다.

미국 랜드연구소 브루스 베넷 박사가 최근 국방부 산하 국방연구원의 영문 잡지《The Korean Journal of Defense Analysis》에 기고한 연구 보고서에 따르면 북한은 남한을 기습 공격할 때 생화학 무기, 핵폭탄 등 대량 살상 무기(WMD)를 사용해 초반 전쟁 주도권을 확보하려 할 것이며, 특히 북한이 보유한 화학 물질 중에는 우리 군의 방독면으로 막을 수 없는 것도 있다는 것이다.(조선 2004.10.7)

이 보고서에서 베넷 박사는 "북한은 현재 5,000톤 정도의 화학 무기를 보유하고 있으며, 평시에는 5,000톤, 전시에는 1만 2,000톤을 생산할 수 있는 능력을 갖고 있다."며 "신경성과 수포성, 혈액성, 구토, 최루성, 독성 산업용 물질 등 종류가 다양하며, 장사정포 미사일, 기타 폭탄 등 전달 체계도 갖췄다."고 주장했다. 그는 또 북핵 능력에 대해 현재 8개 정도의 핵무기를 보유하고 있을 가능성이 있다고 했으며, 미국의 저명한 핵 과학자 지그프리드 헤커 박사도 북한은 이미 핵무기 8개를 제조할 수 있는 플루토늄 43kg을 확보했다고 밝혔다.(중앙 2006.1.3)

베넷 박사는 북한의 대량 살상 무기 피해 규모에 대해 맑은 밤 서울의 30㎢ 지역에 탄저균 10kg을 살포했을 경우 최고 90만 명이, 사린가스 1톤을 7.8㎢ 지역에 뿌리면 23만 명의 사망자가 발생할 것이라고 주장했다. 또 12.5kt(킬로톤)의 핵무기를 공중 폭발시키면 7.8㎢ 지역에서 최고 23만 명이 사망할 것이라고 밝혔다. 이어 그는 "미 국방부의 가장 큰 고민거리 중 하나가 바로 북의 핵과 생화학 전력(戰力)"이라고 밝혔다. 더 큰 문제는 많은 한국 국민들이 이런 무기를 위협적으로 보지 않는 데 있다는 것이다.

재래식 군비 경쟁에서 우위를 포기한 북한이 생존을 위해서는 240㎜ 방사포나 170㎜ 자주포 등 기습 공격용 무기나 핵 및 생화학 등 대량 살상 무기를 더 많이 개발해서 주변국들을 위협할 수 있는 수단을 유지하는 것 외에 다른 방법이 없음을 감안할 때 북한의 현재 군사 정세는 앞으로도 지속될 전망이다. 또한 새로운 북핵 해법이 마련되지 않은 상황에서 금호 경수로 사업마저 무산됨으로써 향후 한반도 위기 지수가 높아질 가능성이 크다는 것이다.

(4) 사회, 문화: '우리식 사회주의' 교양으로 체제 통합 노려

북한은 대내적으로 식량난, 에너지난, 외화난, 대외적으로 전쟁의 위험 등으로 주민들의 생활이 극도로 불안하여 사회적 일탈 현상이 가속화되고 있으며, 이에 따른 정부 당국의 주민 억압이 상황을 더욱 악화시켜 왔다. 한편 사회 부문에서 북한 당국은 우리식 사회주의를 강도 높게 교양시키는 등 김정일 위원장에 대한 충성심 고양과 체제 통합 정책에 매우 높은 정책 우선순위를 두어왔다.

특히 북한은 사회 통합을 재고하기 위해서 선군 정치와 반미주의를 사회 동원의 주요 구호로 강조하고 있다. 올해 신년 공동 사설은 "혁명적 앙양을 일으키기 위한 근본 방도는 선군 사상"이며 "사회주의 계급 진지를 다지기 위해서는 투철한 반미 계급의식을 지니는 것"임을 강조했다. 이외에도 문화 예술 부문과 사상 교양, 당 일군에 대한 교양도 계속 다그치고 있다.

북한은 선군 정치를 주체사상 이후의 새로운 통치 이념의 차원으로까지 발전시키고 있는데, 특히 올해는 핵 문제 해결이 불투명한 만큼 미국과의 대결 구도를 선군 정치의 대외적 명분으로 활용하면서 대내적으로 전 사회에 '군풍'을 일으키는데 활용할 것이 예상된다. 그동안 반미주의는 대외적 위협을 부각시켜 대내적으로 사회 결속을 도모하는 유력한 수단으로 활용되어 왔는데, 올해는 금융 제재 등의 새로운 변수가 발생한 만큼 북한은 대미 적대감을 주민 결속의 수단으로 활용할 가능성이 높다. 또 북한은 당의 횡포 등으로 주민의 불만이 있음을 감안, 당 조직들과 당 일군들이 주민들에게 관심을 돌릴 것을 요구하고 있다. 신년 공동 사설은 당은 "지식인들과의 사업에 깊은 관심을 돌려 그들이 사회주의 사상 문화 전선, 과학 기술 전선의 전초병으로서의 사명을 잘 수행"하도록 할 것을 요청하고 있다. 또 "모든 단위의 당 조직들은 근로자들의 생활을 책임적으로 돌봐 주어야 한다."고 독려하고 있다.

한편 북한은 '우리 민족끼리'를 내부 통합의 이데올로기로 사용하면서 대미 적대감과 맞물려 남한과의 동조 세력 규합에 이용해 왔다. '우리 민족끼리' 구호는 특히 남한으로부터의 사회 문화 교류를 활성화 시키는데 활용함으로써 관광 수입 및 대북 인도적 지원을 유도하는데 큰 역할을 해 왔다. 남한 관광객을 7,000여명이나 유치하여 외화 벌이에 성과를 거둔 "아리랑" 공연 방식은 앞으로도 추진할 가능성이 높다.

3) 북한의 대외 관계: 반미 · 친중 노선 견지

(1) 북핵 문제와 대미 관계

북핵 해결을 위한 6자 회담은 '9 · 19 합의서'를 어렵게 내놓았지만 북미 양국은 공동 성명 이행을 위한 후속 작업에 뚜렷한 이견을 보이고 있다. 북한의 위조지폐 및 돈 세탁과 관련, 미국은 '정치적 타협이 없다."고 강경한 태도를 보이고 있고 북한은 미국이 자신들을 압박하기 위한 제재를 가하고 있다며 강력히 반발하고 나섰다.

'말 대 말' 합의가 '행동 대 행동' 으로 이어지기 위해서는 신뢰가 필수적이다. 이를 위해 미국은 영변 핵 시설 가동 중단을 회담 진전을 위한 기본적인 요건으로 파악하고 있다. 그러나 북한은 이를 핵 포기 과정의 하나로 보고 있으며, 이 때문에 그에 따른 상응 조치가 있어야 한다고 주장하고 있다. 핵 폐기 이행 계획에 있어서도 미국은 하나씩 주고받는 방식이 아닌 전 과정 일괄 타결 방식을 원하고 있으나 북한은 단계별 보상이 이뤄져야 한다는 입장이다.

이러한 상황에서 북한은 단기적으로 미국에 대한 별다른 기대를 걸지 않고 있는 것으로 보인다. 꽉 막혀 있는 문제들을 미국이 어떤 방법으로 접근할 지 지켜보면서 대응하지만 먼저 입장을 바꿔가면서 해결을 모색할 상황이 아님을 인식하고 있는 것으로 보인다. 핵 문제 등 북미 관계가 어려울 것임을 예상하면서도 지난해에 이어 올해 신년 공동 사설도 6자 회담 등 국제 현안에 대한 언급은 없다. 또 미국의 군사 및 비군사적 위협에 대한 경계를 강조하면서도 미국에 대한 직접적인 비난을 피하고 있다. 앞으로 5차 2단계 6자 회담의 일정을 잡는 일부터 만만찮을 것이 예상된다.

6자 회담은 북한에게 '9·19 공동 성명' 으로 족하다. 더 이상 핵 폐기 이행 계획에 나설 필요도 없고 합의대로 핵을 폐기할 수도 없는 실정이다. 핵 보유가 체제 수호를 위한 최후의 보루로 보고 있기 때문이다. '선 경수로 건설' 을 주장하며 핵 폐기 이행 계획을 지연시키려 했으나 설득력이 없어 쉽지 않은 상황이다. 뜻하지 않게 돈 세탁, 위조지폐 문제가 나오자 북한은 미국의 대북 체제 붕괴 음모로 밀어붙여 6자 회담을 늦출 수 있는 명분을 찾게 된 마당에 6자 회담을 거론할 필요를 느끼지 않은 것으로 보인다.

북한이 대미 비난을 자제한 것은 북한이 공동 성명의 이행 부진과 실패의 책임을 오히려 묻게 될 가능성이 있어 불필요한 빌미를 제공할 수도 있기 때문이다. 특히 최근 위조지폐나 인권 등의 문제를 제기하며 북한의 정권 교체를 본격적으로 시작하고 있는 부시 정부를 불필요하게 자극하여 화를 자초할 필요가 없다는 것이다. 2006년 1월 5일 라이스 미 국무부장관은 '북한은 위험한 정권'이라며, "미국은 북한의 활동에 실질적인 억지력을 가지고 있다."고 강조한 것도 예사로 넘길 수 없는 것이다.

그보다는 적극적인 대남 공세를 강화하고 이를 통해 미국을 경계하겠다는 의도일 수 있으나 미국의 대북 강경 정책에 대해서는 단호하게 대응한다는 것을 시사한 것이다. 신년 공동 사설은 "우리 겨레에게 핵 참화를 들씌우는 것도 서슴치 않으려는 것이 미제의 본심"이라고 경각심을 늦추지 않고 있다.

올해 신년 공동 사설은 "미제의 새 전쟁 도발 책동을 단호히 짓부시기 위한 투쟁에 총궐기"할 것을 언급하면서 대미 투쟁을 계속 강조했다. 이는 9·19 공동 성명에도 불구하고 미국의 '금융 제재', '범죄 정권' 발언, '인권 압박' 등으로 인해 미국의 대북 정책에 대한 진의를 알 수 없기 때문에 불안을 감추지 못하고 있는 것이다. 특히 북한은 최근 미국의 '북한 인권법' 제정과 유엔 총회에서의 '북한 인권 결의안' 채택 그리고 워싱턴과 서울에서 성공적으로 개최된 '북한 인권 국제 대회'의 여세를 몰아 '북한의 정권 교체'를 추진할 가능성에 대해서 우려를 하고 있다. 이런 맥락에서 북한 공동 신년 사설은 '거족적 미군 철수 투쟁'을 독려하면서 다른 한편 대미 협상에 주력할 의도를 시사하고 있어 북한의 이러한 대미 협상 태도는 앞으로도 이어질 전망이다.

(2) 외교 방향: '자주, 평화, 친선' 기치 세워

2005년 북한 신년 공동 사설에서 북한은 당시의 국제 상황을 침략, 강권 및 지배 행위를 반대하는 분위기가 무르익어 가고 있다고 판단하고 "우리 군대와 인민은 민족의 존엄과 자주권을 굳건히 수호해 나갈 것이며 자주, 평화, 친선의 대외 정책 리념을 일관하게 구현해 나갈 것"이라고 밝혔다. 올해 공동 사설에서는 "지난해에 공화국의 자주적 존엄과 대외적 권위가 힘 있게 과시되었다."고 평가하고, 북한은 "미제의 반공화국 고립 압살 책동을 초강경으로 단호히 짓부시고"라고 주장했다.

2005년 한 해 동안 북핵 문제와 관련 북한은 매우 어려운 시기를 보냈다. 핵 보유를 선언한 이후 미국이 군사 제재도 불사하는 분위기가 조성이 되었고, 일본이 이에 적극 동조함으로써 북한은 궁지에 몰릴 상황이었다. 북한에게는 다행하게도 중국을 비롯한 한국과 러시아가 북핵 문제의 평화적 해결을 주장하여 가까스로 9.19 공동 성명에 합의할 수가 있었다.

2006년 신년 공동 사설에서 북한은 미국에 대해서 강경하게 맞서 승리를 거둔 것으로 주장하고 "평화는 투쟁으로 쟁취해야 한다."고 자신감을 표시했다. 공동 사설은 "온 민족이 미제의 새 전쟁 도발 책동을 단호히 짓부시기 위한 투쟁에 총궐기하자."며 "거족적인 미군 철수 투쟁으로 이 땅에서 전쟁의 화근을 송두리째 들어내야 한다."고 했다. 북한의 모든 외교 역량을 미국에 맞서 싸우고 미군 철수 투쟁에 집중시키겠다는 것이다. 북한이 미국에 대하여 끝까지 싸우는 이유는 "조국과 민족의 운명을 빛나게 개척하고 온 세계의 자주화를 실현하기 위한 정의의 위업"이기 때문에 미국과의 투쟁은 포기하지 않을 것임을 분명히 했다.

공동 사설에서 북한은 "앞으로도 반제 자주의 기치, 사회주의 기치를 높이 들고 자주적이고 평화롭고 친선적인 새 세계를 건설하는 데 적극 이바지 할 것이라"고 다짐했다. 이는 북한이 미국과 같이 적대하는 나라에 대해서는 강경한 자세를 취하지만 북한에 적대하지 않는 모든 국가와 친선, 협력을 강화해 나가겠다는 기존의 대외관계 기조를 그대로 이어 나갈 의지의 표명으로 볼 수 있다.

중국, 러시아의 협력 및 일본 서방과의 관계 개선에 대하여는 구체적인 언급이 없는 것으로 보아 기존 관계를 유지, 발전시키겠다는 것이며 미국에게 강경 태도를 보인 것은 대결보다는 협상을 끌어내기 위한 것으로 볼 수 있다. 특히 위조지폐 사건으로 미국의 총공세에 직면해 있는 북한으로서는 그래도 가장 기댈 수 있는 강한 나라는 중국뿐이다. 미국과 전면전을 하거나 굴복을 해야 하는 곤혹스러운 선택에서 중국이라는 지렛대를 활용한다는 의미에서도 갑작스런 김정일 위원장의 방중은 이해될 수 있는 측면이다. 일본과의 관계는 일본인 납치 문제 특히 가짜 유골 사건 등으로 냉각되어 있으나 최근 일본의 대일 수교 교섭 노력에 힘입어 북한의 경제적 실리를 얻기 위한 수교 협상 재개 분위기 조성 등 대일 관계 개선 노력을 전개할 전망이다.

한편 북한은 미국의 '대북 압박'을 완화시키는 핵심축으로 한 · 중 · 러 와의 정치 · 경제적 협력을 강화해 나갈 것이 예상된다. 이와 함께 반미여론이 강한 유럽연합 및 비동맹국들과 관계를 증진하여 미국의 압박을 견제하고 경제난 해소를 위해 중동 및 동남아국가 그리고 국제기구들과의 교류, 협력도 활발히 전개할 것으로 보인다.

4) 대남 관계: '3대 애국 운동'으로 진보 세력 결집

(1) '반미 보수 대연합' 결성

진보 세력을 등에 업고 정권을 잡은 현 정부 초기에는 진보 세력 천하였다. 미군 장갑차에 희생당한 여중생 추모 촛불 시위가 2년간 거리를 점거했다. 어디에서도 대항할 만한 세력이나 움직임이 없었다. 그러나 참여 정부의 임기가 절반 넘게 지난 시점에서 사회 분위기와 거리의 상황은 많이 달라졌다.

젊은 진보 세력에 맞서 침묵의 다수로 있던 기성 보수 세력들이 거리로 나선 것이다. 맥아더 동상을 철거하려는 진보 행동대원들은 예비역들이 불침번을 짜서 막아냈다. 2005년 여론 조사에서 84%의 국민은 자유 민주주의 체제를 지켜야 한다고 응답했고, 88%의 국민은 맥아더 동상 철거에 공감하지 않는다고 밝혔다.(중앙 2005.11.1)

"무너져 가는 대한민국을 더 이상 그대로 볼 수 없어 선량한 시민들이 나섰다."고 하는 뉴 라이트 전국연합이 출범했고, '뉴 라이트'를 표방하는 여러 조직들이 진보 세력을 제압하는 활동에 나섰다. 진보 세력 대표 전교조에 대항할 '뉴 라이트' 진영의 교원 노조가 '자유교원조합(자유노조)' 설립을 준비하고 있다. 자유교조측은 "국가 독점적이고 획일적인 교육 정책과 수구 타파적인 전교조를 극복하기 위한 것"이라고 설립 취지를 설명했다. 대학 캠퍼스에는 북한 인권, 시장 경제 등을 앞세운 학생 단체들의 잇단 등장으로 '보수'의 목청이 커지고 있다.

남한 사회에서 반 진보 세력의 이러한 움직임은 북한에게는 대남 전략상 치명적인 것이다. 지난 몇 년간 북한은 국제적으로 불리한 입장에 있었음에도 그들이 대남 전략으로 내세우고 있는 '인민 민주주

의 혁명과 민족 해방' (주한 미군 철수) 전략이 큰 성과를 이루고 있음
에 기대를 걸고 있었던 것으로 보인다. 그러나 남한에서 좌경적 진보
세력이 보수 대연합으로 수세에 몰린다면 북한이 그토록 기대하고
지원했던 '남조선 혁명'은 물 건너가게 될 것이다.

이에 올해 신년 공동 사설은 '3대 애국 운동' 중 '민족 대단합'과
관련, "통일 운동 단체들 사이의 연대 연합 강화"를 강조하고, '반보
수 대연합' 또는 '진보 대연합'에 의해 '매국 반역 집단에 종국적 파
멸을 안겨야' 함을 주장했다. 공동 사설은 "반역의 무리를 그대로 두
고는 조국 통일 운동의 전진을 기대할 수 없기" 때문에 "독초는 제때
에 뿌리 뽑아 제거해 버려야 한다.", "평화는 투쟁으로 쟁취해야 한
다."면서 남한 내 친북 활동의 강경 폭력 투쟁을 독려하고 있으며,
'반보수 대연합'을 통해 남한 내 친북 환경의 저변확대를 요구하고
있다.

이런 맥락에서 앞으로 북한은 민족 대단합 논리에 기초하여 좌경
진보 세력에 힘을 실어 주는 한편 보수 세력들의 결집을 억지시키고
방해하기 위한 온갖 수단과 방법을 가리지 않을 것이 예상된다. 이제
각종 선거를 앞두고 북한은 더욱 교묘하고도 집요한 방법으로 이간
책을 펼칠 것으로 보인다. 특히 5월 31일로 예정되어 있는 지자체 선
거에서 '반보수 대연합'을 내세워 진보 진영이 승리할 수 있도록 다
양한 전술을 구사할 것이다. 2006년 하반기에는 「ㅌ.ㄷ」결성 80주
년(10.17), 〈김정일 사회주의청년동맹〉 창립 60주년을 주요 정치 행
사를 기해 남한 진보 세력들과 교류를 통해 유대를 공고히 하고,
2007년 김일성 주석 95돌 생일 행사를 준비하는 동시에 남한의 대
선에 영향을 주기 위해 남북 정상 회담 논의에 호응할 가능성도 없지
않다.

(2) 민족 공조와 반미 전선 강화

2007년 신년 공동 사설은 대남면에서 "처음으로 남과 북의 민간급 및 당국이 함께 참가하는 통일 대축전 행사가 진행되고 각 분야에 걸쳐 대화와 접촉, 교류가 전례 없이 활발해졌다."고 하면서, "조국 통일 운동사에서 커다란 자욱을 남긴 해"라고 높이 평가했다. 실제로 지난해 남북한 간에는 괄목할 만한 교류와 협력이 이루어진 해였다.

우선 '6·15 남북 공동 선언' 5주년을 맞아 평양에서 열린 남북 공동 행사에 300명 규모의 남측 민간 대표단의 참가한 것을 비롯해서 평양 개최 '아리랑' 공연 7,000여명 관람, 금강산 그리고 개성 관광을 위해 많은 인원이 북한을 방문했다. 특히 지난해 6월 17일에는 '김정일-정동영' 면담이 이뤄져 남북 관계에서 파격적인 물꼬를 텄고, 제 10~11차 남북 경추위 개최, 금강산 이산가족 상봉 및 화상 상봉 그리고 연말에는 제주에서 제 17차 남북 장관급 회담을 개최하고 상대방의 체제를 인정, 존중하고 그를 위한 실천적 조치를 취하기로 합의했다. 서울 개최 8·15 공동 행사 때 북측 대표단은 현충원을 참배하기도 했으며, 8월엔 북한 상선이 제주 해협을 통과했다.

이와 함께 정부는 2005년 7월 남북 경추위 합의에 따라 인도적 차원의 대북 쌀 차관 50만톤 지원을 했고, 이미 지원한 20만 톤 외에 15만 톤의 비료를 추가 지원했다.(동아 2005.7.20) 통일부가 최근 공개한 남북 협력 기금 지출 현황에 따르면 지난해 1~11월말 총 3,406억여 원이 사용됐다. 이중 1,573억여 원은 대북 비료 지원과 식량 차관 등의 쌀 지원, 금강산 관광 지원 22억여 원, 개성 공단시설 확충에 106억여 원, 백두산 관광 도로 건설에 49억여 원, 경의·동해선 연결 사업에 1,264억여 원이 투입되었다.(중앙 2005.7.20)

그러나 군사 관련 분야 남북 관계는 전혀 진전이 없다. 통일부에 따르면 당초 연내 끝내기로 했던 서해 남북 공동 어장 확정, 경의·동해선 철도 연결, 임진강 수방 사업, 3차 장성급 회담이 중단된 상태이다. 사상을 오염시키거나 군사 전략에 영향을 미칠 가능성이 있는 어떠한 조치도 양보하지 않겠다는 것이다.

북한이 남북 관계에서 괄목할 만한 성과를 거둘 수 있었던 것은 남한 정부가 적극 협력해 주었기 때문이라는 것을 알고 있다. 남한 정부의 지원이 지속되는 한 체제에 부정적인 영향을 미치지 않고서도 경제적 실익을 챙길 수 있고 미국의 강경 정책에도 맞설 수 있을 것으로 보고 있다. 따라서 북한 정권은 '우리 민족끼리' 단합하여 한국 사회 내에 반미 진보 세력을 강화시켜야 할 과제를 안고 있다. 그런데 문제는 최근 남한 사회 상황은 보수 세력들의 결집으로 남한 사회가 변질되고 있다는데 있다.

이런 맥락에서 신년 공동 사설은 "'우리 민족끼리' 기치 높이 자주 통일, 반전 평화, 민족 대단합의 3대 애국 운동을 힘 있게 벌여 나가자."고 주장했다. 자주 통일과 관련하여 북한은 6월 15일을 '우리 민족끼리의 날'로 기념할 것을 제안하고, "북남·해외의 민족 공조로 미국의 제국주의적 책동을 배격할 것"을 내세웠다. '반전 평화'와 관련 '미제의 새 전쟁 도발 책동에 대한 총궐기'를 선동하고, 궁극적으로 '거족적인 미군 철수 투쟁으로 전쟁의 화근을 송두리째 들어'낼 것을 주장했다.

이는 북한이 올해 남북 교류 확대에 적극 나서 실익을 확보하면서 남한 내 친북 세력과 함께 반미 전선을 강화해 나갈 방침을 밝힌 것으로 분석된다. 올해는 그동안 우리 외교·안보의 기본 축을 불과 3년 만에 '한미 동맹 중심'으로부터 '남북 민족끼리 공조 체제'로 전환시키는데 결정적인 역할을 한 인사가 명실상부한 외교 · 안보 정책의 총괄 책임자가 된 상황에서 북한은 '민족 공조'와 '반미 미군 철수' 투쟁을 적극 부추길 것이 예상된다. "통일 운동 단체들 사이의 연대 연합을 강화해 신보주의 결탁과 도전을 진보의 대연합으로 짓부셔 버려야 한다."는 주장이 현실적으로 나타날 가능성이 있다.

5) 냉철한 '현실' 인식 필요

결론적으로 앞으로 북한은 미국의 대북 정책과 6자 회담의 추이를 지켜보면서, 내부적으로는 기존 정책의 지속을 통한 체제 결속에 주력하는 가운데, '우리 민족끼리' 담론을 중심으로 대남 통일 전선 사업에 적극 나설 것으로 전망된다. 특히 북한은 민족 공조에 가장 큰 무게를 실을 것으로 분석된다.

6월 15일을 '우리 민족끼리의 날'로 만들어 이를 정례화 하는 등 "조국 통일 위업을 더욱 활력 있게 전진시켜야 한다."는 주장에서 드러나듯 감상적 민족주의 공세를 한층 강화함으로써 정치 · 경제적 실리를 더 많이 얻어내겠다는 의도이다. 실제로 북한은 그동안 '우리 민족끼리'를 내세워 기대 이상의 것을 얻었다. 남한 사회에 대북 안보의식 이완 현상이 두드러지는가 하면 남남 갈등은 더욱 첨예화됐다. 또 반미 정서를 부추겨 한미 동맹에 회의적 시각이 크게 늘어날 만큼 양국간 마찰음도 계속 터져 나왔다. 이와는 달리 북한은 도와주어야 할 존재라는 인식을 확산시켜 남한으로부터 많은 경제적 지원을 얻어냈다.

2006년에도 북한은 2005년처럼 남한을 물자 보급기지에다, 미국의 핵 포기 압력을 막는 방패막이로 삼으려 한 것이다. 북한은 올해야말로 남한의 새로운 진보 세력 중심의 내각이 짜이는 등 보다 유리한 여건이 조성된 것으로 보고 보다 강력히 밀어붙이려 할 것이다. 북송된 비전향 장기수들이 '군사 정권 시절의 탄압에 대한 피해 보상 10억 달러'를 요구하는 고소장을 남측에 전달하고, 이런 어처구니없는 서류를 정부가 덥석 접수한 처사는 불길한 남북 관계를 예상케 한다. 적반하장(賊反荷杖)격의 고소장으로 남한을 우롱할 것이 아니라 국군 포로와 납북자의 인권 그리고 북한의 인권 문제를 우선 풀어야 할 것이다.

앞으로 한미, 남북 관계의 변화에 주목해야 할 것이다. 그동안 우리 정부는 북한이 내세우는 '우리 민족끼리'에 동조한 꼴이 되었다. 한미 관계도 지난 3년간 파열음을 빚어 왔다. 정부는 한미 동맹의 중요성을 인정하면서도 미국과 각을 세우는 듯한 모습을 보여 주는 것이 정치적으로 유리하다고 판단한 것 같다. 미국에 할 말은 당연히 해야 하지만 우리에게 주어진 '현실'에 대한 냉철한 인식을 잊어서는 안 된다. 우리보다 국력이 강한 일본이나 중국이 왜 미국과의 '원만한 관계'를 위해 애쓰는지 통찰해야 할 것이다.

2005년 '9·19 공동 성명'에도 불구하고 북핵 문제는 악화일로를 걷고 있다. 정부는 미·일과 갈등 상태이다. 남북 관계도 진전이 있다고 하지만 군사 분야는 한 발짝도 움직이지 못하고 있다. 남북 관계 강화가 결코 핵 문제 해결 노력을 대신할 수 없다는 것을 직시해야 할 것이다. 빠른 시일 안에 6자 회담이 재개되어 성과를 내지 못한다면 남북 관계도 영향을 받을 수 있다는 미국의 경고를 귀 흘려듣지 않도록 해야 할 것이며, 북핵 해결과 함께 남북 관계가 개선되는 방향을 택해야 할 것이다.

신년 공동 사설이 민족 공조 강화 의지를 밝혔다고 해서 앞으로 남북 관계가 더 확대되고 진전될 것이라고 긍정적으로만 평가해서는 안 된다. 오히려 대남 혁명 포장에 불과한 민족 공조 주장의 허구성, 기만성을 직시하고 국민도 정부도 냉철하게 대응해야 할 것이다.

6) 우리의 기도

> 여호와께서 가라사대 내가 만일 소돔 성중에서 의인 오십을 찾으면 그들을 위하여 온 지경을 용서하리라(창 18:26)

우리를 긍휼히 여기시는 여호와께 체제 유지를 겨냥한 '신년 공동 사설' 을 읽고 북한의 전략 변화를 진단하면서 아뢰며 간구합니다.

첫째, 신년 공동 사설은 "혁명 수뇌부의 영도가 있기에 우리 조국과 민족의 앞길에 끝없이 휘황찬란한 전망이 펼쳐지고 있다."고 밝히고 있는데, 실상 북한은 주민들을 굶어 죽게 만들고 수많은 탈북자들을 쏟아내고 있습니다. 북한 수뇌부들의 왜곡된 정세 인식을 바로잡아 주시고 주민들이 먹고 사는 문제에 힘을 쏟게 하옵소서.

둘째, 북한은 남한을 기습 공격할 때 생화학 무기, 핵폭탄 등 대량 살상 무기(WMD)를 사용해 초반 전쟁 주도권을 확보하려 한다는데, 문제는 한국 국민들이 이런 무기를 위협적으로 보고 있지 않다는데 있다고 합니다. 소돔성을 멸하려 했을 때에 목숨을 담보로 하나님께 부르짖었던 아브라함처럼 남한과 북한의 멸절을 막아서서 중보할 수 있는 오십 명의 기도 용사들을 세워 주시옵소서.

셋째, 미국은 위조지폐는 명백한 범죄 행위로서 정치적 타협의 대상이 될 수 없음으로 6자 회담과는 별도로 대북 금융 제재 조치가 불가피하다는 입장을 취하고 있습니다. 북한이 지금이라도 잘못을 인정하고 위폐 제조를 즉각 중단하여 계속되는 거짓과 속이는 악한 영들로부터 벗어나게 하옵소서.

넷째, 북한은 '우리 민족끼리' 라는 동족 의식을 내세워 남한 정부로부터 경제적 실익을 챙기고 있습니다. 민족 공조라는 허울 아래 위정자들이 저들의 농간에 휘둘리지 않게 해 주시고 사상에 물들지 아니하도록 분별의 영을 허락하여 주옵소서.

다섯째, 최근 중국에서 만난 북한 주민들은 한결같이 "이젠 정말 개혁 · 개방을 하지 않으면 살아갈 도리가 없다."고 말하고 있습니다. 그러나 북한은 체제에 미칠 부정적인 영향을 우려하여 개혁 · 개방을 외면하고 있습니다. 북한 당국의 압제와 곤핍 가운데 있는 북한 주민들을 불쌍히 보시고 복음이 저 땅 가운데 편만하게 전해져 부요하게 채우시는 하나님의 은혜를 누리게 하옵소서.

예수님의 이름으로 기도합니다. 아멘!

2. 북한 '3대 세습' 이루어질까?

1) 후계자 지명, 할지 말지

(1) 김정일이 후계자 되기까지

김일성 주석은 환갑을 맞은 1992년 아들에게 권력을 넘기겠다고 결심하고 후계자 선정에 착수했다. 그는 62세이던 1974년 김정일 위원장을 후계자로 공식 지명했고 그 후 20년이 지난 1994년 7월 김일성 사망 이후 공식 권력 승계 절차를 밟았다.

김정일은 1964년 노동당에 입당, 삼촌 김영주가 부장인 조직지도부 지도원으로 시작했으며, 1969년에 동부부부장, 1970년에는 노동당 문화예술 부장으로 승진되었다. 1971년 8월 김일성 주석은 "아버지가 다하지 못한 혁명 위업은 아들이 함으로써 대를 이어가면서 실현될 수 있다."고 말해 후계 논의를 공식화했다. 이어 1972년 12월 11일 당중앙위원회 제 5기 제 6차 전원 회의가 끝나고 당내의 비밀회의를 열어 김정일을 김일성의 후계자로 결정하는 내용을 당의 결정으로 통과시켰다.

이와 같은 준비 과정을 거쳐 1973년 9월 4일~19일에 개최된 당중앙위원회 제 5기 제 7차 전원회의를 비공개리에 개최하고 김정일을 당권의 핵심인 "중앙당 조직 및 선전선동담당비서"로 등용시켰다. 1974년 2월 11~13일 실권자로 부상되어 당의 모든 활동을 직접 조직하고 집행하게 되었다. 이때부터 김정일은 노동당 내에서 후계자로 확정됐다는 것이 통설이다.

김정일의 후계자로서의 위상은 1974년 2월 19일 주체사상을 '김일성주의'로 새로이 규정짓는 소위 '2월 선언'을 김정일 명의로 발표함으로써 분명하게 드러나게 된다. '2월 선언'은 그가 유일 통치 이데올로기의 해석권까지 장악했음을 보여 주는 상징이었다.

1975년 1월에 조직된 "국가검열위원회"와 1977년 12월에 신설된 "사회주의 업무 생활지도 위원회"는 결국 김정일의 지도권 확립을 목표로 한 것이었다. 1975년 9월 김정일은 대남공작 총책임자로 임명되었고, 1976년 2월 16일 김정일의 생일을 공휴일로 정하면서 김일성과 김정일의 생일 축하 및 "충성을 맹세"하는 기간으로 지정했다.

김정일은 1980년 10월 개최된 제 6차 당 대회에서 당 중앙위원회 정치국 상무위원회 위원, 비서국 비서, 군사위원회 위원 등으로 선출되어 실질적인 제 2인자로 지위를 확보하였다.

1990년 들어 김정일은 당·정·군 3권 중 실질적인 무력 행사가 가능한 군권을 장악하기 시작했다. 1990년 5월 24일 국방위원회 제1부위원장이 신설되고 김정일이 임명되었으며, 1991년 12월 24일 북한군 최고사령관으로 추대되었다. 이어서 1992년 4월 20일 김정일 인민무력부장 오진우와 함께 원수로 승진되었고 1993년 4월 9일 조선국방위원회 위원장에 추대되었다.

후계자로서의 모든 준비를 마친 시점에서 김일성이 1994년 7월 8일 사망하자 김정일은 모든 권력을 순조롭게 승계할 수 있었다. 김일성이 더 장수했었더라면 예측치 못한 변수로 김정일의 권력 승계가 순조롭지 않을 수도 있었다.

(2) '계속 혁명론' 고개 들어

김일성 주석이 만 62세 되던 1974년에 김정일을 후계자로 내세웠던 역사적 경험에 비추어 김정일이 후계자를 지명하는 일이 상당히 지연되고 있음을 알 수 있다. 현재 65세라는 김정일의 나이와 가끔씩 흘러나오는 그의 건강이상설을 고려할 때 만약 북한에서 3대 부자 세습이 이뤄진다면 지금쯤은 후계자 윤곽이 드러나야 하지 않나 생각된다. 2006년 1월 17일 후진타오 주석과의 정상회담을 위해 베이징 인민대회당에 들어서는 김 위원장의 모습은 전과 같지 않았다는 평이다. 핼쑥해진 볼, 듬성듬성한 머리숱, 쑥 들어간 배, 차분해 보이면서도 자신감을 잃은 것 같다는 것이다.(중앙 2006.1.20)

그래서인지 지난해부터 김정일 위원장은 권력 승계가 부자 세습 형태로 이뤄질 것임을 시사하기 시작했다. 김정일은 후계자로 지명되기 3년 전부터 분위기를 적극 조성해 나갔던 것에 비춰 어쨌든 좀 늦은 감이 드는 것은 사실이다. 이런 맥락에서 김 위원장을 후계자로 추대했던 혁명 원로 그룹도 그에게 조속한 '세습'을 조언한 것으로 알려졌다.(연합 2004.10.14)

1971년 7월 북한 노동당의 이론을 전파해 온 잡지 《근로자》는 "혁명 위업은 새로운 세대들에 의해 계승·완수돼야 한다."며 "아버지가 다하지 못하면 아들이 대를 이어 가면서 실현할 수 있다."는 논설을 실었다. 김일성 주석이 한 달 전 혁명의 대를 이어 나갈 필요성을 제기한 직후다.

이런 북한의 '계속 혁명론'은 34년 만인 2005년 1월 27일 중앙방송 정론을 통해 되풀이되었다. 북한은 이 방송에서 "수령님께서 생전에 '(혁명)과업을 다하지 못하면 대를 이어 아들이 하고, 이들이 못한다면 손자대에 가서라도 기어이 수행하고 말 것'이라고 힘주어 말씀하시었다."라고 공개했다.

정론은 또 "몇 해 전 경애하는 장군님께서 일꾼(노동당 간부)들에게 '나는 어버이 수령님의 유훈을 받을 것'이라고 말씀하시었으며 이는 내가 가다 못가면 대를 이어서라도 끝까지 가려는 계속 혁명의 사상이었다."라고 보도했다.

또 2005년 1월 30일 북한 방송에 따르면 북한은 군대를 최우선시한다는 이른바 선군(先軍) 혁명을 "대를 이어서라도 가야 할 계속 혁명이 길"로 규정했다. 특히 김일성 주석과 김정일 위원장을 각각의 출생지를 따 '만경대·백두산 혁명일가'로 규정하고 "전통이 위대하면 계승도 위대해야 한다."며 후계 문제가 이 혈통에서 이뤄져야 한다는 당위성을 내세웠다.

방송은 "혁명 투사 김형직(김일성 부친) 선생님께서는 '나라의 본분은 내가하다 이루지 못하면 아들이 계속하고 아들이 못하면 손자가 이어서라도 기어이 성취해야 한다.'고 간곡히 당부하시었다."면서 김형직의 어록도 소개했다.(중앙 2005.1.31) 사실 평양방송이 2001년 2월 김정일의 생일에 맞춰 내보낸 음악프로에서 김일성의 대를 이은 혁명 과업 완수 언급만을 소개한 바 있다. 그러나 이때처럼 김형직, 김일성, 김정일의 발언을 구체적으로 정치 논설 형식으로 공개한 것은 이례적인 것이었다.

그 후 북한은 14개월이 지나도록 후계 문제에 대한 재언급이 없다. 대내외적으로 당면한 핵·식량 문제의 심각성이나 후계자로 지명할 만한 확실한 대상을 정하지 못하고 관망하고 있는 상황 등이 이유인 것으로 보인다.

(3) 후계자가 아직 불투명

북한의 후계자론에 따르면, 수령의 재임시에 후계자를 지명하도록 되어 있고, 후계자는 수령의 다음 세대, 즉 아들 세대에서 선출하도록 하고 있다. 그러나 북한의 후계자론이 김정일에 의한 김일성의 권력 승계를 정당화하기 위해 나왔기 때문에 김정일이 북한의 최고 지도자가 된 지금 후계론을 그대로 따른 것으로 볼 수는 없을 것이다.

북한은 김정일의 3대에 걸친 부자간 세습에 대해서 부담을 느끼고 있는 것으로 보인다. 북한은 "수령과 혈연 관계에 있는 걸출한 인물이 후계자로 추대되는 경우 그것을 덮어놓고 '세습제'라고 악평하려 드는 사람들이 있다."고 지적하면서, 이것은 "매우 비이성적이고 반역사적인 사고"라고 주장하고 있는데서 잘 나타나 있다.

북한은 현재 일본에 서버를 두고 운영하는 '구국 전선' 홈페이지(http://ndfsk.dyndns.org)를 통해 '수령 후계자론'이라는 학습 자료를 제공하면서 외부 세계의 친북 인사들에게까지 후계자론을 전파하고 있다. 여기에서 북한은 후계자가 '비범한 능력'을 가지고 있고 '높은 신망'을 가지고 있는 으뜸가는 지도자라면 선임자와 혈통이 같고, 같지 않은 것은 문제가 될 수 없다. 한편 아무리 신망이 높고 뛰어난 인물이라도 선임자와 혈통이 같으면 후계자로 될 수 없다는 식의 주장은 "시비를 위한 시비이며 터무니없는 생트집"이라고 주장하고 있는 데에서도 그들의 마음을 읽을 수 있다.

김정일의 아들이 후계자로 지명된다고 해도 그가 '걸출한 인물'이라면 전혀 문제될 것이 없는 것이다. 문제는 그가 걸출한 인물이라는 것을 증명해 보임으로써 주민들을 납득시키는 일이다. 그런데 아직은 그러한 인물을 내놓을 만한 상황에 이르지 못했을 뿐만 아니라 설령 있다고 하더라도 북한의 대내외 어려운 사정으로 보아 펴 놓고 지명할 만한 시기가 아님을 알고 있는 것으로 보인다.

다음 후계자가 언제부터 공식화될 지는 쉽게 말할 수 없다. 이미 후계자가 결정되었다 하더라도 김정일이 마음먹기에 따라 그 공식화

시점은 당겨질 수도 미뤄질 수도 있다. 후계자에게 자신의 권력을 이양하는 시점은 더 이상 자신이 권력에 대한 통제가 불가능해지는 상황이 올 것임을 예측할 수 있을 때가 될 것이다. 김정일은 김일성을 권력의 허수아비로 만들었던 전력이 있다. 따라서 권력 문제에 관한 한 어느 누구도 믿지 않는데다 정치적 보복을 극도로 두려워하는 김정일이 자신의 권력을 약화시킬 섣부른 짓은 하지 않을 것이다.

최근 북한 소식통에 따르면 김정일은 후계자 문제를 언급하지 말라는 지시를 내렸다는 것이다. 얼마 전 김정일은 "적들이 후계자 문제를 두고 혁명의 수뇌부를 헐뜯고 있다."고 발언한 바도 있다. 김정일 후계자 거론 금지 지시의 배경은 후계자 내정이 불러 올 정치적 파장과 보다 중요한 것은 아직까지 김정일 자신도 후계자를 낙점하지 못하고 있을 가능성이 높다는 것이다.(데일리엔케이 2005.12.13)

2) 후계 가능 경쟁자들, 선두주자는?

(1) 김정남(36세)

후계 경쟁에서 선두자자는 성혜림의 아들 김정남이었다. 미 시사주간지 《뉴스위크》는 북한이 1997년부터 김정남을 후계자로 키우고 있다는 징후가 발견되고 있다고 보도했다.(뉴스위크 2001.5.14) 김정일 경호원 출신의 한 탈북자는 "김정일이 자신의 특각에 자유롭게 출입하도록 한 사람은 여동생 김경희와 김정남뿐"이며, "김경희는 늘 김정남을 데리고 다녔다."고 주장했다.(연합뉴스 2002.12.17) 김정일은 정남을 자신의 집무실에 데리고 가 회의실 중앙 자리를 가리키면서 "네가 커서 큰소리칠 자리다"라고 말했다.(이한영) 김일성 역시 "정남이는 경제를 배워야 한다. 그래야 민족을 이끌어 갈 수 있

다.”고 말한 적이 있다는 것이다.(조선 2001.5.14)

김일성이 1974년 김정일을 후계자로 결정한 데는 장남이라는 사실 외에도 탁월한 정치 감각을 가지고 있다는 이유가 있었다. 김정남역시 뛰어난 정치 감각을 가지고 있다고 한다. 김정남의 이모인 성혜랑은 『등나무집』이라는 책에서 “정남이는 예민하고 어려서부터 정치적 머리가 뛰어났으며, 판단력이 빠르고 예술적인 재능도 갖추고 있다.”고 밝혔다. 김정남을 여러 차례 만나 본 ‘북풍 사건’의 주인공 유홍준은 김정남이 ‘후계자 교육’을 받았기 때문에 아주 똑똑하다고 평가하면서, 김정일처럼 말을 아주 빠르게 하고 그가 말하는 스타일과 걸음걸이가 김정일을 빼다 박았다고 말한 바 있다.

권력 승계 경쟁에서 김정남이 유리한 것은 장남이라는 것 외에도 어려서부터 외국 유학을 해 서방 세계 사정에 밝아 차세대 지도자의 자격을 갖추었다는 점이다. 또한 그의 경쟁자가 될 수 있는 이복동생들이 아직 어려 사회적 경험이 적다. 일본의 《산케이신문》은 김정남이 이미 북한에서는 ‘소(小)장군’으로 불리고 있으며 그의 자유분방함은 권력 승계에 장애물이 되지 않을 것이라고 전망했다.(산케이신문 2002.2.13)

2001년 1월 김정일이 중국을 방문하면서 그를 데리고 다녔다는 보도에 대해 홍콩의 시사 월간지 《광각경》(廣角鏡)은 김정남이 후계자 수업을 받고 있다고 분석했다. 이 잡지는 “김 위원장은 부친으로부터 승계한 권리를 장남인 김정남에게 승계시킬 계획을 갖고 있다.”고 지적했다. 이 잡지에 따르면 김정남은 모스크바와 스위스에서 유학했고 컴퓨터에 정통하여 일어 학습을 위해 일본에도 다녀오는 등 서방 세계를 왕래하고 있으며 2001년 현재 인민군 보위사령부의 요직을 맡고 있다고 했다.(광각경 2001.4.15~5.15)

김정남은 지도자로서의 자질과 정치적 감각 등을 가지고 있음에도 불구하고 생모의 문제로 인하여 후계자로 지명되는데 결정적인 결함을 가지고 있다. 김정남의 생모인 성혜림은 1970년부터 김정일과 동거하기 전 다른 남자와 결혼하여 딸을 하나 낳은 유부녀였다. 유교적·보수적 전통으로 보아서는 북한에서 성혜림을 국모(國母)로 내세우기도 어려운 상황이었다. 그는 김정일의 사랑을 많이 받기는 하였으나 1973년부터 병 치료를 위해 모스크바에 자주 체류하면서 김정일의 부인 역할을 제대로 하지 못하다가 2002년 5월 모스크바에서 지병으로 사망했다.

성혜림의 형편과 처지가 김정남의 후계자로서의 입지를 약화시킨 것은 물론 성혜림의 조카 이일남(이한영)과 언니 성혜랑 등이 남한 또는 외국으로 망명한 사실도 김정남에게는 불리한 점이다. 김정남은 평소 방탕한 생활로 문제가 된데다 2001년 5월 가짜 여권으로 일본에 밀입국하려다 추방된 이후 결정적으로 김위원장의 눈 밖에 난 것으로 알려지고 있다. 황장엽 전 북한 노동당 비서는 김정일 가족들이 하나같이 김정남을 싫어한다고(조선 2005.1.27) 했는데 그것도 그에게는 부담이 되는 측면이다.

한편 2004년 고영희가 사망하면서 김정남이 중국의 개방파를 등에 업고 후계 경쟁에 다시 뛰어들었다는 미확인 보도가 있다. 최근 일본의 《도쿄신문》을 포함한 복수의 외교 소식통들은 지난 1월 김정일이 중국을 방문하면서 김정남을 대동했다고 사진과 함께 보도했다. 김정남은 권력 서열에서 제외된 것이 아니라 비밀 업무를 띠고 외국을 여행했다는 것이다. 그는 해외 무기 구입을 중개하고 대외 무역을 담당하고 있는 '39호실'의 실질적 책임자로 알려져 있다. 최근 일본의 유력 시사 주간지인 《주간문춘》(週刊文春)은 김정남이 마약 거래와 함께 무기 수입 등 북한 정권의 은밀한 사업을 도맡아 왔다고 소개한 바 있다.(미래 2006.2.13) 이는 그가 권력 승계 투쟁 대열에서 밀려난 것이 아님을 말해 준다. 아직까지 후계자가 확실하게 지명되지 않은 상황에서 모든 가능성은 열려 있다고 보아야 할 것이다.

(2) 김정철(26세)

한 북한 정보 관계자는 "2002년 초부터 노동당 선전선동부와 조직지도부의 정치 · 군사 · 외교 등 각 부처를 돌며 지도자 교육을 받아 오던 김정철이 2003년 4월 핵심 권력 부서인 당 조직지도부의 제 1부 부장에 임명되는 등 김 위원장의 후계자로 주목받고 있다."고 밝혔다.(중앙 2004.12.15) 그러나 한국 정보기관에서는 그의 제 1부 부장 임명은 "근거가 희박하다."고 부인했다. 김정철은 90년대 스위스 베른국제학교에서 공부했으며, 영어와 독일어를 구사할 줄 아는 것으로 알려졌다.

김정철은 2003년 9월 '백세봉(백두산의 세봉오리)' 이라는 이름으로 국방위원회 위원에 전격 기용되어 군부 장악 작업을 벌이고 있으며 최고인민회의 대의원에도 선출된 것으로 보고 있다. 2004년에는 "정철 동지를 당조직부 실무 학습 기간이 끝나면 6개월간 고급 당학교 과정을 거치도록 하라고 하셨다."는 김위원장의 지시문이 일본 언론을 통해 공개돼 그의 후계자 내정이 기정사실화되기도 했다.(중앙 2005.2.1)

세종연구소 정성장 연구위원은 김정철의 후계 결정과 관련 징후로 군부대에서 김정일의 부인 고영희에 대한 개인숭배가 체계적으로 진행되고 있는 점, 김일성 사후 실질적으로 제 2인자 역할을 해 왔던 장성택의 공개 활동 중단 및 그 측근들에 대한 정리, 1974년에 '온 사회의 주체 사상화' 가 강조되었던 것처럼 현재 '온 사회의 선군 사상화' 가 강조되고 있는 점, '혁명의 수뇌부' 에 대한 언급에서 중요한 변화, 1990년대 중반 이후 활동이 없었던 3대 소조의 재파견, 세대 교체의 급진전 등을 들었다.(장성장, 『김정일 조선로동당 총비서의 후계 문제』, 2004.8) 그러나 이러한 징후들은 대부분 당시 한시적인 상황이었던 것으로 나타났다.

2005년 11월 21일 독일 시사 주간지 《슈피겔》지는 2005년 10월말 후진타오 중국 국가 주석의 북한 방문 때 김정철이 만찬에 참석한 것은 후계자 지명 결정이 확실히 내려졌음을 시사한 것이라고 전했다. 한국 외교부는 "확인 중이나 확인되지 않고 있다."고 직답을 회피했으나 《슈피겔》지는 "10월말 후진타오 중국 주석이 평양을 방문한 이유 중 하나도 김정철을 직접 만나기 위해서였다."고 보도한 바 있다.(중앙 2006.1.9)

한편 북한은 "조선 노동당 중앙위원회 비서국 지시"(제0101호)라는 문건에서 "백두의 정기를 그대로 이어 받으신 존경하는 김정철 동지를 우리당의 수뇌부에 높이 추대할 것을 엄숙히…"라고 표현하여 김정철이 김정일의 뒤를 이을 지도자가 될 것임을 분명히 했다.

각급 당 조직들은 김정철을 따르도록 하기 위한 정치사상 교양을 강화할 것, 당내에 이용하는 모든 물건들과 회의록에 '존경하는 책임부부장 동지' 라는 호칭을 정중히 쓰고 그의 말씀 내용을 원문대로 인용하고 한 치의 드팀(차질)도 없이 실천하도록 할 것, 책임부부장 동지의 지시 내용을 개별적인 간부들이 자의대로 해석하거나 고쳐서 발언하지 말 것, 김정철의 초상 사진을 각급당 조직들의 회의장소와 사무실에 정중히 모실 것 들을 자세하게 지시하고 있다는 것이다.(데일리엔케이 2006.2.27)

그러나 김정철이 후계자로 확정되기에는 아직 시기상조로 보는 견해가 있다. 북한의 대내외 정세가 불안하고 김정철의 나이가 어려 아직은 전면에 내세우기가 곤란하다는 것이다. 상당 기간의 후계자 교육이 필요하다는 주장이다. 김정철이 후계자로서 성격이나 자질도 논란이 되고 있다. 그는 스포츠나 예술적 재능이 뛰어나 미국 프로농구 NBA의 열렬한 팬이며 컴퓨터 등을 잘 만지지만 지도자로서의 자질이 결여되어 있다는 것이다. 김정일이 정철에 대해 "그 애는 안 돼, 여자 아이 같아."라고 평가했다는 것과 같은 맥락이다.(후지모토겐지)

최근에는 그가 심각한 질병을 앓고 있는 것으로 우리 정보당국이 분석하고 있다. 한 관계자는 "정철이 여성 호르몬 과다분비 증세에 시달리고 있다는 얘기를 들었다."고 말했다. 그는 "정철은 여성처럼 가슴이 불거지는 등 문제가 생긴 것으로 알고 있다."고 전했다. 정철과 관련해 신부전증을 앓고 있다는 등의 건강이상설이 제기된 적은 이전에도 몇 차례 있었지만 구체적인 증세를 포함한 사실 관계가 알려지고 있는 것은 주목할 만하다. 사실로 드러날 경우 북한 후계 구도와 관련해 중대한 변화가 있을 수 있다는 점에서이다.(중앙 2006.2.14)

또 하나 부담으로 작용할 수 있는 것은 재일 교포 출신으로서 고영희는 김정일과 정식으로 결혼하지 않고 살면서 1981년 아들 김정철을 낳았다는 것이다. 장남인 김정남이 건재하고 있는 한 김정철의 권력 승계는 순조롭지 못할 전망이다.

(3) 김정운(24세)

2003년 6월 22일 한 고위 정보 당국자는 "최근 들어 북한과 중국

쪽에서 입수된 정보에 다르면 김 위원장의 셋째 아들인 김정운이 후계자로 점차 유력해지고 있다"면서 "아주 믿을 만한 소식에서 나온 것"이라고 말했다. 그는 "북한 내에서 김정철은 예술적 재능이 김 위원장을 닮았으나 지도자로서의 자질이 부족하다는 지적을 받고 있으며, 이에 비해 김정운은 대외적인 활동을 많이 하고 있고 리더십을 갖췄다는 평가를 받고 있다."고 말했다. 1988년부터 김 위원장의 전속 요리사로 13년간 일했던 일본인 후지모토씨는 "김정철보다는 3남인 김정운이 더 가능성이 높다."고 주장했다.(조선 2003.6.23) 그는 "김정운은 체형까지 김 위원장을 꼭 빼닮았고 김 위원장도 가장 마음에 들어 했다."고 소개했다.

2004년 7월 8일 《미혼게이자이》(日經)신문은 "최근 북한 정부 내에선 3남 정운이 가장 유력한 후보라는 의견이 많아지고 있다."고 전했다. 이 신문은 북한군과 당 간부들이 3남 정운을 '금성(金星)대장'이라는 애칭으로 부르고 있다면서, 과거 김 위원장이 '광명성'이라고 불렀던 것과 유사한 점을 들어 '별'이 후계자 선정과 관련 있는 호칭으로 보인다고 분석했다.(조선 2004.7.9) 고영희가 자신의 둘째 아들인 김정운을 후계자로 만들기 위해 당과 군 고위 간부들로 하여금 그를 '샛별대장'으로 부르도록 했다는 증언들이 국내외에서 나오기도 했다. 한때는 우리 정부 당국도 김정운에 무게를 두고, 그에 대한 정보 확보에 주력을 했다는 것이다.(조선인터넷 2002.6.22)

김정운에 대해서는 정철보다 알려진 것이 더 없다. 어떤 직책인지, 결혼은 했는지, 전부 베일에 싸여 있다. 그럼에도 불구하고 후계자 지명이 지연될수록 김정운의 입지는 강화될 가능성이 커 보인다. 생모인 고영희가 사망한 것은 그의 강력한 후원자를 잃은 것으로서 불리한 점도 있으나 결국 모든 결정은 김 위원장에 달려 있을 것이다.

(4) 장성택(61세)

장성택 전 노동당 조직지도부 제 1부부장은 북한 권부의 실세로 꼽혀온 인물이다. 김 위원장이 부장을 겸임하는 조직지도부의 제1부 부장인데다 김 위원장의 여동생 김경희(61) 노동당 부장의 남편이라 는 점에서 그의 동향은 늘 주목받아 왔다.

강원도 천내군의 평범한 가정에서 태어난 그는 노동당 평양시위 원회 지도원으로 당에 발을 들여 놓았다. 그는 당 청년 및 3대 혁명 조로 부부장·부장을 거쳤으며, 92년 12월 당 중앙위원에 선출됐다. 94년 9월 당 조직지도부 행정 담당(사범, 검찰, 인민보안성 담당) 제 1부부장에 임명되었다.

장성택은 김 위원장이 북한의 후계자가 되는 과정에서 근위대 역 할을 하면서 김정일의 신임을 받아왔다. 실제 김 위원장은 "그래도 믿을 만한 사람은 장성택 밖에 없다."는 말을 자주 했다고 한다. 그 러나 그는 2002년 10월 북한경제시찰단의 일원으로 서울을 방문한 후 2003년 7월 이후로는 공식 석상에 등장하지 않았다. 그는 노동당 당학교 등에 머물며 근신 수준의 처분을 받아 온 것으로 알려졌다. 그의 측근 고위 인사들도 줄줄이 좌천됐다.

그러던 중 그가 2006년 1월 28일 당 근로 단체 및 수도건설부 제 1부부장으로 평양 주재 우둥허(武東和) 중국 대사 등 중국 대사관 관 계자들을 초청해 개최한 연회에 참석했다. 또 이날 김 위원장과 함께 평양체육관에서 국방위원회가 주최한 설 경축 공연 '내 나라 푸른 하늘'을 관람했다.(동아 2006.1.31) 그의 복권은 김 위원장의 중국 방문(10~18일) 직후 확인돼 특히 관심을 끌었다. 경제 개혁과 개방 의 필요성을 절감한 김 위원장이 핵심 측근인 그에게 이를 맡길 것이 라는 관측 때문이다.

이러한 관측을 증명이나 해 주듯이 장성택은 3월 18일 30명의 북한 경제 시찰단을 이끌고 중국을 방문한 것으로 밝혀졌다. 베이징의 한 소식통은 "1월 김정일 위원장의 방중으로 결정된 북한 경제 시찰단 방중 준비 작업이 사실상 마무리됐다."며 광저우·선전 등 김 위원장이 1월 방문한 지역들을 시찰하게 된다고 전했다. 장부부장은 역시 김 위원장이 묵었던 다오위타이(釣魚臺)에 머물며 중국 지도자들과 면담할 예정이다.(중앙 2006.3.18)

장성택 제 1부부장의 복귀는 후계 문제를 일단 뒤로 미루고 북한이 당면한 긴급한 경제 문제를 접근하겠다는 의미로 받아들여진다. 최근 김정일 후계 문제 언급을 금지했다는 것도 같은 맥락으로 이해되며 실무 공백을 메우기 위한 '긴급 수혈' 차원일 수도 있다. 지난해 연형묵의 사망으로 발생된 공백을 메우기 위해서 장성택 만한 인물이 없다는 것이다. 올해 초 김정일의 중국 방문 이후 개방 정책을 강력히 시사했는데, 그 후속 조치를 취할 인물로 가장 측근인 장성택을 믿고 맡기겠다는 김 위원장의 의지로 해석된다.

황장엽 전 북한 노동당 비서는 "김정일 체제가 무너질 경우 다음 지도자로는 김정남, 김정운 같은 애들이 아니라, 김 위원장의 매제인 장성택이 유력하다."고 주장했다. 그는 "장성택의 큰 형이 수도 방위도 맡는 3군단장이고, 작은 형도 군단장급인데다, 노동당 조직지도부 제 1부부장으로 조직도 잘 알고 있기 때문"이라며 "장성택은 지금 사실상 북한의 제 2인자 역할을 하고 있다"고 말한 바 있다.(중앙 2003.7.5)

장성택이 권력에 다시 복귀했다면 이 가능성은 여전히 살아 있다고 보아야 할 것이다. 김정일의 신변에 이상이 생겨 갑자기 후계자를 내세워야 할 경우 그럴 개연성이 높지만 정상적인 후계자 결정 과정을 거친다면 부자 세습을 비켜가기는 어려울 전망이다.

(5) 제3의 인물?

2002년 김정일 위원장이 해외 인사를 만난 자리에서 과거 자신이 후계자로 임명될 때까지 겪었던 어려움을 언급하며 "내 아들들에게는 그러한 고통을 주고 싶지 않다."는 취지의 발언을 한 것으로 밝혔다. 2004년 4월초 평양을 방문하고 돌아온 재일본 조총련의 한 관계자도 "후계자론은 수령의 위업을 대를 이어 계승하는 것"이라면서 "후계자는 혈통보다도 그럴만한 자질과 풍모를 더 중시한다."고 말해 '제 3의 인물' 쪽에 무게를 실었다.(중앙 2004.4.27)

부자 세습이 아닌 경우 앞으로 10년 정도는 권력을 유지하고 그러는 동안 후계자를 양성한다고 한다면 후계자의 후보로는 현재 연령으로 40대 이하일 가능성이 크다. 따라서 김 위원장은 국가적 난제를 해결할 수 있는 능력의 보유자를 후계자로 선택할 것이다. 경제 발전이라는 시급한 과제를 감안하면 전문 기술 관료일 가능성도 있고 체제 유지를 위한 선군 정치를 고려한다면 군부의 지도자일 수도 있다.

여하튼 현재 북한 노동당의 핵심부서인 조직지도부의 30~40대 과장급 인물에 주목해야 할 것이다. 북한을 움직이는 노동당 내에 권력 기반이 있어야 내각과 군부의 장악이 가능하기 때문이다.

3) 권력 투쟁, 비켜갈까?

(1) 김정일의 경우 후계 투쟁

김정일 위원장이 1998년 9월 공식적으로 체제를 출범시키기까지는 많은 우여곡절이 있었다. 김정일이 아직 어렸을 때 김일성 주석의 권력 승계의 선두주자는 그의 삼촌인 김영주였다. 김일성의 친동생이며 1970년 제5차 당 대회에서 당비서 겸 조직지도 부장을 맡아 권력 서열 6위까지 부상했던 김영주는 김정일이 장성하면서 후계 투쟁을 벌였다. 그러나 김일성의 직접적인 후견을 받고 있는 김정일에게 결국 밀려날 수밖에 없었다. 1975년까지 김정일은 삼촌인 김영주 세력을 완전히 축출하고 김일성의 후계자적 지위를 독점했다.

이렇게 되기까지 과거 3~4년 동안 김일성가에서는 계모 김성애와 김영주가 일파가 되어 김정일과 심한 권력 투쟁을 벌였으며, 그러한 암투는 그 후로도 한동안 계속되었다. 김영주의 몰락과 함께 김동규, 유장식, 이용무 등 김영주 지지 세력이 권력 무대에서 추방당했다. 그럼에도 불구하고 1981년 김영주 일파가 김정일을 암살하려고 했다는 보도가 있었던 것을 보면 오랫동안 김영주 세력은 도처에 복병처럼 남아 있었던 것을 알 수 있다.

김정일 세력과 보다 심한 갈등과 대립을 가졌던 것은 김일성 처이며 '여맹' 위원장인 김성애와의 사이에서 볼 수 있었다. 김정일과 김성애의 불화는 오랜 역사가 있으나 그러한 불화가 노골적인 갈등으로 나타난 것은 김정일이 등장하기 시작한 제6차 당 대회 이후부터였다. 김정일은 권력 후계자로서의 지위가 점차 확실하게 되자 자신의 생모이며 김일성의 전처인 김정숙에 대한 숭배 사상을 고취하는 반면 김성애에 대한 격하 조치를 취했다. 김정일은 1970년 제 5차 당 대회에서 권력 서열 67위였던 김성애를 1980년 제 6차 당 대회에서는 105위로 격하시켰다. 여기서부터 김정일에 대한 김성애의 불만은 급격히 고조되었다.(유석렬, 『남북한관계론』)

김정일은 1974년 1월 1일 신년 기념사진 촬영식에서 관례를 무시하고 고의적으로 김성애의 좌석을 배열치 않음으로써 촬영에 참여하기 위해서 나온 김성애를 당황하게 만들었고, 같은 해 6월에는 김성애가 '여맹' 사업과 관련해서 군당책임비서 3~4명을 해고시켰는데 김정일은 그들을 의도적으로 복직시켰으며, 여성동맹 조직 내에 김성애 측근 인물을 축출하고 김정일의 친동생 김경희의 대학 동창생들을 대거 등용시켰다.(내외통신 1983.2.4)

또한 김정일은 공식 집회석상에서 종종 이씨 조선의 민비와 중공의 강청의 예를 들어 "여자가 권력을 행사하면 나라가 망한다."는 간접적인 방법으로 김성애를 비난했다. 뿐만 아니라 1980년 4월 15일 김일성 생일 기념식에서 김정일은 그의 생모 김정숙은 김성애보다 혁명 정신이 투철했고, 김일성의 보다 훌륭한 아내였고, 지금도 '나라의 어머니'라고 주장했으며 1983년 12월 24일 김정숙 출생 66돌을 맞아 '김정숙 어머님 우리 어머님' 등의 찬양 노래를 대대적으로 주민들에게 보급했다.(내외통신 1983.12.27)

또 다른 불만 세력은 김일성 가계의 이른바 '곁가지 무리'라고 불리는 김성애 소생의 자녀들이었다. 그들이 어렸을 때는 김정일의 상대가 되지 않았다. 점차 성장함에 따라 권력 투쟁에 직접 참여하여 김성애를 중심으로 한 반 김정일 세력의 중추를 이루게 되었다. 그러나 김일성 사망 직후까지도 김영주가 부주석 자리를 유지했고 김성애의 활동도 한동안 계속되었으나 1998년 여맹위원장에서 해임된 후 활동이 없는 상태이다. 그러나 김 위원장의 이복동생인 평일(52)은 북한군 대좌 출신으로 1988년 헝가리 대사로 나간 뒤 불가리아, 핀란드를 거쳐 폴란드 대사로 일한다. 다른 이복동생 경진(50)은 오스트리아 대사 김광섭의 부인으로 해외에 장기 체류 중이다. 또 다른 이복동생 영일은 독일대사관에서 근무하다 2000년 5월 병으로 현지

에서 숨졌다.(중앙 2006.1.3)

(2) '후계 투쟁설'의 근거는?

김정일 위원장이 1960년대 후반부터 권력 내부의 치열한 투쟁을 거쳐 후계자로 확정되었던 것처럼 누가 다음 후계자로 지명되느냐에 따라 권력 내부의 갈등과 대립으로 이어질 가능성이 있다. 그러나 북한이 아직까지 후계자를 구체적으로 논의하거나 사실상 내정했다는 정보나 징후는 나타나지 않고 있다.

2004년 4월 일본 통신사의 한 서울 특파원은 "일본 내에서 '김정남과 김정철의 후계자 경쟁설', '김정철 내정설', '장성택과 고영희 권력 투쟁설' 등 다양한 설이 있지만 어느 것 하나도 정확한 근거나 확인된 사실이 없다"고 말했다. 김 위원장의 전속 요리사였던 일본인 후지모토 씨는 김 위원장이 3남인 정운이를 사랑했지만 고영희의 사망으로 정철·정운 형제의 '보호막'이 사라져 김정남 추종세력들의 반격이 있을 가능성이 있다고 했다.(조선 2004.8.3)

한편 2004년 12월 13일 북한 김정일 위원장의 매제인 장성택의 아들 장현(34)이 김정철을 향해 총을 쐈다는 루머가 나돌았다고 《뉴욕타임스》가 보도한 바 있다. 이 신문은 한 정보소식통을 인용해 "장성택이 자신의 아들을 권좌에 올리기 위해 북한군 안에 파벌을 조성하려고 했다."고 전했다. 2004년 10월에는 오스트리아를 방문하던 김정남이 북한 내 일부 세력에 의해 암살될 위기에 처했다가 모면했다는 소문도 돌았다.

이와 관련, 연합뉴스는 2005년 12월 19일 대북 소식통을 인용해 "김정남이 오스트리아 정보기관의 보호로 암살을 모면했던 것으로 알려졌다."며 "이 사건은 김정일과 고영희 사이에 태어난 정철·정운의 주변 세력이 김정남의 권력 승계를 우려해 계획했던 것으로 알려졌다.”고 보도했다.

2005년 말 김정일 위원장이 후계자 문제를 언급하지 말라는 지시를 내린 것도 후계 문제를 둘러싼 권력 내부의 갈등과 대립 징후가 있었던 것과 무관하지 않을 것이다. 김정일 위원장의 경우를 보아 앞으로 조만간 후계 문제를 정식 거론하고 확정해야 할 상황에서 잠시 수면 밑에 잠복해 있는 권력 투쟁이 다시 나타날 가능성이 크다. 오늘날의 북한 정치 내부 상황으로 보아 후계 문제와 관련 모든 주자들에게 동등하게 열려 있으니 만큼 물밑 후계 투쟁도 어느 때보다 치열해질 공산이다.

4) 후계 세습 이어질까?

(1) 뚜렷한 선두주자 없어

북한의 후계론은 수령론과 계속 혁명론과 연결되어 있다. 개인의 초인적인 능력과 인격을 전제하는 수령론은 북한의 통치 이데올리기인 주체사상의 중심 명제이고 북한이 주장하는 ‘우리식 사회주의’의 근간으로서 권력 승계의 대상을 밝힌 것이다.(양범식, 『북한의 권력 승계 문제와 경제 정책 변화』, 1996)

또한 후계자론은 권력 승계를 단순한 권좌의 승계가 아니라 혁명 위업을 계승하는 차원으로 이론화한 계속 혁명론의 중요한 구성 부분이다. 따라서 계속 혁명론은 수령의 영도 밑에 완성되어 나가는 것이라는 수령론에 바탕을 두고 있다.

문제는 현재 주체사상-수령론-계속혁명론-후계자론으로 이루어지는 권력 승계 합리화의 논리에 근사한 선두 주자가 없다는 것이다.

2002년 서울을 방문했던 북한의 한 고위 당국자도 "남쪽에서 후계자 문제에 대해 관심이 많은 모양인데, 아직 북에서는 후계 논의가 시작되지 않았다."고 말했던 것도 같은 맥락으로 해석된다.

후계론에 어떤 원칙이 있고 논리가 있지만 결국 중요한 것은 후계 주자들 중에 누가 더 '영도자'적 자질을 보여 김 위원장의 마음에 들게 하느냐가 관건이다. 더구나 북한이 현재 당면한 국내외적인 어려운 상황을 이끌고 나갈 '영도자'가 필요하다. 무엇보다도 핵무기를 들고 세계 열강들과 벼랑 끝 도박을 벌이면서 독재체제 및 절대 권력을 유지할 수 있는 능력의 소유자여야 한다.

김정일 위원장의 경우도 권력을 물려받기도 했지만 스스로 쟁취하기도 했다. 그에 비하면 현재 세 아들들은 모두 약체인 것으로 보인다. 그들에게는 미화할 만한 업적도 없고 더구나 '영도자'적 자질을 보여 준 주자들이 없다는 것이 앞으로 권력 세습을 더욱 어렵게 만드는 요인이 될 것이다.

(2) 세계적 웃음거리

사회주의 국가에서 권력 승계가 이뤄진 사례는 25차례에 이른다. 이 가운데 10여 차례는 권력자의 죽음(피격, 병사 포함) 때문이었다. 나머지는 실각 등의 이유였다. 권력자가 생전에 후계자를 지정한 경우도 11차례다. 그러나 북한처럼 부자간 세습을 한 경우는 없다. 김정일 위원장이 자신의 아들에게 권력을 물려주는데 부담을 느낄 것이란 관측이 나오는 것은 이 때문이다.(중앙 2005.5.21)

내부적으로 김 위원장이 '후계 문제를 언급하지 말라' 3대 세습이 외부에 거론되면 '웃음거리'가 된다며 후계자 문제를 거론하는 사람을 엄벌에 처하라는 지시를 내렸다는 것이다. 최근 친척 방문차 중국을 방문한 최영수(57세, 평양거주, 가명)씨에 의하면 현재 북한 주민들 사이에 "장군님에게 아들이 세 명 있는데, 모두 후처의 자식들"이라는 소문이 확산되고 있다고 말했다.(데일리엔케이 2005.12. 23)

이미 10년 전부터 북한 주민들은 외부 세계와 자신의 체제를 비교하기 시작했고 김정일이라면 이제 매우 역겨워하는 상황이 되었다는 것이다. 북한 주민들에게 3대 세습은 악몽 그 자체다. 김정일의 3대 세습 기도는 주민들에게 민주주의 각성을 가져오게 하는 개혁·개방을 최대한 늦추고 현 체제를 유지시키겠다는 의도로 보고 있다.

1994년 7월 '영생의 신'으로까지 떠받들던 김일성이 사망하자 '수령의 신격화'에 손상이 갔다. 주민들 사이에 '수령님도 같은 인간'이라는 의식이 퍼지자 급하게 내놓은 구호가 "어버이 수령은 우리 안에 영원히 살아계신다."였다. 김일성 사후 대량 아사가 잇따르자 "김정일이 아버지보다 못하다."고 평가했고, '신의 명령'으로 여겨 오던 수령의 교시나 말씀을 왜곡 집행하는 현상들도 일부 나타났다.

무엇보다도 북한의 3대 세습은 국제 사회로부터 조롱과 지탄을 면치 못하게 된다는 것이다. 선거를 통하지 않은 권력 세습은 북한이 독재 국가라는 점을 단적으로 보여 주는 상징이다. '반제 반봉건'을 외쳐 오면서 봉건 시대에서나 볼 수 있는 세습을 계속 유지하겠다는 것은 웃음거리일 수밖에 없다. 민주주의, 자유 증진은 피할 수 없는 세계의 흐름이나 북한이 권력 세습을 고집한다면 어느 나라가 북한을 '21세기 국가'라고 인정하고 지원을 해 주겠는가?

더구나 북한 김정일 체제를 비정상적으로 보는 미국 부시 행정부 등 서방의 시각이 따가울 것이다. 그러지 않아도 고립되어 있는 북한이 3대 승계를 공식화 하면 이를 북한 체제를 흔드는 고리로 삼으려

할 가능성이 크다는 것도 북한은 염두에 두어야 할 것이다.

(3) 후계자 지명에는 시간 필요

현재 진행되고 있는 후계자 지명 문제를 놓고 보면 앞으로 김정일의 후계는 부자 세습이 될 가능성이 점점 희박해지고 있다. 그러기 때문에 대내외적 상황이 호전될 때까지, 또 그렇게 되도록 하기 위해서 김정일은 시간이 필요할 것으로 보고 있다.

김정일 위원장은 후계자로 지명된 이후에도 김일성 후광 아래서 또 다시 10년 동안 권력 인수 작업을 진행해 왔고 '유훈통치'를 끝내고 정식 김정일 체제를 출범시키는데도 14년이나 걸렸다. 김정일은 권력 문제에 있어서 잔인하고 철두철미 했다. 따라서 김정일은 후계자 낙점을 줄 만한 뚜렷한 인물이 없어서이기도 하지만 자신의 권력을 오래 지키기 위해서도 권력 이양을 최대한 늦추려 할 가능성이 높다.

김정일은 수령 독재 정치를 거의 공학(工學) 수준까지 올려놓았다. 따라서 후계자가 김정일의 권위를 단시일 내에 이어받기도 불가능 할 것이다. 황장엽 전 노동당 비서는 "김정일은 독재 유지에는 천부적인 소질을 지녔다."고 분석한 바 있다. 누가 후계자가 돼도 김정일처럼 철두철미하고 잔인하게 국가를 통치하는 것은 불가능할 것이다.

북한은 1980년 제 6차 노동당 대회를 끝으로 아직까지 당 대회를 열지 못하고 있다. 북한이 1970년 제 5차 당 대회를 거친 뒤 후계자 논의가 시작됐던 것처럼 제 7차 당 대회를 통해 노동당을 개편한 후에야 후계 구도 작업이 진행될 수 있을 것이다. 이런 측면에서 보면 김정일 위원장이 후계자를 지명하여 확정시키는 데는 앞으로 상당한 시간이 걸릴 것이 예상된다.

5) 우리의 기도

이 세상의 주관자 되신 주님을 찬양하며, '북한의 3대 세습' 상황을 아뢰며 간구합니다.

첫째, 3대 세습은 자신의 절대 권력을 아들에게 넘겨주면서 수령 절대주의의 해체를 막으려는 김정일의 마지막 카드로 보입니다. 그동안 부자 세습 체제 아래 질고를 겪어 온 북한 주민들을 불쌍히 여겨 주시어, 김정일이 낙점한 사람이 아니라 하나님의 마음에 합한 사람으로 세우셔서 저 땅의 통치자로 삼아 주옵소서.

둘째, '미국의 살아 있는 양심' 으로 불리는 석학 노암 촘스키(78, 미국 MIT 교수)는 김정일 북한 국방위원장에 관해. "북한은 세상에서 가장 비참한 나라 중 하나입니다. 그에 대해 좋게 말할 것은 아무것도 없습니다."라고 한 인터뷰를 통해 말했습니다. 노암 촘스키를 비롯하여 세상이 그에게 권고하는 말에 귀를 열어 주시고, 북한의 독재 체제와 폭정은 이제 무너지게 하여 주옵소서.

셋째, 아버지가 다하지 못한 혁명 위업을 아들이 함으로써 대를 이어가는 것은 왕조 정치와 족벌 정치의 단면을 시사하는 것으로 국제적으로 인정될 수 없는 전근대적, 봉건적 현상으로 해석될 수밖에 없습니다. 낡은 독재 체제 유지에 급급해 하기보다 백성들을 돌보고 그들을 살릴 수 있는 진정한 민주 세계로의 전환에 마음을 쏟게 하여 주시옵소서.

넷째, 북한 사회가 국제 사회에서 받아들여질 수 없고, 공산주의 국가와도 다른 것은 북한 사회가 신격화된 수령, 김일성의 유일 지도 체계를 바탕으로 이루어졌기 때문입니다. 인간을 신격화한 한계를 인정하게 하시고 하나님께서 가증하게 여기시는 우상숭배의 잘못을 주님 앞에 회개하게 하옵소서.

다섯째, 최근 2년 동안 '김정일 건강 악화설'은 끊임없이 불거져 왔습니다. 64세라는 나이에 비한 급격한 노화 현상은 외부로 알려지지 않은 권력 투쟁도 주요한 원인으로 관측되고 있습니다. 이번 일을 계기로 생명의 주관자 되신 하나님을 찾게 하시고, 악한 것에서 돌이켜 변화 받는 역사가 일어나게 하옵소서.

예수님의 이름으로 기도합니다. 아멘!

3. 북한의 민족 최대 명절

1) 민족 최대의 명절 '태양절'

북한의 명절은 통상적으로 크게 4 종류로 구분된다. 전통 민족 명절과 나라와 민족의 발전에 매우 의의 깊고 경사스러운 날, 그리고 김일성의 배려에 의해 사회의 일정 부분이나 인민 경제의 한 부분에서 경축하는 기념일과 프롤레타리아 국제주의에 입각한 국제 노동 계급과의 연대성을 강화하기 위해 경축하는 기념일이다.

각 명절 가운데 북한에서는 4월 15일을 '민족 최대의 명절'로 친다. 명칭부터가 '태양절'이다. 생전에 김 주석을 '민족의 태양'이라고 하더니 생일도 그렇게 부른다. 성대한 경축 행사가 한 달 내내 계속되고 '태양절'에 쏟는 북의 정성은 상상하기 어려울 정도다. 해외 친북 단체들을 동원해 국가별 추모위원회까지 만든다.

이러한 '태양절'은 1997년 7월 8일 김일성 3주기 때 당중앙위원회, 당중앙군사위원회, 국방위원회, 중앙인민위원회, 정무원의 5개 기관 공동 결정에 의해 주체연호 사용과 함께 제정되었다. 국가적 명절(1968년)과 1974년 4월 중앙인민위원회 정령으로 「민족 최대의 명절」로 지정한 후 또 다시 한층 격상된 것이다.

제정 이후 첫 '태양절'이었던 1998년에는 과거 "꺾어지는 해"(5, 10년 주기)의 김일성 생일 행사를 능가하는 대규모 행사였다. 북한에서 진행되는 모든 행사는 5, 10년을 주기로 평년 행사보다 성대하게 치러지는데, 김일성·김정일 생일 행사도 예외가 아니다.

첫 '태양절' 행사는 매년 열리는 생일 행사의 기본 뼈대인 사전·미술 전람(시)회, 만경대상 체육 경기 대회, 김일성 위대성 발표회 및 각종 주제의 연구 토론회, 4월의 봄 국제 친선 예술 축전, 충성의 맹세 모임 및 결의 대회, 소년단 연합 단체 대회, 김일성화 전시회 등 행사의 규모가 과거보다 훨씬 더 크게 열렸다.

올해는 지난 4월 14일 평양 체육관에서 김영남, 조명록, 박봉주 등 주요 간부들이 참석한 가운데 태양절 경축 "중앙 보고 대회"를 개최하여 김일성은 "20세기가 낳은 인류의 영재", "사회주의 조선의 시조", 김정일은 "선군 영도로 사회주의 수호", "부강 조국 건설 염원 실현", "남북 관계 발전의 전환 국면 마련", "국제적 지위와 권위 강화" 등 김일성의 위대성 · 업적 찬양과 아울러 김정일의 혁명 업적 계승을 집중 부각시킨 바 있다.

그리고 '태양절은' 김정일 생일(2월 16일)과 같이 이틀이 공휴일(생일과 그 다음날)이고 나머지 국경일은 하루씩 공휴일로 지정돼 있다. 당 창건기념일(10월 10일), 정권 창건기념일(9월 9일) 등이 김일성 · 김정일 생일 다음가는 국경일이다.

전통 민족 명절은 휴식일로 구분된다. 추석, 설날 등인데 당일은 쉬지만 추후 노동 의무를 보충해야 한다. 국제적인 기념일로는 국제 부녀절(3월 8일) 국제노동자절(5월 1일) 비동맹의 날(9월 1일) 등이 있다.

음력설은 지난 1989년부터 민속 명절로서 하루 휴무일로 정하고 가까운 일요일에 보충 근무토록 하고 있다.

2) 우리의 기도

창세로부터 그의 보이지 아니하는 것들 곧 그의 영원하신 능력과 신성이 그 만드신 만물에 분명히 보여 알게 되나니 그러므로 저희가 핑계치 못할 지니라. (롬 1:20)

첫째, '태양절' 행사 기간에 김일성 위대성 발표회 등 김일성을 신격화 하는 우상숭배 행위가 중지되게 하옵소서.(합 2:18-20)

둘째, 김일성의 위대성·업적 찬양과 아울러 김정일의 혁명 업적 계승을 집중 부각시키는 북한에서 예수님께서 친히 북한 지하 교회 예배 인도자와 함께 하사, 말씀하여 주심으로 하나님의 온전하신 뜻이 이루어지게 하여 주시옵소서.

셋째, 북한 지하 교회 성도들을 진리로 거룩하게 하사, 한 달 내내 지속되는 성대한 생일 경축 행사의 세속 문화의 악영향으로부터 지켜 주옵소서(요일 2:15-17)

넷째, 김 부자 생일 경축 행사 기간이 예수님 십자가 부활의 아침을 준비하며 찬양으로 영광 돌리는 고난의 현장에서 들려주시는 주님의 음성을 듣는 기간이 되게 하옵소서.

예수님의 이름으로 기도합니다. 아멘!

4. 빈발 하는 대형 사고

1) 빈발 하는 대형 사고

북한에서 최근 대형 사고가 잇따라 발생한 것으로 알려졌다. 2006년 6월 12일 대북 지원 단체의 발표를 보면 2006년 5월 25일

회령을 출발해 청진으로 향하던 버스가 내리막길을 달리던 중 추락, 16명이 숨지고 55명이 중경상을 입었는데 이 사고는 운전사가 휘발유를 아끼려고 내리막길에서 시동을 끄고 운전하다 제동장치가 듣지 않아 발생한 것으로 전해졌다.

이에 앞서 2006년 4월 23일에는 함경남도 고원군 부래산역 근처에서 열차가 정면충돌 1천 여 명이 사망하였다고 한다. 사고 발생 당시에는 현장에서 470여 명이 사망하고 1천 700여 명이 중경상을 입었으나 구조가 늦어진데다 치료가 제대로 이루어지지 않아 사망자가 크게 늘어난 것으로 알려졌다.

북한 당국의 사고 처리는 비밀이다. 사고 처리는 인민군대가 담당하며, 사고가 발생하면 그 지역을 봉쇄하고 사망자 발표나 피해 규모 등 모든 것을 주민들에게 알리지 않고 있다. 지금까지 크고 작은 사건들이 빈발했지만 북한 당국이 공식 발표한 사고는 한 건도 없었다.

실제로 지난 2004년 4월 22일 발생한 용천역 폭발 사고 현장에서도 예외 없이 북한은 김일성·김정일 부자의 초상화를 목숨 걸고 건진 사람들의 행동만을 소개하였고, 참사와는 전혀 관련 없는 김정일의 군부대 시찰을 매일 같이 톱뉴스로 보도한 바 있다.

북한에서 가장 많이 발생하는 사고는 열차 사고라고 한다. 노후한 철로를 방치하고 또 대부분의 노선이 단선으로 항상 과부하에 시달리는 것이 원인이며 대형 사고의 근본적인 원인은 생명을 소중히 여기지 않는 인명 경시 풍조가 사회에 만연했기 때문이라고 한다.

2006년 4월과 5월 발생한 것으로 알려진 사고 외에 북한에서는 최대의 폭발 사고로 전해지는 3,000여 명의 사망자와 1만 명 이상의 부상자를 낸 1979년의 함흥시 용성역 열차 폭발 사고, 1,000명 이상이 즉시 사망하고 수만 명의 부상자와 도시 전체가 폐허로 변한 자강도 강계 군수품 공장 폭발 사고(1990년), 철교에서 열차 전체가 추락한 자강도 희천-전천 구간 대형 열차 사고(1997년), 북한 최대 탄광 기업소인 평안남도 안주 탄광 연합 기업소 탄부 매몰사고(1991년), 1985년 경 함경남도 함흥 인근 왕장-범포 철교 열차 추락사고 등 알려지지 않은 사건 사고가 헤아릴 수 없이 많은 것이 북한이다.

폐쇄된 북한에서 일어난 참상에 대하여 외국은 물론 북한 주민들조차 거의 알지 못한다. 사고가 일어난 다음 일정한 시일이 지나야 사람들의 입을 통해 소문으로 전해지는 상황이라 사고 현장에 대한 인명 구조나 체계적인 치료는 기대할 수 없고 살릴 수 있는 생명들을 죽음으로 몰아넣는 결과를 가져 올 수밖에 없다.

2) 우리의 기도

> 사람이 만일 온 천하를 얻고도 제 목숨을 잃으면 무엇이 유익하리요. (막 8:36)

첫째, 주님! 북한에 많은 사고들이 일어나고 있습니다. 물질을 숭배하며 인간의 생명을 경시하는, 심지어는 살릴 수 있는 생명을 죽음으로 몰아넣는 죄악으로부터 북한 사회를 구해 주시옵소서.

둘째, 경제적인 논리로 생명보다 돈을 우선시하는 것들이 북한 사회를 잡고 있는 것을 봅니다. 주님 주님께서 허락하신 생명을 소중히 여기는 생각들이 일어나도록 하여 주시옵소서.

셋째, 또한 한국의 물질 만능주의(딤전 6:10)가 북한에 전하여지지

않도록 한국 교회가 깨어 기도하게 하여 주시고, 북한의 개방을 통한
물질 만능주의가 북한을 사로잡지 못하도록 하여 주시옵소서.

예수님의 이름으로 기도합니다. 아멘!

참조: 월간 조선, 2004년 6월호

5. 전염병 발생

1) 전염병 발생

최근 북한 내 의약품 부족이 심해지면서 질병이 발생해도 치료가
어려워지자, 1990년 이후 매년 4~9월만 되면 많은 사람들이 전염병
으로 고생하고 있다고 한다.

주민들에게 주로 발생하는 전염병은 콜레라, 장티푸스, 파라티푸
스 등이며, 또한 채소 등 농작물 재배 시 비료 부족으로 거름 대신 인
분을 많이 사용하는데다가, 의약품 부족으로 구충제 복용이 어렵게
되면서 기생충 발생율도 높아지고 있다. 그 외에 일반 주민들 사이에
자주 발생하는 질병으로는 결핵, 간염, 위장병 등이 있는 것으로 보
고되고 있다.

실제로 국내 입국 탈북자들이 북한 내에서 예방 접종 미비나 보건
의료 체계 붕괴 등으로 각종 전염병이나 질병에 감염됐던 것으로 나
타났다.

'2005년 탈북자 1,075명 대상 건강 조사 결과'에 따르면 조사에

응한 탈북자 중 77%가 디프테리아와 풍진, 64%가 유행성 이하선염 (볼거리), 53%가 홍역(제2군 전염병)에 각각 감염된 적이 있던 것으로 조사됐다.

기생충 감염률은 44.3%로 3.7%인 남한에 비해 12배나 높았고, 매독 유병율은 1.6%로 8배, B형 간염 유병율도 4배 이상인 것으로, 19세 이하 연령에서 예방 접종을 받았다고 응답한 탈북자는 1.2%에 불과해 1990년대 이후 북한 경제난으로 예방 접종이 적절하게 시행되지 못한 것으로 나타났다.

한편 '2004년 북한 어린이 건강 실태 보고서'에 의하면 2003년 설사병과 급성호흡기 감염증이 북한 어린이 사망의 주요 원인이며, 북한 내 결핵 환자 수(성인 포함)는 2001년 4만7천 명에서 2003년 5만2천591명으로 증가했으며, 결핵으로 인한 사망률은 인구 10만 명당 10명 수준이므로 결핵 관리는 중요한 정책 과제가 되고 있다.

휴전선 북부 지역 중심으로 1990년대 중반 발생하기 시작한 말라리아는 2000년 20여만 명, 2001년 30여만 명까지 급속히 증가했다가 국제적인 지원 속에 집중 관리로 2002년 상승세가 꺾이기 시작했다. 2003년에는 3만8천 명으로 크게 감소했고, 2004년 상반기 말라리아 발생률은 전년에 비해 5분의 1 수준으로 감소했다.

전염병 확산의 방지는 북한 의료 현실에서 중요한 현안이 되고 있다. 영양, 의약품, 병원 시설, 의료 인력 등 다양한 측면이 고려되어야 하겠지만 현재의 상황에서 제한된 물자와 인력을 제대로 활용하여 최대의 효과를 올릴 것인가도 중요한 과제인 것이다.

북한 당국이 전염병 예방에 대한 의지를 갖고 장기적이고 근본적인 대책을 마련하는 것이 중요하며 이를 위해 예방 시스템을 체계화, 전문화시키는 것과 아울러 교육과 훈련 등을 통해 전문 인력을 확보하는 것도 필요할 것이다.

2) 우리의 기도

> 그러나 보라 내가 이 성읍을 치료하며 고쳐 낫게 하고 평안과 진실이 풍성
> 함을 그들에게 나타낼 것이며(렘 33:6)

첫째, 하나님 질병으로부터 북한 주민을 건지시길 기도합니다. 북한 땅의 질병들이 더 이상 확산되지 않도록 해 주시고, 식량과 필요한 의약품이 공급되어 치료의 길이 열리게 하옵소서.

둘째, 한국과 북한의 전염병 관리 기관이 상호 협력하며 정보 교환, 기술 교류, 필요한 물자 지원 사업 등을 진행시켜 전염성 질환으로부터 남북한 주민 모두가 보호받게 하옵소서.

셋째, 현재 세계보건기구, 유엔아동기금 등의 국제기구와 다양한 여러 민간단체들이 북한의 전염병 관리를 위해 지원을 아끼지 않고 있으나 역부족입니다. 전염병에 대한 근본적인 해결책이 마련될 때까지 북한이 전염병 관리에 대한 의지를 갖고 장기적인 대책을 마련하며 이를 위한 치료 시스템의 체계화 · 전문화가 이루어지게 하옵소서.

예수님의 이름으로 기도합니다. 아멘!

참조: 2006.9.6.

II. 북한 대량 살상 무기 개발과 생존

1. 북 미사일 발사, 무엇을 남겼나

1) 북한의 의도와 한국의 입장

(1) 절박한 이유는

북한이 2006년 7월 5일 무수단리에서 발사한 대포동 2호(사정거리 6500km)는 발사 이후 미사일 기지로부터 400~640km 가량 떨어진 동해에 떨어져 실패한 것으로 추정된다. 당시 한국의 합동참모본부는 "42초까지 정상적으로 비행하다 이상 발생으로 추락하면서 총 499km를 날아갔으며 전체 비행시간은 7분 정도였다."고 발표했다. 북한은 대포동 2호 발사에 이어 강원도 깃대령에서 한국을 사정권으로 하는 화성 6호(스커드 C형), 일본을 사정거리에 두는 노동미사일, 그리고 미 본토를 겨냥한 대포동 2호를 각각 발사함으로써 전략적 효과를 극대화했다.

북한 당국은 이날 평양을 방문 중인 일본 기자들에게 미사일 발사를 시인하고 이를 "자주권에 관한 문제로 그 누구도 시비를 걸 권리가 없다."고 말했다. 북한 노동당 기관지 《노동신문》은 "미제도 감히

덤벼들지 못하는 불패의 혁명 무력이 있기에 우리는 복잡하고 첨예한 정세 속에서도 혁명과 건설을 우리의 사상과 신념에 따라 우리나라의 실정과 우리 혁명의 이익에 맞게 우리식으로 정정당당하게 해내고 있다.”고 주장했다.(노동신문 2006.7.5)

같은 날 평양방송은 미국과 한국이 참가한 2006 환태평양 훈련(림팩)에 대해 “림팩 군사 연습은 명백한 다국적 북침 전쟁 연습으로 우리 공화국에 대한 엄중한 군사적 도발”이라며 “우리 공화국에 대한 침략자들의 군사적 위협 공갈 도수가 높아질수록 우리는 자위적 국방력을 천백 배 강화할 것”이라고 강조했다.(평양방송 2006.7.5) 7월 9일 천재홍 호주 주재 북한 대사는 “세계가 북한의 미사일 시험 발사를 막으려 할 경우 아시아 지역에서 전쟁이 일어날 것”이라고 협박했다.

평양방송은 최근 김정일 위원장의 애창곡을 소개했다. ‘그 누가 내 마음 몰라주어도, 몰라준대도 희망 안고 이 길을 가고 가리라’ 는 내용이다.(평양방송 2006.6.20) 그의 애창곡과 같이 정말 그가 가는 길을 알 수가 없다. 누가 알거나 모르거나 상관이 없다. 변함이 없는 것은 그가 희망을 안고 그 길을 가는 것이다. 미사일을 발사하고 국제적 고립을 자초하면서까지 그 길을 가는 의도는 무엇일까?

무엇보다도 김 위원장이 취해 온 대외 정책에 대한 좌절감과 서방 세계에 대한 불만의 표출로 볼 수 있다. 미국은 위폐 문제로 통치 자금까지 옥죄기 시작했고, 일본은 납북 인정이 북한 당국의 ‘외교적 사기 행위’ 라고 매섭게 몰아붙였다. 그는 이런 위기 상황을 타개할 카드로 전 세계 관심의 초점이 된 미사일 발사를 택한 것이다. 광풍처럼 거세지고 있는 국제 정세에 휘둘리기보다는 당분간 문을 걸어 잠그고 새 전략을 짜는 것이다. 핵 개발 선언에 이어 이를 미국 본토까지 운반할 장거리 미사일을 확인시킴으로써 미·일 측에 북한의 위협적 존재를 확실하게 해 두자는 것이다.

한편 미사일 발사에는 김정일 리더십을 부각시켜 이완된 체제 분위기를 추스르려는 의도도 담겨 있을 수 있다. 98년 8월 대포동 1호 발사 당시 북한 언론은 "인공위성 광명성 1호 발사 성공은 김정일 동지의 영도가 안아 온 희망 찬 결실"이라고 찬양한 바 있다.

미국기업연구소(AEI) 니콜라스 에버슈타트 선임연구원은 북한은 미사일 '도박'으로 거대한 경제적·전략적 이익을 노리고, 긴장 조성과 군사 위협으로 국제 사회의 재원(財源)을 갈취하려 한다고 분석했다. 그에 의하면 평양 정권은 이런 도발행위로 부시 행정부와의 기싸움에서 이겨 판돈을 더 올리려는 것으로 보고 있다. 즉 북한은 국제적으로 군사력에 의한 갈취를 정권 유지의 수단으로 보고 있다는 것이다. 그래서 북한 지도부는 국제적 긴장도 적당히 조성하고 무시할 수 없을 정도의 군사적 위협도 가하여 체제 유지를 위한 재원을 갈취한다는 것이다. '이 도박에서 이기면 김정일은 이제까지와는 비교도 안 될 거대한 경제적 전략적 이득을 보고, 앞으로 미국의 한반도 내지는 동북아시아의 안보 구도를 깨려 할 것으로 보고 있다.(Wallstreet Journal, July 6, 2006, 'Nuclear Shakedown')

북한이 가장 절박하게 노리는 목표는 미국의 대북 금융 제재를 해제하는 것이다. 2005년 9월 미국은 마카오의 방코델타 아시아(BDA)에 예치된 김정일 위원장의 비자금 2,400만 달러를 불법 돈세탁 혐의로 동결시킨 바 있다. 북한 외무성 관리들은 대북 금융 제재 해제를 6자 회담 복귀의 전제 조건으로 계속 내세웠지만 미국은 금융 제재 해제는커녕 제재를 더욱 강화시켰다. 또 북한은 미국과의 양자 회담을 요구해왔으나 미국은 6자 회담을 원칙으로 하고 있다며 이에 반대해 왔다. 이러한 상황에서 북한의 미사일 발사는 미국이 주도권을 잡고 있는 불리한 상황을 반전시키려는 북한의 마지막 카드인 것으로 보인다.

북한이 내세우고 있는 미사일 발사 배경은 미국의 위협에 따른 자위적 국방력 강화라는 것이다. "미국이 금융 제재를 하면서 대규모의 군사 연습과 같은 위협 공갈을 하고 있는 조건에서 우리만이 일방적으로 미사일 발사를 보류할 필요가 없다. 우리에게 막강한 자위적 억제력이 없었더라면 미국은 우리를 몇 번이고 공격하였을 것이다." 따라서 미사일 발사는 "자위적 국방력 강화를 위해 정상적으로 진행한 군사 훈련의 일환"이라고 했다. 북한은 미사일 발사로 미국을 위협하려 했으나 일단 실패한 것으로 보인다. 그러나 전 미 국방부 전략방어국(SDI) 헨리 쿠퍼(Henry F. Coopes) 국장이 지적한 것과 같이 북한의 중단거리 미사일이 테러 집단에 들어가 이들이 선박을 이용해 미 해안으로 잠입, 불시에 공격하는 경우 미국에 큰 위협이 될 수도 있을 것이다.

한편 북한의 미사일 발사는 분열되고 있는 한미 동맹 관계에 큰 균열을 가할 수 있다는 것이다. 북한의 미사일 발사에 대한 한·미간의 뚜렷한 입장차가 있기 때문이다. 더구나 미사일 발사를 빌미로 일본이 군사력을 증강시키려 한다면 이는 중국과 일본, 그리고 한국과 일본의 관계 악화로 이어져 동북아의 긴장 고조로 연결될 수 있다. 이러한 상황은 미국도 원치 않을 것이기 때문에 북핵 문제에 대한 미국의 완화된 태도를 끌어낸다는 것이다. 그래서 북한이 원하는 북한의 핵 포기와 함께 관계 정상화, 평화 협정 체결, 경수로 제공을 포함한 경제 지원을 동시 행동 원칙에 따라 논의하자는 것이다.

(2) 일본엔 강경, 북한엔 안일한 대처

북한 미사일 발사를 계기로 한반도 주변 정세가 복잡하게 얽히고 있다. 북·일, 북·미 갈등 속에 신중론을 견지해 온 한국이 일본 정부를 공격하면서 한·일 갈등이 추가된 것이다. 한국 정부는 미국과 일본의 강경 대북 정책에 반발하면서 그동안 어색하게 유지되어 왔던 한·미·일 공조가 흔들리게 되었다. 미사일 위기를 해결하는데 관건인 '한·미·일 공조'가 붕괴 위기에 처한 셈이다.

사실 '참여 정부'는 노무현 대통령 취임 후 한미 동맹과 한·미·일 3국 공조를 축으로 한 전통적 남방 외교 대신 신외교 기조를 내걸었다. 이 기조는 '한반도가 대륙 세력과 해양 세력을 잇는 가교 역할을 하는 동북아 균형자론'으로 표현되었다. 노대통령은 '동북아가 한·미·일, 북·중·러로 나뉘어 서로 대립하는 구도를 극복해야 한다.'고 했다.

이런 맥락에서 보면, 한미 동맹이나 한·일 공조는 더 이상 변하지 않는 상수(常數)가 될 수 없다. 그래서 정부는 대북 문제를 푸는데 있어 전통적인 한미일 공조보다 중국의 지렛대를 이용해왔다. 그러나 북한의 미사일 발사로 중국이 북한을 버리고 미국편에 섬에 따라 중국의 지렛대 역할은 기대할 수 없게 되었다. 정부가 북한의 미사일 발사를 '도발 행위'라고 규정하면서도 '정치적 압박이므로 냉정하게 대응한다.'는 이중적 접근을 할 수밖에 없게 되었다.

일본에 대해서는 즉각적으로 강경한 입장을 보이면서 정작 미사일 발사로 우리 안보를 위협한 북한에게는 안일한 대처를 할 수밖에 없는 정부의 고민이 여기에 있다. 정부는 "북한 미사일은 어느 누구를 겨냥한 게 아니다.", "국민을 불안하게 하지 않기 위해 대통령이 나서지 않는 것이다.", "또 비슷한 일이 생겨도 역시 차분하게 대응할 수밖에 없다"는 등 억지춘향식 말을 했다.

정부는 중국에게도 의존할 수 없게 된 마당에 북한의 "남한 무시 전략"에도 불구하고 남북 대화의 끈을 놓지 않으려고 19차 남북 장관급 회담을 밀어붙였다. 정부와 국민 일각에서 그리고 미·일의 반대에도 불구하고 강행한 회담에 따라 국론 분열 양상까지 미쳤다.

1998년 대포동 1호가 발사됐을 때 신속하게 한미일 공조의 틀 속에서 대응했던 김대중 정부와 달리 노무현 정부의 대응은 소극적으로 비치고 있다. 북한이 연속해 미사일을 발사하는데도 100분이 넘도록 대통령에게 보고도 하지 않고, 7시간 반이 지난 오전 11시에야 관계 장관 회의를 열어 정부의 둔감함에 국민의 불안을 가중시켰다. 북한의 미사일 낙하 구역에 수백 명의 국민이 탑승한 민간 항공기가 지나가고 어선들이 조업을 계속하도록 방치했다는 것은 경악을 금치 못할 일이다.

노무현 대통령은 2006년 5월초 미사일 문제가 불거진 때도, 발사 이후에도 말이 없다가 19시간이 지나서야 부시 미국 대통령과 미사일 문제를 외교적 노력으로 해결한다는데 의견을 같이 했다는 전화 대화가 공개되었다. 이는 외국 정상과 나눈 '외교적 발언' 이지 북한이나 국민을 상대로 한 '통치적 발언' 은 아니다. 북한 미사일 발사로 우리의 안보를 위협하는데도 국민의 불안을 덜어 주는 구체적이고 강력한 신뢰의 발언이 필요한데 극히 의례적이고 하나마나한 말을 함으로써 국민들에게 실망을 안겨 주었다.

2) 미 · 일 · 중 · 러의 반응

(1) 미 · 일 동맹 강화, 미 · 중 연계 전략

북한의 첫 미사일 발사는 미국 시간으로 2006년 7월 4일 오후 2시, 수도 워싱턴을 비롯한 미 전역에서 230번째 독립 기념일을 축하하는 각종 행사가 치러지고 있는 때였다. 이날 오후 2시 38분 플로리다 주 케이프내버럴 기지에서는 7명의 승무원을 태운 우주왕복선 디스커버리호가 성공적으로 발사되었다. 6분 전에 북한은 첫 미사일을 발사했고, 오후 6시 31분까지 5기를 더 쐈다. 그 바람에 부시 대통령은 자신의 60세 생일(6일)과 독립 기념일을 축하하는 백악관 모임을 중단했다.

북한에 허를 찔린 미 행정부는 처음엔 우왕좌왕하는 모습을 노출했다. AP통신은 북한이 "시점에 맞춰 미사일을 발사함에 따라 세계의 시선을 끌었다"며 "고립된 공산주의 국가가 대담한 시도를 했다."고 보도했다.(AP통신 2006.7.5) 그처럼 절묘한 시점을 고른 북한에 대해 해들리 백악관 안보 보좌관은 "국제 사회의 관심을 끌려는 의도 같다."고 말했다.

마이클 그린 전 백악관 국가안보회의 선임 보좌관은 "북한의 미사일은 명백히 미국을 겨냥한 선전 활동"이라며 "그렇다고 미국이 북한과 양자 회담에 응하거나 뇌물(대북 금융 제재 해제)을 제공할 가능성은 전무하며, 크리스토퍼 힐 6자 회담 수석대표의 평양 방문도 절대 허락하지 않을 것"이라고 말했다. 그는 "미국이 군사적 대응할 가능성은 없지만 유엔 안보리에서 상징적인 수준 이상의 제재를 가할 것"이며 "그런 다음 북한이 6자 회담에 복귀하도록 체면치레(Face-saving)를 해 줄 이벤트를 논의하게 될 것"이라고 말했다.

부시 대통령은 이날 기자 회견에서 "미사일 문제는 외교적으로 푸는 게 최선"이라며, "한·미·일·중·러가 한 목소리로 북한 지도자에게 북한 주민의 삶을 개선할 좋은 방안이 있다는 점을 알리기 위해 노력할 것"이라고 강조했다. 그가 '외교'를 강조한 것은 북한을 6자 회담에 복귀시켜 미사일·핵 문제 등을 한꺼번에 해결하는데 일단 주력하겠다는 뜻이다.

부시 대통령은 2006년 7월 7일 유엔 안보리에서 논의 중인 대북 제재 결의안에 대해 "북한에 금지선(Red line)이 있다는 걸 분명히 알리기 위한 것"이라고 말했다. 유엔 안보리의 대북 제재 결의안 표결이 우다웨이(武大偉) 중국 외교부 부부장의 방북 결과를 지켜보기 위해 며칠 뒤로 연기됐다. 미국은 서두를 필요가 없다. 북한 대포동 2호가 일단 별 볼 일 없는 것으로 드러났고 죽어가는 6자 회담을 살려내는 부담은 중국으로 넘겨졌기 때문이다.

일본이 끌고, 미국이 미는 유엔 안보리 대북 제재 결의안에 반대 입장을 분명히 한 만큼 북한을 협상 테이블로 끌어내지 못한다면 중국이 모든 책임을 끌어안을 수밖에 없게 되었다. 북한을 끝내 설득하지 못한데다가 혼자만 거부권을 행사하게 된다면 그 정치적 부담은 중국도 감당하기 어려울 것으로 미국은 보았다는 것이다.

베이징~서울~도쿄 순방을 마친 일 미 국무부 차관보가 7월 11일 귀국하려던 발길을 돌려 다시 베이징을 찾은 것도 그러한 이유에서이다. 그는 기자들에게 "중국이 아주 중요한 외교적 임무를 수행하고 있다."며 "우리는 지금 매우 중대한 단계에 와 있다."고 중국의 역할을 크게 추켜세웠다. 이어 13일 버웰 벨 주한미군사령관은 "정보에 따르면 북한은 800기 이상의 미사일을 보유하고 있고, 북한에서 남한을 표적으로 발사할 수 있다."며 "미사일 발사를 계기로 한미 동맹에 대해 올바른 시각을 가져야 한다."고 말해 한국의 안보 불감증에 불만을 표출하기도 했다.

결국 미국은 중국을 움직여 대북 군사 제재의 근거가 될 수 있는 UN 헌장 7장이 포함되지 않은 UNSC 1695 결의안을 채택했고 한국의 동조도 끌어내는데 성공했다. 미국은 미일 동맹을 강화하면서 중국과 연계하는 전략을 끌어낸 것이다.

(2) 유엔 헌장 7장 원용, 대북 강력 제재 나서

북한의 미사일 발사로 일본 열도는 5일 새벽부터 충격에 휩싸였다. 일본 방송들은 모든 정규 방송들을 중단하고 미사일 문제 일색이었다. 일본 방송들은 "이젠 대화 · 압력의 양 날개 전략에서 탈퇴해 확실한 제재를 통한 압력 위주 정책으로 나가야 한다."고 주문했다. 시민은 방송을 보며 불안한 마음을 감추지 못했다. 군사 평론가인 에바타케 겐스케(江畑謙介)는 "6기 모두 동해로 쏜 것은 일본에 강한 위협의 메시지를 전달하려 한 것"이라고 주장했다. 고이즈미 총리는 "북한에 플러스가 될 일은 없다."고 잘라 말했다.

일본의 방위 책임자인 누카가 후쿠시로(額賀福志郞) 방위청장관은 7월 6일 중의원 안보위원회에 출석하여 북한 미사일 발사를 계기로 미사일 방어(MD) 체제 일정을 앞당기겠다고 밝히는 한편, 9일에는 적기지 선제공격론을 언급했다. 북한 미사일 개발이 일본에 군비 증강의 명분을 줄 것이란 우려가 현실화 된 것이다. 일본은 1998년 8월 북한이 발사한 대포동 1호 미사일이 자국 상공을 넘어가자 이를 명분으로 정찰 위성 등 첨단 군사 장비를 개발 · 도입하며 군비를 강화시킨 바 있다.

7일 아베신조(安倍晉三) 관방 장관은 "미사일 발사를 강행한 북한에 압력을 가하는 것은 국제 사회의 상식이다."라고 했다. 그는 11일 일본 핵심 관료들의 '적기지 공격 발언'을 놓고 "일본의 침략주의적 성향을 드러낸 것"이라는 청와대 대변인 발표에 대해 "그런 논평에 일일이 대응하지 않겠다."고 불편한 심기를 드러냈다. 일본 정부 고위 관계자는 "일본이 언제까지나 한국 정부를 배려할 수는 없다는 관점에서 이날 관방 장관의 유감 표명이 나온 것"이라고 설명했다.

유엔 안보리 15개 회원국 대사들은 5일 밤 긴급회의를 열고 사태의 심각성을 인정했다. 일본은 대량 살상 무기에 사용될 수 있는 자금·물품·재료·기술의 이전을 금지하는 것을 골자로 하는 결의안 초안을 작성, 안보리에 제출했다. 초안에는 "세계 평화와 안보를 위협하는 도발이 발생할 경우 경제 제재와 최후의 수단으로 무력 사용을 인정한다는 유엔 헌장 7장을 원용하는 내용이 포함되어 있었다. 중러의 입장은 부정적이었다.

한편 일본 정부는 6일 오전 총리 관저에서 긴급회의를 열고 현행 법상 실행 가능한 대북 제재 조치를 빨리 결정할 방침을 밝혔다. 고이즈미 일본 총리는 김정일 위원장에게 미사일 발사 실험 중단과 6자 회담 조기 복귀를 요구하는 구두 메시지를 전달했다.(교도통신 2006.7.6) 일본 정부는 북한의 미사일 발사 20일전에 '극비 프로젝트팀'을 총리 관저 안에 설치하고 관계 장관들로 하여금 도쿄(東京)를 떠나지 않도록 하는 주도면밀한 준비를 했다.

아베 관장 장관은 "북한의 정권 핵심과 당·군에 들어가는 자금을 차단함으로써 정권을 쓰러뜨리지는 못해도 화학 변화를 일으킬 가능성은 충분히 있다."고 주장했다. 대북 추가 제재와 관련, 일본 정부는 '블랙리스트'를 만들어 이에 들어 있는 단체·개인에 대한 대북 송금을 금지하고, 이들이 일본 금융 기관에 보유한 예금을 동결한다는 것이다. 또 북한 기업이 제 3국을 거쳐 미사일이나 대량 살상 무기 개발로 이어질 수 있는 물품을 북한에 우회 수출하는 것도 차단하기로 했다.

(3) 경고 무시했으나 제재보다 규탄

최근 들어 중국의 대북 영향력이 줄어들고 있는 징후가 있다. 중국은 여러 차례에 걸쳐 미사일을 발사하지 말라고 했지만 북한은 이를 무시했다. 중국은 미사일 발사 전에 북한으로부터 아무런 통보를 받지 못했으며 미사일 발사 낌새도 눈치 채지 못했다는 것이다. 탕자쉬안(唐家璇) 외교담당 국무위원에 따르면 중국은 미사일 발사 공식 발표 있기 한 시간 전에야 통보 받았다고 했다. 북한은 거듭된 중국의 경고를 무시하고 미사일을 발사했으며, 공식 성명을 내기 직전에야 중국에 이 사실을 확인해 준 셈이다.

후이량위(回良玉) 부총리가 이끄는 중국 대표단이 7월 10일 평양을 방문했다. 대표단 중 6자 회담 중국 수석대표인 우다웨이(武大偉) 외교부 부부장은 북측 6자 회담 수석대표인 김계관과 만나 미사일 실험 중단과 6자 회담 복귀를 설득했으나 해외 자금 동결 해제를 전제 조건으로 내세워 아무런 실효를 거두지 못했다.

후진타오(胡錦濤) 중국 국가주석은 7월 11일 중국을 방문 중인 양형섭 북한 최고인민회의 상임위원회 부위원장을 만나 북한의 미사일 실험 발사로 인한 한반도 정세에 '심각한 우려'를 표명했는데(신화통신 2006.7.11) 이는 매우 이례적인 일이다. 중국이 북한을 6자 회담에 복귀시키지도 못하고 미사일 실험 발사도 막지 못한 중국의 국제적 책임을 면키 어렵게 되었기 때문이다.

북한 미사일 사태와 관련, 난처한 입장에 있는 중국은 12일 러시아와 함께 일본이 만든 유엔 안보리 제재 결의안보다 강도가 훨씬 낮은 새로운 대북 결의안을 내놨다. 중국은 처음부터 제재 결의안이 아니라 선언적 의미를 담은 안보리 의장성명이면 족하다는 입장이었다. 그러나 일본과 미국이 워낙 강하게 밀어붙이는 데다 중국을 활용한 대북 해법도 통하지 않자 새로운 결의안을 마련한 것이다. 내용은 일본안과 비슷했지만 유엔 헌장 7장 원용 부분이 빠진 것이 결정적으로 달랐다. 한마디로 제재보다 규탄에 무게를 둔 것이었다.

한편 중국은행 마카오 지점이 북한의 달러 위조 등과 관련 북한 계좌를 동결시켰다고 한다. 마카오의 방코델타 아시아 은행에 이어 두 번째다. 또 선양(瀋陽) 주재 미국 영사관에 진입했던 탈북자 3명의 미국 직행을 처음으로 허용했다. 한 외교 소식통은 "중국은 탈북자의 미국 직행을 전격 허용함으로써 미사일 발사 당시 얼마나 불쾌하고 당혹스러웠는지를 북한에 전달하려 한 것으로 보인다."고 말했다.

(4) 안보리 의장 성명 주장

북한의 미사일 발사 당일인 5일 러시아는 유엔 안전보장이사회의 15개 회원국 대사들과 함께 사태의 심각성을 인정했다. 미국과 일본이 강도 높은 제재를 주장했지만 러시아는 중국과 함께 부정적 태도로 일관했다. 러시아는 북한 제재 주장에 명백한 반대 입장을 밝혔다. 비탈리츠르킨 러시아 대사는 "안보리 의장 성명이면 족할 뿐 안보리 차원의 결의안은 곤란하다."고 주장했다. 그는 이어 "지금은 감정보다 이성이 필요한 때"라고 덧붙였다.

러시아는 7월 12일 북한 미사일 사태와 관련 중국과 함께 제재의 강도가 낮은 새로운 대북 결의안을 내놨다. 러시아는 처음부터 제재 결의안이 아니라 선언적 의미를 담은 안보리 의장 성명으로 하자는 것이었다.

러시아가 중국과 함께 내놓은 결의안은 북한의 미사일 발사를 강력히 규탄하고, 북한이 미사일 시험 발사 유예를 다시 재선언할 것을 촉구하며, 유엔 회원국들에 북한과 미사일 관련 거래를 삼가줄 것을 당부하는 내용이었다. 일본 안이 북한 미사일을 위협으로 규정한데 비해 중·러 안은 그에 대한 언급이 없다. 유엔 헌장 7장에 대한 표현도 삭제했고 일본 안에 있는 강제 조치도 회원국에 촉구하는 내용으로 바꿨다.

이후 협상은 북한을 방문했던 중국 대표단의 노력이 무산된 후 영국과 프랑스를 중심으로 진행되었다. 미국과 일본은 결국 유엔 헌장 7장 부분을 양보하고 이 대목이 빠진 절충안을 수용했다. 안보리가 분열되는 것보다 의장 성명에 비해 훨씬 강도 높은 결의문을 만장일치로 채택하는 것이 백번 낫다고 판단한 것이다.

3) 유엔 안보리 결의와 그 이후

(1) 완화된 안보리 결의

7월 15일 유엔 안보리 대북 결의문은 강력한 제재를 원하는 일본·미국과 이를 완화하려는 중국·러시아간 줄다리기로 우여곡절 끝에 채택되었다. 당초 7일 일본이 제출한 초안의 골자는 세 가지였다. 북한 미사일이 동북아의 안정과 평화를 해치는 것으로 규정하고, 유엔 회원국들로 하여금 미사일 개발과 관련된 모든 물품과 기술의 대북 이전을 중단하라는 것이었다. 또 대북 군사 제재의 근거가 될 수 있는 유엔 헌장 7장 원용 부분이 들어가 있었다.

러시아와 중국은 일본의 초안에 대해 12일보다 완화된 새로운 결의안을 만들어 안보리에 제시했다. 결국 당사국들은 협상을 통해 7월 15일 북한의 미사일 시험 발사를 규탄하고 6자 회담 복귀를 촉구하는 유엔 안보리 결의안 1695호를 15개 이사국의 만장일치로 채택했다.

그동안 제재를 반대해 왔던 중국과 러시아도 대북 군사 개입의 길을 열어 놓을 수 있는 '유엔 헌장 7장에 따라' 라는 구절이 삭제된 결의안에 찬성한 것이다. 유엔 안보리 결의문은 미사일과 미사일 관련 물품·재료·제품·기술이 북한의 미사일이나 대량 살상 무기(WMD) 프로그램에 사용되는 것을 금지하는 것으로 되어 있으며 모든 유엔 회원국은 이를 준수할 것을 요구했다.

유엔 안보리의 대북 결의(1695호)와 2004년 11월에 채택된 대 이라크 결의(1441호)의 차이는 1441호 결의가 '유엔 헌장 7장 아래 행동한다.' 는 규정이다. 1441호 결의에는 이와 함께 '안보리는 이렇게 결정한다.(Decide)' 란 구절이 여덟 차례가 등장한다. '결정' 이란 표현은 국제법상 강제력을 갖는 것으로 해석된다.

이에 비해 1695호 대북 결의는 강도가 훨씬 약하다. 유엔 헌장 7장이 원용되지 않는 대신 '국제 평화와 안보 유지라는 특별한 책임감 아래 행동한다.' 는 문장이 들어갔다. 이라크 결의에 들어 있던 '결정' 이란 단어도 '요구한다(Request, Demand)' 로 완화됐다.

(2) 북한과 한국의 반응
가. '믿는 도끼에 발등' 찍혀
7월 8일 북한은 자신의 미사일 실험 발사 직후 외무성 대변인을 통해 "우리 군대는 이번과 마찬가지로 앞으로도 자위적 억제력 강화의 일환으로 미사일 발사훈련을 계속할 것"이라고 밝혔다. 한성렬 유엔 주재 북한 대표부 차석 대사도 일본 민방과의 전화 통화에서 "북한은 주권 국가로서 (미사일) 시험 권리를 갖고 있다."며 "제재가 발동되면 북한은 전면적인 대항 조치를 취할 것"이라고 일본의 제재 움직임에 제동을 걸으려고 했다.

한편 북한은 정부가 미사일 발사에 따른 쌀·비료 지원을 유보한 것을 이유로 19일 전화 통지문을 보내 "8·15에 예정돼 있던 특별 화상 상봉과 금강산 면회소 건설을 중단한다."고 밝혔다. 북한은 유엔 안보리 결의문이 채택된 후 "만일 어떤 침략자들이 사회주의 내 조국을 0.001mm라도 침범한다면 쌓이고 쌓인 민족적 분노를 총 폭발시켜 이 땅에서 영영 쓸어버릴 것"이라고 유엔 안보리 결의문을 거부했다.

유엔 안보리 결의안 채택 직후 7월 16일 새벽 북한 외무성은 우둥허(武東和) 평양 주재 중국 대사를 소환해 "중국이 유엔 안보리의 대북 결의안에 찬성한 것은 신뢰와 의리를 저버린 배신행위다. 조선노동당과 정부는 분노를 참을 수 없으며, 중국 정부는 분명하게 해명해야 한다."고 호통을 쳤다. 같은 날 아침 최진수 베이징 주재 북한 대사는 중국 외교부에 리자오싱(李肇星) 외교부장의 면담을 요구했으나 거절당하고 11명의 북한 대사관 직원을 몰고 외교부에 가 세 시간 남짓 거칠게 항의했지만 분을 삭이지 못해 "배신자"라는 말을 되풀이하면서 돌아갔다. 믿던 도끼에 발을 찍혔으니 분통을 터뜨릴 만도 하다.

북한은 7월 20일 《노동신문》 논설에서 "오늘 미제국주의자들은 반(反) 공화국 책동에 더욱 광분하고 있다."며 "미제와 국제 반동들의 반공화국 인권 소동이나 금융 제재는 우리 민족의 존엄과 자주권에 대한 난폭한 유린 행위"라고 비난했다. 또 "지금 우리 군대와 인민은 적들의 일거일동을 예리하게 주시하며 멸적의 투지로 가슴 불태우고 있다."고 힘주어 말했다. 《노동신문》은 이에 "제국주의자들이 아무리 발악해도 우리의 생명인 사회주의를 필승의 의지로 결사 수호한 것이 우리 군대와 인민"이라며 "민족의 존엄을 목숨보다 귀중히 여기는 우리 군대와 인민을 당할 힘은 이 세상에 없다."고 주장했다.(노동신문 2006.7.20)

7월 28일 아시아 지역 안보 포럼(ARF)이 열리고 있는 말레이시아 쿠알라룸푸르에서 10개국 외무장관들이 북한에 도발적 행위의 재발 방지를 촉구하는 공동 성명을 채택하려 하자, 백남순 북한 외상은 "부당한 성명이 나오면 ARF에 (회원국으로) 남아 있을지를 고려할 것"이라고 위협했다. 그는 ARF 회의장에서 "미사일 발사는 정당한 주권의 행사이자 통상적 군사 훈련"이라며 "제재 모자를 쓰고는 6자 회담에 들어가지 못한다."고 주장했다. 백 외무상은 반기문 장관의 남북 외무 장관 회담 제의도 거절했다.

안보리 결의안 채택 이후, 미국이 최근 북한의 달러 세탁에 연루된 계좌가 있는 해외은행 등을 찾아 나섬에 따라 북한은 금강산 관광 대금을 유로화로 결제해 줄 것을 현대아산에 요청한 것으로 알려졌다. 소식통에 따르면 북한에서는 7월 15일 유엔 안보리가 대북 제재 결의를 채택하자 대학생과 청년들을 중심으로 북한군 입대 청원 대회를 열고 "미제를 물리치자 조국 통일 완수하자!"는 구호를 외치며 군 입대를 탄원하는 행사를 곳곳에서 열고 있다. 김일성대학 등 평양의 주요 대학에서 시작된 입대 청원은 7월 30일 현재 1만 건을 넘어섰다는 것이다. 《노동신문》은 7월 17일 "조선 반도에서 전쟁의 검은 구름이 더욱 짙어가고 있다"고 주장했다. (노동신문 2006.7.17)

북한은 외부 세계에 대해 빗장도 걸어 잠그고 있다. 북한 당국은 최근 연례 행사였던 아리랑 축전(8월 14일~10월 중순)을 취소한데 이어 14~16일 평양에서 개최키로 합의했던 '자주 · 평화 · 민족 대단합을 위한 8 · 15 통일 대축전'도 취소했다. 한편 김정일 위원장은 미사일 발사 이후 40일간 공개 활동을 전면 중단한 채 두문불출했다.

7월 28일 말레이시아에서 열린 10자 회동에 백남순 북한 외무상은 참석하기를 거부했고 반기문 장관이 요청한 남북 외무 장관 회담도 무참할 정도로 딱 잘라 거절했다. 오전 회의장에서 백 외무상은 "우리의 주권적 · 합법적 조치에 대해 부당한 (의장)성명을 강압적으로 통과할 경우 이를 전면 배격하며 (ARF에) 계속 남아 있을지 고려할 것"이라고 협박했다.

북한은 2005년 5월 북미 직접 협상을 유도하고 보상을 극대화시킬 목적으로 함경북도 길주의 핵 실험용으로 의심되는 지하 갱도에 파일을 박는 등 심상치 않은 움직임을 보였으나 국제적 보복 위협에 밀려 중단되었다.

북한은 지난 7월 5일 미사일 시험 발사를 전후해서 핵 실험 관련 대화를 부쩍 늘였다는 첩보가 포착된 이후 지난 8월 17일 미국의 ABC · CNN 방송은 길주군 풍계역 외곽에서 수상한 트럭들이 이동하는 모습이 미 정보기관에 잡혔다는 것이다. (CNN방송 2006.8.17)

ABC 방송은 "대형 케이블 뭉치가 트럭에서 내려지고 있는 것도 확인됐다"며 "이 케이블은 핵무기 실험 때 지하 실험장과 외부의 관측 장비를 연결하는데 사용할 수 있다."고 전했다. 북한 당국이 핵 실험장으로 추정되는 길주 지역의 주민을 최근 다른 지역으로 소개한 것도 확인됐다는 것이다.

북한이 핵 보유를 선언한 마당에 핵 실험만 하면 세계는 싫어도 북한을 핵 보유국으로 공인할 수밖에 없다. 북한이 미국과의 직접적

인 협상을 위해 미사일 발사보다 강력한 행동을 해야 한다고 오판하
고 있을 가능성이 있어 우려된다.

나. 한국의 입장

정부는 7월 11일 일본이 유엔 안보리에 제출한 대북 제재 결의안
에 대해 "유엔헌장 7장을 원용한 것은 한반도와 주변 지역의 평화와
안정, 한국 국민의 안전을 저해할 수 있다"며 정부 차원의 반대 입장
을 분명히 했다. 이와 함께 유사 사태가 재발하지 않도록 응분의 조
치를 취할 필요가 있다는 입장도 전했다.

노무현 대통령은 7월 19일 안보 장관 회의에서 미사일 발사와 관
련해 "상황의 실체를 넘어 과도하게 대응해 불필요한 긴장과 대결
국면을 조성하는 일각의 움직임들은 문제 해결에 도움이 되지 않는
다."고 밝혔다. 그는 북한 미사일 발사 후 일본의 대북 선제 공격론
에 대한 경고를 제외하곤 침묵해 왔다. 그러다 2주만에야 "한반도 평
화를 침해하고 어느 쪽에도 도움이 안 되는 군비 경쟁을 촉발시켰
다."고 말했다.

노 대통령은 북한 정권에 대한 반성 촉구는 없이 마치 "우리 측 대
응에 문제가 있을 수 있다."는 식으로 말했다. 그는 "현 상황의 본질
을 냉철하게 분석하는 것이 긴요하다."고 말했다. 사실상 그 본질은
북한이 미사일 7기를 발사해 무력시위를 했다는 것이다. 이는 우리
안보에 대한 위협에다 국제 사회에 대한 위협이었다. 그래서 유엔 안
보리 결의까지 채택했는데도 원인 제공자인 북한에 대해서는 아무런
질책도 없이 '우리의 과도한 대응' 만 거론했다.

북한과 동맹 관계에 있는 중국도 북한의 위폐 유통과 같은 불법
행위에 단호한 태도를 보이는데 한국 정부만이 북한의 범죄 행위를

감싸는 듯한 태도를 보이고 있다. 정부는 북한의 위폐와 관련 '결정적 증거가 없다.'며 북한을 변호했고 국제 경찰 기구인 인터폴 회의에도 '하루만 열리는 회의에 예산을 쓸 필요 없다.'는 이유를 들어 불참했다.

정부는 중국의 지원을 받아 미국이 주도하는 대북 '돈줄 죄기'에 공개적으로 제동을 걸며 "동결된 북한 자금을 좀 풀어 주었으면 좋겠다."는 의사를 피력했다. 노 대통령과 후진타오 중국 국가 주석간 통화 내용에도 이 문제가 포함되었다는 것이고 정부가 북한이 6자 회담에 복귀할 수 있도록 미국이 협조하여 주었으면 하는 바람도 이러한 뜻이 담겨 있는 것이다.

7월 28일 ARF가 열리는 10자 회동이 이루어졌다. 오전 회의 후 반기문 외교부 장관은 백남순 북한 외상에게 별도의 회담을 요청했다. 그러나 백 외무상은 "그럴 필요가 있겠느냐"고 딱 잘라 거절했다. 반 장관이 다시 말을 걸자 그는 "남북관계는 6·15 남북 공동 성명에 기초해 나가면 된다."며 회의장 밖으로 나갔다. 한국 정부의 성의에 매우 냉담하여 참으로 안타깝게 했다. 북한의 핵 실험 움직임과 관련, 정부 당국자들은 "이상 징후는 있으나 핵 실험을 준비하는 것으로 단정할 수 없다"고 밝혔다. 정부는 "케이블이 발견된 것으로 알려진 지역이 핵 실험에 적당한 장소라는 점에서 북한의 움직임을 예의주시할 필요가 있다."고 말했다.(중앙 20068.19)

(3) 대북 압박 수위 높여

유엔 안보리 결의를 거부한 북한에 대해 미국과 일본이 압박 수위를 높이고 있다. 북한의 여객·화물선 만경봉호 입항 금지 등의 조치를 이미 취한 일본은 7월 16일 대북추가 제재 방안을 마련하기 시작했다. 일본 외무성과 금융청은 외환 거래법에 따른 대북 송금 금지, 일본 내 북한 자산 동결, 북한과의 무역 제한 중, 특히 대북 송금 금지를 우선적으로 검토했다. 조총련 자금 등이 북한으로 들어가는 것을 차단하면 실질적인 압박이 될 수 있기 때문이다.

라이스 미국 국무장관은 '안보리 결의는 매우 강력한 것이고, 모든 회원국에 구속력이 있는 것'이라며 "북한이 더 고립되고, 추가 압력(Additional pressure)에 직면하고 싶지 않다면 6자 회담에 복귀해야 한다는 것을 깨달을 것"이라고 말했다. 그는 7월 16일 "안보리의 범위 밖에서 미국은 금융 조치를 통한 북한의 불법 활동 저지, 대량 살상 무기 확산 방지 구상(PSI) 활동을 하고 있으며, 앞으로도 계속할 것"이라고 했다. 앞으로 PSI 활동 강화를 통해 북한의 대량 살상 무기를 실어 나르는 선박과 항공기에 대해서는 수색·봉쇄 조치 등을 취할 것임을 시사했다. 이와 함께 미국 로스앤젤리스 이민 법원은 한국 국적의 탈북 여성 최모(33)씨에 대해 7월 15일 망명 승인을 결정, 북한을 압박해 들어갔다.(조선 2006.8.18)

힐 미국 국무부 차관보는 방미 중인 천영우 한반도 평화교섭 본부장에게 대북 추가 압박 조치를 취할 수 있음을 밝혔다. 미국이 유엔 안보리 결의와 6자 회담 복귀를 거부한 북한을 더욱 구석으로 모는 방안을 연구하고 있다는 것이다. 미 행정부가 검토 중인 대북 압박 조치는 클린턴 행정부 시절 풀었던 대북 경제 제재를 복원하는 것뿐 아니라 PSI 활동을 통한 북한 선박·항공기에 대한 감시를 강화하고 북한의 돈줄을 한층 죄는 방안 등이다.

미국의 테러와 금융범죄담당차관인 스튜어트 레비는 7월 18일 한국을 방문, 북한의 '돈줄'을 옥죄고 있다. 그가 지휘하는 미 재무부 직원들은 북한의 위조 달러와 돈 세탁 등에 연루된 계좌가 있는 은행들을 찾고 있다. 그는 한국 관계자들과 만나 "대량 살상 무기 확산, 돈 세탁, 테러리스트 자금 등을 포함한 불법적 행위에서 국제 금융 시장을 보호하는 방안에 공동의 견해를 가졌다."고 말했다. 그는 대북 제재를 다룬 한미간의 협의에서 금강산 관광과 개성 공단 문제를 꺼냈으며 한국의 대북 송금에 깊이 관련된 은행들이 있는 베트남과 싱가포르를 방문했다.

일본에 도착한 레비 차관은 니시다 쓰네오(西田恒夫) 외무성 외무 심의관과 회담을 갖고 대북 제재 방안을 논의했다. 그는 북한의 미사일 개발과 관련된 협의가 있는 기업과 단체·개인 리스트를 일본 정부 측에 전달했다. 싱가포르 정부는 그가 도착하기 전에 3위 안에 드는 대형 은행인 '유나이티드 오버시즈뱅크(UOB)'는 북한과 더 이상 금융 거래를 하지 않기로 결정했다.

한편 북한에 핵·미사일을 비롯한 대량 살상 무기(WMD) 관련 물자나 기술을 이전하거나 판매하는 기업과 개인을 제재하는 것을 골자로 하는 '북한 비확산 법안'(North Korean Non-proliferation Act)이 7월 25일 미국 상원에서 만장일치로 통과됐다. 공화당 빌 프리스트 상원원내대표는 "북한이 미사일과 무기 프로그램에 관련된 물자를 추가로 손에 넣지 못하도록 해야 한다."며 "야만스러운 김정일 체제의 대량 살상 무기 개발을 막는 것이 미국과 세계 안보의 핵심"이라고 강조했다.

아베신조(安倍晋三) 관방장관은 최근의 미사일 사태와 관련해 북한을 제재해야 할 필요성을 역설했다. 그는 "북한은 이제 빈곤이 (사회의) 중간계층인 동요 계층으로까지 퍼져 경제 제재가 효과를 발휘하기 쉬운 상황"이라며 "무역 및 송금정지와 선박 입항 금지는 권력의 핵심에 확실하게 타격을 주게 될 것"이라고 주장했다.

'북한 비확산 법안'의 가결은 유엔 안보리 대북 제재 결의 이후 미국에서 첫 번째로 이뤄진 북한 관련 입법 조치다. 법안은 핵무기와 미사일을 비롯한 WMD 관련 부품, 서비스, 기술을 북한에 이전하는 기업과 개인을 미 정부의 물품 구매 대상과 수출 인가 대상에서 제외하는 내용을 담고 있다. 북한의 WMD 개발과 관련된 거래를 하는 모든 국내외 기업과 개인을 '블랙리스트'에 올려 이들의 미국 내 경제 활동을 규제하겠다는 것이다. 미 하원에서도 비확산 법안과 유사한 북한 핵무기 확산 금지 법안이 계류돼 있다.

말레이시아 10자 회동을 주재한 콘돌리자 라이스 미 국무장관은 10여분을 기다리다 중국 대표가 결석한 가운데 개회를 선언했다. 반드시 다자 회동을 성사시켜 북한에 대한 압박을 가하겠다는 의지였다. 한편 이 회동에서 아소다로 일본 외상은 칸나티 수파몽콘 태국 외무장관과 함께 북한의 외국인 납북 문제를 제기했다. 일본이 남북 여성이 한 명 있는 것으로 알려진 태국 정부와 함께 북한에 '납북자' 문제를 공조했음을 시사했다.

최근 미국은 지난 2000년 북한이 미사일 발사 동결을 발표하면서 해제했던 북한에 대한 경제 제재를 다시 부활시킬 것을 검토하고 있다.(영국의 파이낸셜 타임즈 인터넷판 2006.7.31) 해제된 미국의 대북 경제 제재 조치에는 북한으로의 여행 금지와 광범한 범위의 무역 금지, 대북 투자 및 송금 금지 등이 조치가 포함돼 있었다. 레비 차관은 파이낸셜 타임즈와의 회견에서 북한 지도자들이 거액의 비자금을 전 세계 은행들에 숨겨 놓고 있다면서 이들 국제 금융 기관들은 북한과 관련된 어떠한 계좌도 주의 깊게 그 위험성을 살펴보길 권고했다.

한편 중국과 중앙아시아 국가의 80%가 북한의 미사일과 대량 살상 무기를 적재한 항공기의 영공 통과를 불허하고 있다고 미 행정부 고위 당국자가 밝혔다. 미국이 북한의 대량 살상 무기 수송 의심 선박은 물론 대량 살상 무기 적재 의심 항공기의 운항도 봉쇄하는 수준으로 대북 압박 강도를 높였으며, 항공편을 통한 북한의 대 이란 미사일 수출로는 사실상 차단됐음이 확인됐다.(중앙 2006.8.15) 이와 함께 미국은 적의 레이더를 마비시키는 임무를 수행하는 차세대 전자전 공격기인 EA-18G '그라울러(Growler)'의 위협을 비치기도 했다.

부시 대통령은 8월 10일 새로운 세계 전략으로 '도둑 정치(Kleptocracy)'와의 전쟁을 선언했다. 도둑 정치는 민주 발전의 장애물이고, 국민의 장래를 훔치는 것이라고 했다. 특히 미 국무부는 김정일 북한 정권이 '도둑 정치'에 해당한다고 밝혀 미국의 대북 압박 강도는 한층 강해질 것으로 보인다.

최근 북한의 핵 실험 움직임에 대해 미국은 강력한 경고를 하는 한편 상황을 예의 주시하고 있다. 미 국무부의 톰 케이시 부대변인은 북한의 핵 실험은 "북한이 국제 사회로부터 고립을 심화시킬 뿐인 조치를 취함으로써 얻는 것은 아무것도 없을 것"이라고 경고했다.

또 일본 정부는 북한이 외국 담배를 위조해서 해외에서 유통시키고 있다고 보고 실태 조사에 착수했다.(교도통신 2006.7.31) 스즈키 세이지(鈴木政二) 관방부장관은 정부의 납치 문제 투명팀 '법 집행반' 회의에서 북한이 제조해 유포하고 있는 것으로 의심되는 위조 담배의 실태를 조사하라고 지시했다. 일본 담배 산업(JT)은 '마일드 세븐' 등 자사 브랜드의 위조 담배가 중국과 북한 국경 부근에 많이 나도는 것으로 파악하고 있다.

(4) 북·중 동맹 균열과 중·미 연대

냉전 이후 한반도 질서를 지탱해 온 두 축이었던 한미 동맹과 북중 동맹이 동반 균열 조짐을 보이고 있다. 미국은 미일 동맹을 강화하면서 중국과 연대하는 전략을 택했다. 북한이 강행한 미사일 실험 발사는 중국으로 하여금 미국과 협조케 하는 결정적 계기가 되었다. 미중 연대는 중국으로 하여금 미국의 요구를 받아들여 마카오 소재 중국계 은행인 방코델타아시아(BDA)의 북한 계좌를 동결한데 이어 국유 상업 은행인 중국은행(BOC) 마카오 지점의 북한 계좌도 동결했다.

중국은 미사일 발사에 대한 유엔 안보리의 대북 제재 결의안에 찬성표를 던졌고, 러시아 상트페테르부르크에서 열린 주요 8개국(G8) 정상 회담에서 미·러 정상이 공동 발의한 세계 핵 테러 방지 구상(GICNT)을 지지하고 나섰다. 핵을 무기로 한 김정일의 체제 생존 전략에 반대한다는 입장을 분명히 했다.

그러나 중국은 ARF가 열리는 말레이시아에서 10자 회동을 놓고 미국과 신경전을 벌리면서 미국을 견제했다. 중국은 비교적 자신과 가까운 인도네시아와 미국과 종종 껄끄러운 관계를 보인 뉴질랜드를 포함시켰다. 중국은 대북 압박엔 동의하지만, 미국을 중심으로 한 대북 제재는 경제하는 태도였다.

한편 중국은 미국과 위폐·돈 세탁·마약·테러 등과 관련된 국제 범죄에 공동 대처하기로 하고 양해 각서(MOU)를 체결했다.(신화통신 2006.7.31) 양해 각서에는 달러화·위안화의 위폐 문제와 관련, 중국 공안부와 미국 법무부가 이른 시일 안에 핫라인을 개설해 관련 정보를 교환하고 신속하게 대처한다는 내용도 들어 있다. 중국은 한발 더 나아가 북한산 위조 달러나 자금 세탁과 관련해 자국 은행에 대한 감독을 강화하고 필요한 경우 북한 관련 금융 정보를 미국에 제공할 방침인 것으로 알려졌다.

최근 중국이 부부장 이상급을 임명해 오던 관례를 깨고 북한 주재 신임 대사에 주미 공사를 역임한 류사오밍(劉曉明) 중국 공산당 중앙 외사판공실 부주임(차관보급)을 내정했다. 이는 최근 냉각되고 있는 북중 관계를 감안해 중국이 북한 대사의 격을 낮추려는 의도인 것으로 분석된다.

7월 25일 중국 인민해방군은 백두산 인근에서 미사일 발사 훈련을 했다. 이는 북한이 장거리 미사일 시험 발사를 강행한 뒤 20일 만이다. 베이징의 한 북한 소식통은 중국군의 이번 훈련이 "북한의 미사일 발사 강행 이후 북·중 관계가 냉랭해진 상황에서 실시됐다는 점에서 주목해야 한다."며 이 훈련이 북한의 미사일 발사를 염두에 둔 베이징의 '무언의 경고' 일 가능성이 있다고 말했다.

중국은 중앙아시아 국가와 함께 북한의 미사일과 대량 살상 무기를 적재한 항공기의 영공 통과를 불허하고 있는 것으로 밝혀졌다.(중앙 2006.8.5) 지난 7월 11일 후진타오 주석은 북한 최고인민회의 상임위원회 양형섭 부위원장을 만나 북핵 문제 해결과 6자 회담에 복귀할 것을 강력히 요구하고 그럴 경우 에너지와 생필품 지원을 늘리겠다고 했다.

4) 향후 전망과 남은 과제

(1) 북한 정권 무너질지도

북한은 미사일의 시험 발사를 감행함으로써 북미 사이에 막혀 있는 물꼬를 트려는 전략을 구사했으나 그 전략은 빗나갔다. 믿었던 중국이라는 방패막이가 힘없이 무너졌고 끝까지 북한의 보호막이 되어 줄 줄 알았던 러시아와 한국도 오래 버티지 못하고 북한을 제재하는 유엔 안보리 결의안에 찬성표를 던졌다.

북한은 관계도 단절시키고 쌀과 비료 지원을 유보시켰다는 이유로 개성 공단 인력 일부를 철수시키고 남북 이산가족 상봉 계획을 취소하면서 금강산에 건축 중이던 면회소도 중단시켰다. 내부적으로 군을 중심으로 당과 정부를 전시 동원 체제로 전환시키고 최후의 일각까지 외부의 적과 싸우겠다는 전의(戰意)를 불태우고 있다. 엎친 데 덮치는 격으로 집중 호우로 엄청난 타격을 받고 있다. 세계식량계획(WFP)은 이번 홍수로 6만 명의 이재민이 발생했다며 "3만ha의 농경지가 침수·유실·매몰됨에 따라 10만t 가량의 식량 피해를 입었다."고 전했다.

미사일 발사 이후 유엔 안보리의 대북 결의안이 채택된 데다 국제 사회의 대북 압박 강도의 수위가 높아지고 있는 가운데 8월 20일부터 시작되는 을지 포커스 렌즈 훈련이 북한을 궁지로 몰고 있다. 북한은 연초부터 야심차게 준비했던 대(大) 집단 체조와 예술 공연 "아리랑"을 전격적으로 취소한데 이어 '8·15 통일대축전'도 취소키로 했다. 내부적으로 긴장의식을 고취하고 있는 상황에서 이들 행사는 어울리지 않고 대외 지원을 얻어내기 위해서라도 이롭지 않다는 판단을 한 것으로 보인다.

북한은 국제적으로 고립되고 궁지에 몰린 셈이다. 내부적으로 버틸 만한 힘도 소진되어 가고 있는데 대결 국면을 풀지 않고 있다. 북한이 의지만 있었더라면 지난 7월 28일 ARF를 활용할 수 있는 좋은 기회였는데 북한은 '금융제재 해제 없이는 회담도 없다.'는 기존 입장만을 고수했다.

당장 남북 장관급 회담이나 국제회의 등 남북이 자리를 같이할 일정조차 예정된 것이 없다. 미국이 대북 압박 수위를 높이더라도 90

년대 고난의 행군까지 견뎌냈던 북한이 먼저 백기 투항할 가능성도 극히 낮다. 오히려 대내외 효과를 동시에 노리며 강경 발언을 쏟아내 긴장감을 고조시킬 전망이 높다. 9월로 예정된 한미 정상 회담이 돌파구를 만들어 낼 것으로 기대는 되지만 카드는 북한이 쥐고 있다는 데에 양국의 고민이 있다.

앞으로 상황은 두 가지 중 하나로 전개될 전망이다. 하나는 북한에게 명분을 주면 북한이 그 명분을 가지고 대화에 나오는 것이다. 6자 회담 틀 안에서 북미 접촉을 갖든지, 양자 회담을 거쳐 6자 회담으로 가든지 하는 것이다. 다른 하나는 북한이 끝까지 버티다가 죽기를 각오로 대포동 2호 재발사, 핵 실험, UN 탈퇴, 대남 무력 도발 등 '벼랑 끝 전술'로 충격 요법을 쓸 가능성도 배제할 수 없다. 충격 요법이 성공하지 못하면 북한 정권은 무너질 수밖에 없을 것이다.

(2) 한미 공조로 일관성 있는 로드맵 절실

미사일 발사를 통해 얻고자 한 것은 더 이상 잃을 것이 없는 북한이 국제 사회의 안보 위기 조성과 이목 집중을 통해 미국을 양자 협상 테이블로 끌어들여 금융 제재 등 미국의 압박을 완화하기 위한 것일 수 있다. 북한이 양자 회담을 통해 얻고자 하는 것은 전시 체제 종식과 평화 체제의 합의, 정상적 대미 외교 관계 수립, 그리고 이를 통한 주한 미군 철수와 북한 주도하의 한반도 통일이다. 북한은 양자 회담 과정에서 미국 내 여론을 움직일 수 있으며, 남한을 한반도 문제에서 배제시킬 수 있다고 믿고 있다.

반대로 미국의 입장에서 북미 양자 회담은 원칙적으로나 실리적으로 최악의 선택이 될 수밖에 없다. 양자 회담 구도에서는 6자 회담의 성립 배경이 되었던 '중국 카드'의 활용이 불가능하고, 북한의 억지 공세를 혼자 떠안을 수밖에 없다. 또한 미국의 마지막이자 최고 강제 수단인 군사 행동도 여의치 못한 상황이다. 또 양자 회담을 가질 경우 북한의 베이징 9 · 19 공동 선언 등 이전의 협상 위반과 미사일 협약에 대해 오히려 보상하는 꼴이 되기 때문이다.

더구나 협상을 통해 북한의 요구를 일정 부분 들어준다 해도 북한이 자신의 약속을 이행한다는 보장도 없고 미국에게만 불리한 의무 준수로 돌아오게 될 가능성이 크다. 지난 7월 7일 부시 대통령은 기자 회견에서 이 같은 점을 반영, "양자 회담 안에서는 선택 방안들이 신속히 고갈될 우려가 있다."면서 "북한처럼 투명성이 결여된 사회의 지도자는 협상의 향배를 임의로 결정할 수 있어 미국의 국익에 반하는 결과를 초래하도록 하는 것이 쉬운 일"이라고 밝혔다. 그는 또 "이전의 국제 합의를 위반하는 자들에게 어떠한 보상도 없을 것"이라고 강조했다.

황장엽 전 북한 노동당 비서는 북한 미사일 문제에 대한 해법으로 중국과의 담판, 북한을 제외한 5자 회담 개최, 그리고 미사일 발사에 대한 묵살 등의 방안을 제시하고 있으나 북 · 중이 갈등하고 5자 회담 개최를 반대하는 나라들이 있는 현 상황에서 적절한 해법이 될 수 없다. 6자 회담 틀 안에서 북미 사이에 실질적인 양자 회담 형식을 취한다면 적절한 해법이 될 수 있을지 또 다른 방법이 없는지 함께 고민해 봐야 할 대목이다.

부시 미국 대통령 1기 집권 시절 국무부에서 한국 과장을 지낸 데이비드 스트로브는 "미국 행정부는 동맹국인 한국과 협의해 구체적이고 일관성 있는 로드맵부터 만들어야 한다."고 지적했다. 그는 "한미 정상 회담이 9월에 열린다고 하지만 두 정상의 대북 인식이 너무 달라 회담이 양측의 간격을 더욱 벌리는 결과를 나을 수도 있다."는 우려를 했다. 한미 정상들의 대북 인식이 평행선을 달리는 한 한미 양국의 국익에 적합한 합의를 끌어내는 것은 거의 불가능할 것이다. 한미 양국이 북핵 문제 해결과 관련 철저한 공조를 취할 수 있도록 함께 지혜를 모아야 하는 과제가 우리에게 있다. 금강산 관광과 개성 공단 문제도 이런 맥락에서 풀어야 할 것이다.

다음은 집중 호우로 극심한 피해를 당하고 있는 북한 주민들을 지원하는 문제이다. 최근 북한은 수많은 인명 피해와 농경지 침수·매몰로 식량난이 가중되고 질병까지 퍼지는 최악의 상황에 도달한 것으로 전문가들은 분석하고 있다. 북한의 미사일 발사로 국제 사회의 적극적 지원이 없는 상황에서 무고한 북한 주민들의 희생을 어떻게 막을 것인가 하는 과제를 안고 있다. 소규모의 민간 지원으로는 턱없이 부족한 형편에 외부의 지원이 미치지 못하는 북한 주민들의 희생을 최소화시킬 방안을 간구해야 할 것이다. 분배의 투명성이 보장되는 것이 급선무가 되어야 할 것이다.

그동안 정부는 북한을 동족으로 여기고 햇볕 정책으로 북한을 변화시키고 남북 평화를 구현할 것으로 생각했었으나 북한은 핵 보유 및 미사일 발사로 우리의 안보를 위협하는 존재로 부상했다. 정부는 북한의 실체를 보다 정확히 인식하고 남북 협상, 인도적 지원, 경제 협력, 민간 교류, 인권 문제 대응 등 일체의 남북 관계를 재검토해야 할 것이다. 채찍 없이 당근만으로 북한을 변화시키려는 데는 한계를 실감했다. 이들은 국제 공조를 통한 대북 압박의 틀 안에서 재조정되는 것이 바람직 할 것이다.

북한이 6자 회담에 복귀하지 않을 때에는 정부도 국제 공조를 통한 대북 압박에 동참해야 하며 나아가 안보리 결의안의 내용을 충실히 지켜야 할 것이다. 대북 압박은 북한 붕괴를 위한 것이 아니고 북한으로 하여금 평화와 대화를 선택하도록 하기 위한 것이어야 한다. 어떤 경우에라도 대북 선제공격 등 무력 제재를 앞세워서는 안 된다는 것을 미국·일본 등 국제 사회가 받아들이도록 정부는 국제 공조를 튼튼히 해야 할 것이다.

5) 우리의 기도

첫째, 국제적 고립을 자초하면서까지 감행한 북한의 미사일 발사로 유엔 안보리 대북 제재 결의안이 채택되어 대북 제재가 심화되고 전쟁의 그림자가 드리우고 있습니다. 대북 제재로 인해 가장 피해 입는 것은 북한 주민들입니다. 칼을 가지는 자는 칼로 망한다고 하였사오니 북한이 더 이상 핵과 미사일로 벼랑 끝 전술을 펴다가 자멸하지 않고 대화로 문제를 해결하게 하옵소서. 북한 지도층이 강퍅함을 돌이키고 하나님께 돌아오게 하옵소서.

둘째, 북한 미사일 발사에 대한 한미일의 대응 방식의 차이로 한미일 공조에 균열이 생기고 대북 인식의 차이로 인한 한미 동맹이 약화되고 있습니다. 6자 회담의 틀 속에서 북미 양자 회담을 개최하는 등의 방안을 검토하여 북핵 문제를 잘 풀게 하옵소서. 9월에 열릴 한미 정상 회담에서 한미 양국이 북핵 문제 해결을 위한 구체적이고 일관성 있는 로드맵을 만들 수 있도록 지혜를 모으게 하옵소서.

셋째, 한반도 전역에 내린 폭우로 남한과 북한에 큰 수해가 있었으며, 특히 북한은 이번 폭우로 황해남도 해주와 평안남도 양덕 지역

등에서 실종·사망자가 수천 명에 이르고 수해 지역 논밭 상당 부분이 침수되고 아파트와 단층 가옥 수천 채가 떠내려가는 등 막대한 인적 물적 피해가 발생했다고 합니다. 정치적인 문제를 떠나 인도주의적인 지원이 효력이 있게 하시고 한국 교회가 선한 사마리아인이 되어 남북한 수재민들을 돕는데 앞장서 시대의 아픔을 보듬고 사랑을 보여 줄 수 있는 기회로 삼게 하옵소서.

넷째, 한반도 주변 나라들이 자신들만의 이익을 추구하지 않게 하시고 북한의 진정한 변화를 위해 함께 노력하게 하옵소서. 한미 동맹과 남북 관계, 국제 사회의 흐름 속에 한국 외교가 한반도의 평화를 위해 주체적이고 능동적으로 지혜를 발휘하게 하시옵소서.

다섯째, 참여 정부의 대북 정책에 대한 여러 실책들이 드러나고 있습니다. 이 기회에 대북 정책을 총체적으로 점검하여 다듬을 수 있게 하시되, 대북 정책을 둘러싼 남남 갈등이 더 이상 심화되지 않게 하시고 국민적 합의에 기반을 둔 대북 정책을 수립하게 하시옵소서.

여섯째, 한국 교회는 이러한 위기를 경험케 하시는 하나님의 뜻을 깨닫고 그동안의 기복 신앙과 역사적 죄와 사회적 책임을 다하지 못한 죄를 자성하며 회개하는 기회로 삼게 하옵소서. 교회가 먼저 민족의 죄를 짊어지고 회개하며 통회자복하며 하나님의 긍휼을 구하게 하옵소서.

예수님의 이름으로 기도드립니다. 아멘!

2. 북핵 정권, 이대로 끝나나

1) 북 핵실험 배경과 북한 정권의 기로

북한은 1960년대 소련의 도움을 받아 핵 에너지 프로그램을 추진했으며 1990년대 초반 이런 계획에 속도를 냈다. 그러나 김정일 국방위원장은 클린턴 행정부 당시인 1994년 북미간 핵 기본 합의문에 서명했고 북한은 핵 활동 동결을 선언했다. 한편 조지 부시 행정부가 출범하면서 미국의 대북 정책은 급격한 변화를 거듭했다.

부시 대통령은 그동안 국제 사회에서 북한 특유의 '벼랑 끝 전술'로 신뢰가 실추된 북한 지도층을 불신하는 가운데 철저한 상호주의와 엄격한 검증을 내세워 북한과 대화를 중단시켰다. 2002년 10월에는 북한이 우라늄 농축 핵 프로그램을 시인함으로써 제네바 핵합의를 위반했다는 이유를 들어 매년 지원하던 50만톤 중유를 중단했다.

이에 반발한 북한은 영변 5MW 원자로에 설치한 유엔 감시 카메라를 뜯어낸 뒤 핵 동결 해체를 발표한데 이어 지체 없이 2003년 중반부터 핵 재개발을 추진했다. 그동안 주변 국가들로부터 지속되는 경고에도 불구하고 북한은 지난해 2월 핵 보유 선언을 밀어붙였다. 마주 달리는 기차처럼 북미가 강경 대결하자 중국의 중재와 미국의 태도 완화로 어렵게 6자 회담이 개최되어 '9.19 합의'까지 끌어냈다. 그러나 북한의 미화 위조 유통과 마약 밀매 등이 드러나자 미국의 방코델타아시아(BDA)은행을 비롯한 대북 금융 제재가 북한 경제에 심한 타격을 주어 체제가 위협을 받자 북한이 또다시 미사일 발사와 핵실험을 강행하게 된 것이다.

　북한이 10월 3일 핵 실험을 예고하는 외무성 성명 발표는 북한 측의 핵 실험 배경을 자신의 원인 제공과는 관계없이 미국 측에만 책임을 떠넘겼다. 외무성 성명은 "미국은 우리(북한)를 경제적으로 고립 질식시켜 사회주의 제도를 허물어 보려는 망상 밑에 온갖 비열한 수단과 방법을 총동원하여 우리에 대한 제재 봉쇄를 국제화하려고 발악하고 있다."며 "미국의 반공화국 고립 압살 책동이 극한점을 넘어 최악의 상황을 몰아오고 있는 데에 필요한 모든 대응 조치로서 … 핵 실험을 진행하지 않을 수 없게 만들었다."라고 선언했다.

　일반적으로 핵 실험을 하는 국가들의 배경이 공포, 명예, 이익이라는 세 가지 요소가 있다고 한다. 미국의 금융 제재와 국제적 고립, 그리고 11월 중간 선거 이후 보다 강화될 것이 예상되는 미국의 제재는 공포적인 측면이다. 명예와 이익적인 측면도 있다. 자체적인 핵 억지력의 확보는 김정일 정권의 성과로 선전되어 대내적 체제 단속을 위한 내부 결속용으로 활용할 수 있기 때문이다. 이런 맥락에서 10월 9일 조선중앙통신사 보도는 핵 실험을 북한 과학 연구 부문에서의 성공으로 자축하면서 "100% 우리 지혜와 기술에 의거하여 진행된 것"으로서 "우리 군대와 인민에게 커다란 고무와 기쁨을 안겨 준 역사적 사변"이라고 추켜세웠다.

　북한 핵 실험 이후 9일 오전 심양 주재 북한 영사관은 영내 업소 전체 종업원에게, "방금 조국에서 강성 대국의 위력을 보여 주는 위대한 장군님의 대 결단이 취해졌다. 우리의 혁명 무력이 자위적 국방력으로 핵 실험을 대성공으로 만들었다. 우리는 주체 조국의 해외 전사들인 만큼 세계 인민들에게 우리 위대한 장군님의 무비의 담력과 위대성을 알려 줘야 할 의무가 있다."는 내용의 통지를 했다. 김정일의 '명예'를 추켜세워 체제 결속의 '이익'을 노리겠다는 것이다. 앞으로 김정일에 대해 '이중(二重) 영웅 칭호'를 수여하는 등 대대적인 개인숭배 작업이 따를 것이다. 이를 통해 핵 실험 성공을 김정일의 선군 정치 찬양과 리더십 강화로 연결하려 할 것이다.

이제부터 북한은 우리가 원하든 원하지 않든 핵보유국이 된 셈이다.《뉴욕타임즈》(NYT)는 10월 9일 "북한은 핵 실험을 감행함으로써 역사상 여덟 번째로 핵 클럽에 가입한 가장 불안정하고 위험한 국가가 됐다."고 보도했다.

그러나 김정일 위원장의 핵 실험 도박이 미국과 국제 사회에 제대로 먹힐지는 불투명하다. 크리스토퍼 힐 미국 국무부 차관보는 이미 "핵보유국으로서 인정하지 않겠다."고 못을 박았으며, 도널드 럼즈펠드 국방장관도 "핵 실험을 하게 되면 다른 세상에 살게 될 것"이라는 강력한 경고를 보냈다. 핵 보유국으로서 국가 생존을 보장치 않겠다는 것이다.

아베신조(安倍晋三) 일본 총리는 핵 실험 당일 안보리 순회의장국으로서 "유엔이 북한 핵 실험에 단호한 행동을 취하도록 즉시 안보리 소집을 요구했다."며, "동맹국인 미국은 물론 중국, 한국 등과 연계해 대응하겠다."고 강경 대응할 뜻을 분명히 했다. 일본 정부는 10월 13일 북한 선박의 입항 금지, 북한으로부터의 수입금지, 북한 국적자의 입국 금지를 골자로 하는 독자 제재안을 각의 의결하고 14일부터 실행에 들어갔다.

한국 정부도 금강산 관광과 개성 공단 사업 등 대북 경협 사업을 재검토하는 것이 불가피해졌다. 야당에선 즉각적이고 전면적인 대북 사업 중단을 요구하고 있기 때문이다. 북한 체제의 오랜 후견인 역할을 해온 중국도 더 이상 버티기는 역부족이다. 이런 맥락에서 김정일 체제는 핵 실험 후 자칫 사면초가(四面楚歌)의 위기에 빠질 가능성을 배제할 수 없다.

유엔 안전보장이사회는 10월 15일 북한에 대한 제재 결의안을 만장일치로 통과시켰다. 비군사적 제재 조치를 규정한 유엔 헌장 7장 41조에 따라 제재키로 했다. 내용이 미국의 초안보다는 완화됐지만 강력한 수준이다. 북한에 출입하는 대량 살상 무기 의심 선박에 대해 검문한다. 사치품도 이전되지 못하도록 한다. 대량 살상 무기와 이에 관련된 물자를 북한에 이전, 판매하는 것이 금지된다. 북핵 위기가 한층 고조되어 북한 체제를 압박해 들어갈 것은 불을 보듯 뻔하다. 북한 내부 동요가 일어나 체제 일탈 세력이 조직화되는 경우 김정일 정권이 무너지는 것도 그리 먼 훗날 이야기만은 아닐 것이다.

2) 최대의 안보 위기를 맞게 될 한국

국제 사회의 거듭된 경고에도 불구하고 북한은 핵무기 실험을 강행했다. 이로써 앞으로 한반도는 전혀 다른 안보 상황이 전개될 것이다. 한국은 한국 전쟁 이래 최대의 엄중한 안보 위기를 맞게 될 것이고 북한은 체제의 존립 여부가 결판날 것이다.

북한의 핵 실험이 성공으로 판명돼 본격적으로 핵무기를 생산, 배치하면 한국군은 안보 개념을 전면 수정해야 할 것이다. 남북 사이에 핵 무장 국가와 비핵 무장 국가라는 비대칭으로 군사적 균형은 무너졌기 때문이다. 한국이 북한의 30배가 넘는 경제력을 바탕으로 각종 재래식 무기를 아무리 구입해도 '비대칭 무기'인 핵무기의 위력을 당해낼 수 없다. 북한이 핵 개발에 그토록 목을 매온 이유 중 하나가 바로 이것이다.

북한이 핵무기를 실전에 배치하면 재래식 무기로만 무장한 한국군은 역부족일 수밖에 없다. 북한군이 폭발 규모 10Kt 급 핵탄두를 실은 탄도 미사일을 쏘면 전방에 배치된 우리군은 회복 불능의 피해를 입는다. 10Kt급 핵탄두가 공중에서 폭발하면 최전방 전투력의 10%에 육박하는 사단급이 타격을 받는다는 것이다.

북한의 핵무기는 해당 지역과 인근에 있는 한국군의 지휘 통제 체제도 마비시킨다고 한다. 핵 폭발 때 나오는 전자기파(EMP)가 전자 장비의 반도체 칩을 파기하기 때문이다. 컴퓨터는 작동하지 않고 통신은 마비된다는 것이다. 한편 북한은 보유하고 있는 플루토늄(Pu-239)으로 100발 이상의 소형 전술 핵무기를 만들 수 있는데, 북한군이 240mm 방사포나 170mm 자주포 등으로 사격하면 한국군에게 막대한 피해를 줄 수 있다는 것이다. 1Kt급 핵탄두는 반경 1Km 이내에서 작전 중인 병력에 치명적인 피해를 줄 수 있는 강력한 것이라고 한다.

AP통신에 따르면 "북한 핵실험이 아시아에 핵확산 도미노 현상을 부채질하고 있다."고 분석했다.(10.9) 북한의 핵실험과 이에 따른 안보위협을 빌미로 주변국들은 "우리도 핵무장에 나서겠다."고 맞대응할 공산이 커졌다는 것이다. 선두주자가 일본일 것이라는 데는 이견이 없다. 국제안보과학연구소(ISIS)에 따르면 일본은 세계 최대 핵재처리 시설을 로카쇼무라에 가동 중이며, 2004년에 이미 43.1t의 플루토늄을 보유한 것으로 나타났다. 일본의 핵보유는 결단만 남은 셈이다.

북한의 핵 실험은 91년에 체결된 '한반도 비핵화 선언'을 위반한 것이기 때문에 한국도 비핵화 선언 이전으로 돌아가려 할 것이고, 이미 핵보유국이 된 중국도 핵전력을 강화할 가능성이 커진다. 랠프 코사 미국태평양포럼 대표는 "북한 핵 보유가 용인되면 대만도 핵을 가지려 할 것"이라고 밝혔다. 이렇게 되면 핵무기가 동북아 전역으로 도미노처럼 확산하는 최악의 시나리오도 상정해 볼 수 있을 것이다.

이처럼 한국의 안보 상황이 위태로워지면 사회의 다른 부문도 나쁜 영향을 받을 수밖에 없다. 주가가 한때 급락하는 일도 벌어졌다. 국민의 불안감도 증폭되고 있다. 더구나 북한이 핵을 무기로 한국과 주한 미군을 인질로 삼게 된다면, 수많은 외국 기업들이 한국을 떠나 한국의 경제는 된서리를 맞을 수도 있다. 북한이 국제 사회의 경제 제재나 봉쇄로 목을 졸리게 되면 서해나 휴전선에서 무력 도발로 긴장을 조성하려 할 것은 뻔한 일이다. 북한 핵은 한국을 겨냥하지 않은 대일·대미용이라는 주장도 있지만, 미·일을 위협하는 전략 목적을 위해서 한국을 핵 인질로 잡는 것은 식은 죽 먹기다.

국내적으로도 햇볕 정책을 지지해온 세력은 크게 위축될 전망이다. 국내 여론이 대북 지원, 협력 중단을 요구하는 상황에서 노 대통령의 정책 실패 때문에 임기말 권력 누수 현상은 심화될 수밖에 없다. 차기 대선 구도에서 '대북 정책 실패 책임론'은 경제 문제와 함께 정권의 향방을 가를 최대 이슈가 될 가능성이 크다.

문제는 이런 수순을 거슬러 긁어 부스럼을 만드는 것이다. 일단 한국 정부는 유엔 안보리 결의안에 따르겠다는 말은 하고 있지만 실제 움직임은 꼭 그렇지만은 않다. 미국 책임론을 거론하는가 하면, 가능한 제재 수위를 낮추려는 움직임이 확연하게 드러나기 때문이다. 대량 살상 무기 확산 방지(PSI)를 위한 국제 공조 참여 확대에 제동을 거는 것이나 개성 공단과 금강산 관광을 계속 추진할 뜻을 비치는 것은 안보리 결의와 미국에 정면으로 어깃장을 놓겠다는 의도다.

그렇다고 한반도의 긴장을 높여도 된다는 말은 아니다. 필요하면 북한과 대화도 해야 한다. 그러나 지금은 때가 아니다. 북한의 핵 실험은 북한이 '넘어서는 안 될 선'을 넘은 것이기 때문이다. 한국은 앞으로 북한의 핵 공갈에 끊임없이 시달려야 한다. 국지 도발을 해놓고 핵으로 위협하면 한국이 할 수 있는 일이 무엇인가. 지금은 '핵 실험으로 체제가 무너질지도 모를 엄청난 대가를 치러야 한다.'는 점을 북한이 절실히 느낄 수 있게 해야 할 때다. 이런 단호한 태도를 보인 다음 북핵 해결을 위한 대화를 끌어내되, 미국과의 완벽한 공조가 없이는 성과를 기대할 수 없을 것이다.

3) 비정상적 권력 오래 못가

(1) '우리식 사회주의' 고집

2006년은 김일성 주석이 북한 정권을 수립한지 58년이 되는 해이다. 혁명 완수를 기치로 내걸고 반세기가 훨씬 넘게 모순, 기만, 생존 위기, 벼랑 끝 전술, 국제적 고립과 사회 결속 이완 등을 되풀이 하면서 비정상적인 권력을 유지해 오던 북한 정권이 핵 실험으로 다시 한 번 총체적인 위기를 맞고 있다.

국제 사회의 경제 제재로 인한 극심한 경제난에서부터 특권 계층을 포함한 주민들의 사회적 일탈과 탈북, 군 기강의 해이, 탈영, 통치 이념의 혼란, 통치력의 약화 등이 바로 그러한 징후들이다. 북한이 현재 당면한 위기적 상황은 한국 전쟁 이래 최대의 시련이며 고통이다. 북한은 자구책을 쓰지도 못한 채 국제 사회로부터의 도움이 필요하나 핵 실험을 비롯한 지속적인 도발 행위로 구원의 손길을 뻗칠 곳도 없다. 이러한 위기적 상황은 북한 내 뿐만 아니라 동북아의 지역 안보에도 상당한 영향을 미치고 있다.

사회주의 지상 낙원을 구가하던 북한이 어떻게 이러한 지경에 빠져들게 되었을까? 여러 가지 요인을 분석해 낼 수 있을 것이다. 무엇보다 중요한 것은 북한이 국제 사회의 정치·사상·경제의 흐름을 역행하고 있다는 것이다. 러시아를 비롯한 동구 사회주의권 국가들이 체제의 생존을 위해 지속적인 변신을 해 오고 있는 데 반해 북한은 한결같이 '우리식 사회주의'를 고집해 오고 있기 때문이다.

(2) 시대착오적 '선군 정치'

김정일 국방위원장은 "모든 사업을 우리식대로" 해야 한다면서 "선군 정치로 우리의 정치 군사적 기초를 천백 배로 다지고 그 힘에 의거하여 최단 기간 내에 강력한 국가 경제력을 마련해야 한다."고 주장했다. 시대착오적인 발상이었다. 오늘의 세계는 냉전 체제 밑에서의 군사나 이념 중심의 정치에서 벗어나 경제와 삶의 질을 앞세우는 시대이다. 핵 개발을 하는 등 군사력이 아무리 강하고 철저한 이념적 체제를 갖추었다 하더라도 국가를 구성하는 국민들이 먹고 살 수 없는 지경이라면 국가로서의 면모를 갖추었다고 볼 수 없다.

이제까지 북한은 과거 냉전 체제 못지않은 군사 중심, 이념 중심의 정책을 추구해 왔고 경제에는 소극적인 입장을 보였다. 김정일 위원장은 "나는 경제는 상관하지 않겠다."면서 그것은 행정 일꾼들이 할 일이라고 미뤄 버렸다. 그리고 그는 "나는 군대만 챙기겠다."면서 "군이 곧 인민이요, 당."이라고까지 하였다. 세계 모든 국가들이 경제 중심의 실용주의적 노선을 추구하고 있는데 유독 북한만이 군과 이념에 집착하고 있으니 오늘날과 같은 북한의 총체적 위기적 상황은 김일성 시대부터 예견되었던 것이었다.

김정일의 통치 스타일은 '통 크게' 밀어 붙이는 방식이었다. 김정일은 1974년 2월 속도전, 섬멸전, 전격전 등 호전적인 구호를 처음으로 제시한 장본인이다. 그는 1981년 실질적인 권력을 이양 받은 후 통치의 방향으로 '대담한 작전, 능숙한 지휘, 힘 있는 정치'라는 슬로건을 내걸었다. 실제로 김정일은 '대담한 작전'에 의하여 판문점 도끼 만행, 미얀마 암살 폭발 사건(1983.10.9), KAL 858기 폭파 사건(1987.11.29), 미사일 발사(2006.7.5), 핵 실험(2006.10.9) 등을 감행했다. 세계를 놀라게 하는 데는 성공을 했으나 그로 인한 엄청난 국익 손실을 그는 감수 할 수밖에 없었다.

김정일은 '2·17 과학자 돌격대', '4·15 기술 혁신 돌격대', '5·17 기술 혁신 돌격대'. '11·6 철도 과학자 기술 돌격대' 등 수없이 많은 돌격대를 조직하여 생산 현장에 투입했다. 그는 북한의 북부 오지를 동서로 횡단하는 북부 철도 건설에 청년 돌격대를 투입했으며, 과학원에 소속되어 있는 과학자들까지 생산 현장에 투입했다. 이러한 사업 방침은 강제적 동원과 설정한 목표 달성에는 성공했을지 모르지만 사업의 질과 자발적 동원에는 실패했음이 드러났다. 곳곳에서 드러난 부실 공사, 눈치 보기와 복지부동이 '통 크게' 밀어붙이는 김정일의 발목을 잡았다.

(3) 구조적인 경제난

오늘날 북한의 경제난은 한재나 수재와 같은 자연 재해의 결과로 보아서는 안 되며, 이는 근본적으로 구조적인 문제이다. 북한의 식량난은 고질적인 것이며 다만 1995년 이래 연이은 수재로 크게 악화되었던 것뿐이다. 외화난은 1980년대 말 동구 사회주의권 국가들이 무너지면서 북한의 교역 기반이 악화된 데 원인이 있다. 외화 부족은 결국 경제 악순환을 초래하여 결국 에너지난을 가져왔다.

북한은 경제난을 타개하기 위하여 1980년대에 합영법과 1990에 나진·선봉 특구 지정 등 개방을 시도한 적이 있었다. 그러나 개혁·개방을 할 수 없는 체제의 한계 때문에 실패할 수밖에 없었다. 체제 불안의 조짐이 조금이라도 보이면 다시 주민들을 통제하고 사상 무장을 강조하는 그런 체제에서는 본격적인 개혁·개방은 보장될 수 없기 때문이다. 따라서 북한이 개혁·개방을 수용하려 한다면 체제의 유연성을 갖추는 것이 급선무이다. 체제가 융통성을 가질 때 북한의 국제적 관계도 개선될 수 있으며 그에 따라 개혁·개방도 성과를 거둘 수 있는 것이다.

북한 경제난의 근본적인 원인은 군사 중심의 정책에서 나온 것이다. 북한은 정권안보를 위해 막강한 군사력이 필요했고 그로 인해 엄청난 재정을 낭비할 수밖에 없었다. 우선 북한은 값비싼 최신 군사 장비를 갖추어야 했고, 군 지도층의 지지를 확보하고 그들을 특혜 집단으로 유지하기 위해서는 경제가 균형을 잃을 만큼 특별대우를 해야 했기 때문이다. 더구나 공장에 들어가 생산에 전력을 기울여야 할 젊은 청소년들이 군복무에 장기간 세월을 허비했다. 사회 전반에 걸쳐 영향을 주는 군사 우선 중심 정책은 결국 사회의 불균형을 심화시켜 부조리의 원천이 되게 했다.

(4) 독재 체제와 대남 혁명

북한이 총체적인 난국을 자초한 또 하나의 원인은 이념 중심의 1인 독재 체제에 있다. 김정일은 김일성 우상화 축조물로 천문학적인 비용이 들어가는 주체사상탑, 개선문, 유경호텔, 5·1경기장 등 이른바 '기념비적 대 건축물'을 건설했고, '제13차 사회주의 청년 학생 축전'을 무리하게 추진함으로써 북한 경제가 결정적으로 수렁에 빠지게 했다.

　그동안 북한 사회를 지탱해 온 주체사상은 경제 정책 부분에 대해 매우 허약한 논리를 가지고 있다. 주체 철학에서는 '경제 실무'를 뒷전으로 밀고 정치사상 선행의 원칙을 관철하고 있으며, 정치사상 동원만 강조되었을 뿐 경제 관리, 즉 경영학이 없다는 것이다. 그리하여 주체사상은 '수령론'과 '사회 생명체론'을 내세워 1인 독재 체제를 정당화시켰다. 주체사상은 스스로 자신의 운명을 결정하는 주체형의 인간을 전제로 하지만 이것도 당이 수령의 교시에 의해서 '인민'을 지도할 때에만 가능하다는 궤변을 근거로 한 것이다.

　김일성 정권의 비정상적인 권력의 실태는 대남 혁명을 무리하게 추진해 온 데서도 나타났다. 북한은 정권 수립 1년도 되기 전에 한국 전쟁을 일으켜 한반도를 공산화 통일하려 하였고, 한국 전쟁이 실패된 후로도 북한 정권의 존재 이유는 '남조선 혁명'을 완성하는 것이었다. '대를 이은 혁명'을 내세워 세계에 유래 없는 부자 세습으로 '3대 혁명 역량 강화'를 추구했다. 북한은 이와 같은 혁명 전략을 지속하면서 대내외 상황에 맞춰 제한적인 개방을 통해 경제적 난관을 극복하려 하였다. 이러한 2중 전략은 결국 실패했고 동구 사회주의권 국가들이 몰락하면서 체제 위기를 맞자 대남 혁명 전략은 일단 유보하고 체제 수호 전략으로 전환하기도 했다.

　국민의 정부가 들어서 햇볕 정책을 내세워 대북 포용 정책으로 일관하자, 북한은 한국과 관계를 개선하는 것 같이 하면서 반미를 내세워 친북·진보 세력의 입지를 강화시켰다. 민족 해방 인민민주주의 혁명 전략을 본격화시키면서 북한은 대남 혁명 전략에 역점을 두어 상당한 성공을 거두고 있는 것으로 오판할 근거가 마련되었다.

4) 북한은 총제적 난국인가

(1) '벼랑 끝 전술' 의 한계, 국제적 고립 자초

북한은 외교 정책 수립 과정에서 최고 지도자는 '절대 무오류의 능력' 을 가지고 일단 목표를 설정하고 그에 필요한 전략을 수립하면 그것이 최종 결정이며, 교시로 승화되기 때문에 이에 대한 어떠한 이의나 토론도 허용되지 않는다. 김일성과 김정일은 기존 정책이나 전문가들의 의견에 구애를 받지 않고 정책을 결정할 수 있는 전적인 권한을 가지고 있기 때문에 그의 결심 여하에 따라 '벼랑 끝 전술' 과 같은 예측할 수 없는 급격한 정책의 변화를 가능케 했다.

이러한 정책 결정은 때때로 김일성 부자의 신념에 따라 달성할 수 없는 엄청난 전략을 세우고 무모한 수행으로 전 세계 사람들의 격렬한 비난의 대상이 되었다. 이런 맥락에서 북한 최고 지도자는 전격적인 선전 포고를 한다든지 기습 작전이나 국제테러를 결정하는 등의 급진적인 결정을 해 왔다. 북한 외교는 그동안 현상타파적인 혁명적 성격을 띠어 왔고 목표 달성을 위하여 제 3세계 국가들을 비롯한 세계 국가들을 상대로 적극적으로 폭력을 수출하는 한편, 국제적으로 적색 테러 분자들의 게릴라 훈련, 무기와 자금 지원 및 혁명에 직접 참여하는 등의 폭력적 방법을 서슴지 않고 사용했다.

국제 혁명 역량을 강화하여 국제 사회에서 한국을 고립시키고 북한 정권에 대한 지지를 획득하려는 외교 목표도 결국 실패했다. 북한이 '우리식 사회주의' 를 내세워 개방을 거부하고, 핵 문제 협상 과정에서 국제관례에도 없는 '벼랑 끝 외교' 등으로 고립을 자초했다.

국제 사회는 북한의 핵과 미사일 문제가 불거지자 북한을 고립시켜 북한의 생존을 위협하고 있다. 북한은 이에 체제 유지 전략으로 정면 대결하면서 '우리 민족끼리'를 내세워 남한을 반미 전선에 활용하여 '벼랑 끝 전술'을 지속하고 있다. 북한의 체제 위기적 상황은 김일성 사후에 나타났으며 북한 체제의 붕괴가 점쳐지기도 하였다. 당시 북한의 전략은 체제 위기를 극복하는 것이었으며, 김정일 위원장은 그 위기를 극복하는데 일단은 성공하였다.

김정일 위원장은 북한의 핵 문제가 불거지면서 심각한 체제 위기를 느끼게 되었고 미일을 비롯한 국제 사회의 지속적인 압박에 맞서 그의 특유의 '벼랑 끝 전술'을 구사했다. 그는 중국을 비롯한 주변국들이 우려에도 불구하고 미사일을 발사하고 핵 보유를 공개적으로 선언하면서 핵 실험을 감행하는 등으로 맞대결을 굽히지 않았다. 그 결과는 유엔 안보리에서 대북 제재 결의안을 채택하는 등 체계적인 국제적 압력을 자초했다. 북한은 심각한 경제난에다 국제적인 경제 제재로 생존의 위기를 맞게 되었다. 북한의 태도가 바꿔지지 않는 한 북한의 체제 붕괴로까지 이어질 가능성을 배제할 수 없게 되었다.

김정일이 현 체제와 통치 방식을 고수하는 한 북한이 체제에 대한 위협을 감수하면서 남북 관계에서 공존과 평화 통일을 추구할 것으로 기대한다면 그것은 감상적인 것이다. 북한이 극도로 경계하듯이 외풍은 북한 주민들을 흔들어 놓고 체제를 무너뜨릴 독소라는 것을 북한 지도층들이 너무나 잘 알고 있기 때문이다.

(2) 내부 통제 이완, 사회 일탈 행위 급증

김정일 정권이 정식 출범하면서 북한은 이른바 '강성 대국' 구호를 내세워 내부단속을 철저히 하고 선군 정치를 내세웠다. 경제보다 사상과 총대를 앞세우는 강성 대국론은 그러지 않아도 피폐한 북한 경제를 더욱 악화시켰다. 강성 대국론은 북한 주민들에게 자신감과 자부심을 갖게 해 주어 '수령 결사 옹위주의'를 강화시켜 결국 체제의 결속을 다지자는 것이다.

개인주의를 무시하고 집단주의에 기초한 '사회주의 대 가정'을 모토로 하는 북한 사회에서 개인주의의 확산이나 물질적 추구, 자본주의 사회 문화 현상의 유입은 사회적 혼란을 초래하고 체제 자체를 위태롭게 하기 때문이다. '제국주의에 대한 양보는 곧 죽음'이라거나 "원자탄보다 더 위험한 것이 제국주의자들이 퍼트리는 황색 바람"이라고 강조하고 있는 것은 '외풍 차단'이 체제 고수의 관건이기 때문이다. 이러한 이유로 북한은 "사회주의 계급진지를 0.001mm도 양보할 수 없다."고 강조하고 있다. 아무리 사상적으로 강조해도 북한 주민들의 마음은 이미 김정일 정권을 떠나고 있다.

그동안 북한은 식량 배급을 통치 수단화 하여 주민들을 굶어 죽지 않을 정도로 먹이고 대내외적 긴장 상태를 적당히 유지함으로써 정권을 지탱해 왔다. 그러나 지금 북한은 극심한 식량난으로 배급 체제 자체를 유지할 수 없게 되었다. 주민들은 자신의 생계를 유지하기 위해서 시장에 뛰어들어 어쩔 수 없이 장사로 연명하게 되었다. 이는 단순히 생필품 부족에 의한 시장 형성만을 의미하는 것이 아니라 기존의 북한 사회주의 경제 체제를 뿌리 채 흔드는 것이다. 최근 북한에 시장이 확대됨에 따라 주민들은 이미 자본주의 시장 경제에 익숙해지기 시작했다.

현실의 계급 착취 구조를 타파하고 계급 없는 이상 사회를 만들기 위하여 프롤레타리아가 계급투쟁을 벌이자는 공산주의 이데올로기는 58년이 지나오는 동안 허구임이 드러났다. 또 사람 중심의 사회주의를 세우고, 개인주의를 부정하는 반면 집단주의가 사람의 본성적 욕구라는 주체사상의 정당성과 실효성에 대하여 의문을 제기하는 주민층이 확대되고 있다. 특히 젊은 층에서 물질적 욕구가 일고 있으며 7·1 경제 개선 조치 등으로 집단주의적 요구가 손상을 받고 있는 것은 북한 체제의 통치 이념 정당화적 측면에서 볼 때 심각한 문제이다.

북한 사회 내에 암시장 및 지하 경제 선호, 화폐에 대한 가치 변화, 개인 소유주의, 뇌물의 성행, 부정부패, 절취의 일상화 등 개인주의와 물질주의가 확산되고 있다. 이와 같은 시장 등 유사 자본주의적 요소들의 등장으로 인해 자본주의적 가치관들이 점차 확산되고 있으며 북한 주민들에게 제일의 목표는 '돈'이 되고 있다는 것이다. 예전에는 국가에 자신의 충성도를 인식시켜 당원이 되는 길을 유일의 사회적 신분 상승의 기회로 여겨왔으나 이제는 가지고자 하는 물건을 구입할 수 있는 '돈'이 중요한 자리로 자리 잡게 된 것이다.

이러한 상황에서 북한 주민들이 당국의 통제를 벗어나는 사회 일탈 행위가 급증하고 있다. 주민들은 최저의 생계도 보장해 주지 못하고 있는 정권의 정통성과 효율성에 의문을 갖고 있으며 북한 정권은 겉으로 보기와는 달리 주민들의 사회적 결속을 유지하는 역할도 제대로 하지 못하고 있다, 상층부를 제외한 북한의 군사적 권위 체계도 실질적으로 확립되지 못하고 있으며 군 기강도 상당히 해이해 지고 있는 것으로 알려지고 있다.

북한은 혁명과 이념 중심의 명분을 앞세우는 시대착오적인 외교 때문에 국제적 고립을 자초하고 있으며 그로 인해 위기적 상황 극복을 위한 국제적 도움도 제대로 받지 못하고 있다. 특히 핵 실험과 관련, 유엔 안보리의 대북 제재 결의안 통과로 북한은 국제적 고립과 경제적 봉쇄에 직면하게 되었다. 북한은 10월 14일 '고난의 행군 정신'을 내세우면서 "우리는 한번 선택한 길에서 결단코 물러서지 않는다.”고 했다. 유엔의 제재라는 새로운 국면을 맞아 북한 내부적으로 위기 상황을 강조하면서 주민들의 단결을 촉구해 나갈 것이나 상당한 북한 주민들의 마음은 이미 김정일 정권을 떠난 것으로 보인다.

5) 북핵 시대 생존하는 길

지난 58년간 김일성 부자의 비정상적 권력은 출범하면서부터 권력 유지 모순과 기만성 노출, 선군 정치 그리고 ‘벼랑 끝 전술’을 끊임없이 구사해 왔으나 국제적 고립과 내부 통제가 이완되는 과정에서 한계에 달하여 생존 위기에 노출되었다.

이러한 상황에서 우리는 무엇을, 어떻게 대비해야 할까? 북한 체제 생명 연장에 기여해야 할 것인지, 북한과 거리를 두는 무관심 정책을 해야 할 것이지, 아니면 북한의 비정상적인 권력 체제가 바뀌도록 적극적인 태도를 보여야 할 것인지를 고심해야 할 것이다. 우리 정책은 무엇보다도 정확한 북한 이해의 기초 위에 세워져야 한다. 북한은 체제의 생존과 혁명 완수를 위해 전략·전술을 끊임없이 변해 왔다. 물론 그 변화의 결과는 북한 정권의 생존 위기를 맞게 한 것이다.

무엇보다도 북한의 이념 및 체제, 그리고 김정일 위원장의 대남 적대의식에 변화가 있다면, 그것이 전략인 것인지, 아니면 전술적인 것이지 올바른 판단을 하는 것이 중요하다. 그동안 그는 자신의 체제를 지키는 데 남한 정부 또는 사회를 체제 위협 세력으로 보고 경계를 늦추지 않으면서 남한 상황을 이용하기 위해 전술적 변화만 보여 왔기 때문이다.

북한의 경제 및 군사력 증강과 북한 핵의 향방에 경계해야 할 일이다. 북한의 경제력이 회복되어 핵을 비롯한 군사력 증강을 뒷받침해 주는 경우 북한이 필요할 때 대남 강경 정책을 쓸 힘을 길러 주는 것이다. 따라서 북한의 경제 동향과 군사력 증강을 예의 주시해야 할 것이며, 이에 도움이 되는 대북 지원은 자제하는 것이 마땅하다. 남북한의 경제가 균형을 이루었을 때 남북 평화 공존이 이루어질 것이라는 기대는 환상이다.

북한의 생존 위주의 대남 전략은 긍정적으로 활용하되 '민족 해방, 인민 민주주의 혁명' 전략은 극히 경계해야 할 것이다. 인도적인 차원에서 북한 주민을 돕는 것은 투명성이 보장되는 한 지속되어야 하지만 '우리 민족끼리'를 내세워 주한 미군 철수나 반미 감정을 부추기는 것에 대하여는 단호한 태도를 보여야 한다. 북한이 대남 혁명 전략을 유보한 것일 뿐 포기한 것이 아니라는 차원에서 북한 체제에 대한 위협의 수위를 적절히 조절해 가면서 북한이 경제 중심의 평화 지향적 변화를 하도록 유도해야 할 것이다.

튼튼한 한미 동맹과 철저한 공조 체제를 유지하는 것은 중요하다. 이 관계가 유지되는 한, 북한이 비록 핵무기를 보유했다 하더라도 북한에게 다른 선택은 없다. 개방을 하든지, 아니면 체제 붕괴를 감수하는 것이다. 설령 북한이 개방의 길을 택한다 해도 북한의 현 지도 체제가 붕괴되는 것을 막을 길은 없다. 결국 북한 체제의 붕괴는 주변 여건에 따라 다소 지연은 될지언정 장기 존속은 불가능할 것이다.

만약 북한의 총체적인 체제 위기가 붕괴로 이어진다면, 한반도의 통일을 이루어질 것인가? 북한의 붕괴가 우리가 바라는 대로 곧 통일로 이어지는 경우도 생각해 볼 수 있다. 그러나 한반도의 통일은 주변 국가들과의 복잡한 역학 관계가 얽혀있기 때문에 생각대로 쉽게 이루어지지 않을 것이라는 견해도 만만치 않다.

한반도의 통일에 대한 주변국들의 표면적인 태도는 한결같이 긍정적임에도 불구하고 통일한국의 국력에 대한 주변국들의 우려도 적지 않다. 앞으로 우리의 중요한 외교적 과제는 주변국들의 반통일 기류를 순화시키는 것이다. 통일 한국이 주변 국가들의 국익에 도움이 될지언정 그들의 국익을 위협하지 않을 것임을 지혜 있게 설득시키는 것은 우리의 몫이다. 북핵 시대를 맞아 한반도에서 전쟁을 억지하고 북한을 변화시키기 위해서는 미·일을 비롯한 주변국들과 지혜롭게 협력해야 한다. 이 길만이 우리가 살 길임을 잊어서는 안 될 것이다.

6) 우리의 기도

슬프고 아프다 내 마음속이 아프고 내 마음이 답답하여 잠잠할 수 없으니 이는 나의 심령이 나팔소리와 전쟁의 경보를 들음이로다. (렘 4:19)

예레미야 선지자의 심정으로 이 민족과 나라를 위해 엎드려 기도합니다.

첫째, "이번 핵 실험은 아주 성공적이었고, 자주 국방의 성취를 위한 과업을 달성한 것이다."라는 당의 선전만을 믿고 핵 실험의 결과에서 오는 엄청난 재난과 고통을 모르는 불쌍한 북한 주민들의 안전을 하나님의 오른 팔로 지켜 주옵소서.

둘째, 유엔의 대북 제제 결의안 채택 이후 북한의 화물 검색 강화 등을 통한 국제사회의 대북 숨통죄기가 본격화되고 있습니다. 이미 일본은 자체적인 제재령을 본격 가동하기 시작했고, 중국이 북한과의 국경 지대에 철조망을 친데 이어 무역물품 화물 검색을 시작했습니다. 미국은 16일 북한의 지하 핵 실험 사실을 공식 확인함으로써 대북 압박의 고삐를 바짝 당기고 있는 이때에 제재에 반발하고 '벼랑 끝 전술'을 고수하는 무모한 행동을 중단하고 협상에 진지하게 임하도록 북한 지도층에게 강권적으로 역사하여 주시옵소서. 핵을 포기하고 협상에 나오도록 하소서.

셋째, 북한이 핵 보유국이 되어, 일본, 대만, 한국 등이 핵 무장하는 핵 도미노 현상이 일어나 동북아시아 전 지역이 파국을 맞이하기 전에 북한 스스로 핵을 해결하는 지혜를 주시옵소서.

넷째, 우리나라의 외교, 국방 등 정치 지도자들에게 지혜와 통찰력을 주사, 올바른 판단력을 가지고 북핵 문제에 대처하며 국제 사회와의 공조를 지혜롭게 끌고 나가게 하시옵소서. 특별히 이번에 UN 사무총장으로 선출된 반기문 외교부장관을 통해 한반도 특사를 두는 등 북핵 문제를 평화롭고 보다 적극적으로 해결할 수 있는 전환점이 마련되도록 하여 주시옵소서.

예수님의 이름으로 기도합니다. 아멘!

3. 북한 주민, 사는 게 기적

1) 북한 주민들 어떻게 사나

현재 북한의 일반 근로자들이 받는 평균 월급은 북한 돈으로 대략 3,000원 정도이다. 북한 당국의 공식 환율(150원)로는 20달러이지만, 실제 유통되는 암시장 시세로는 1달러도 안 된다.

이미 일부 지역에서는 2005년 4월 무렵 1달러가 북한 돈 3,600원에 거래되기도 하였고, 최근 미국의 대북 금융 제재 이후에는 달러 가격이 급등하여 1달러가 북한 돈 5,000~6,000원에 거래되는 지역도 있다고 한다.

도대체 이 1달러도 안 되는 수준의 월급을 갖고 북한 사람들은 어떻게 살아가는 것일까. 월급을 다 털어 시장에서 쌀을 산다고 해도 4~5인 가족이 하루나 이틀 먹고 나면 끝이다. 2005년 3월 현재 함경북도 김책시의 경우 쌀 1kg의 가격이 900~1,200원 정도였는데 지금은 훨씬 더 올랐다.

그럼에도 불구하고 북한 주민들은 살아가고 있다. 월급 및 배급 외에 실제 생활에 필요한 5~10만원을 더 벌어 생활하기 위해 북한 주민들은 생존의 현장으로 내몰리고 있다. 즉 17~33달러(암시세) 안팎을 추가로 벌기 위하여 장사를 하고 있는 것이다.

북한 주민들이 장사에 나서는 것은 생존을 위한 몸부림이다. 이는 사회주의 계획 경제 시스템 이완의 대표적 현상으로 볼 수 있으며, 현재 북한은 통치 질서를 심각히 위협하지 않는 한 웬만한 장사를 묵인하고 있는 것으로 알려졌다.

이마저 못하게 하면 주민들이 굶어 죽을 수밖에 없기 때문이다.

그렇다고 마냥 방치할 수도 없다. 당국의 통제 능력을 벗어난다고 판단되면 수시로 검열이나 단속을 통해 강력히 제지한다고 한다.

실 예로 청진시의 경우 고난의 행군 시기를 거치면서 생존을 위해 장사에 뛰어드는 주민들이 급속히 늘어나자 이를 통제하기 위해 특정 장소를 지정해 그 안에서만 장사를 하도록 하고 자리 세를 받았으나, 장사를 하는 사람들로부터 거두어들이는 자릿세가 상당한 수입원이 된다는 사실에 착안하여 기존의 장마당을 확장해서 장마당 인근에서 무질서하게 거래하던 사람들을 수용한 것으로 알려졌다.

구체적으로 청진시 소재 수남 장마당의 경우 기존 1,500명을 수용하여 노천에 블록으로 1인당 0.5×0.5m 정도 크기의 매대(판매대)를 주고, 매일 20~100원의 자릿세를 받았으나, 장마당 인근에 3,000여 명 가량이 길거리를 메우고 무질서하게 장사를 하자, 3,000여 명에게 각각 25,000원(나중엔 20,000원 씩 추가)을 받고 기존 장마당을 허물고 규모를 넓혀 유리로 채광을 하는 신식 건물로 증축하였다고 한다.

2) 우리의 기도

> 악인은 불의의 이를 탐하나 의인은 그 뿌리로 말미암아 결실하느니라. (잠 12:12)

첫째, "젊은 사자는 궁핍하여 주릴지라도 여호와를 찾는 자는 모든 좋은 것에 부족함이 없으리로다."(시 34:10)라고 말씀하시는 하나님, 곤경에 처해 있는 북한 주민들에게 사랑과 섬김의 손길이 이어지기를 기도합니다.

둘째, 사모하는 영혼을 만족케 하시며 주린 영혼을 좋은 것으로 채워주시는(시107:9) 하나님, 먼저 복음이 북한 주민들의 삶을 주관하게 하시고 한국에 만연해 있는 물질만능주의, 세속주의와 같은 세상의 악한 영향력이 북한 주민들에 흘러 들어가는 것을 주께서 막아주시기를 기도합니다.

셋째, 북한 경제가 올바른 방법으로 건강하게 성장하여 어려움을 겪는 주민들에게 필요한 일용할 양식이 공급되게 하시고 이러한 과정 가운데 복음을 듣게 되므로(롬 10: 14-15) 영원한 생명을 소유하는 축복을 누리게 되도록 기도합니다.

예수님의 이름으로 기도합니다. 아멘!

참조: 조선일보, 2006.4.17
북한 시장의 작동 원리와 최근 동향, 김 영수

4. 북한 핵 개발 역사

1) 핵 폭탄의 슬픈 교훈

2006년 7월 5일 북한의 미사일 발사와 10월 9일 핵 실험으로 한반도는 매우 어려운 상황에 처하게 되었다. 비록 체감 지수는 낮지만, 지금이 우리 민족이 안보적으로 한국 전쟁 이후 가장 어려운 상황인지도 모른다.

북한의 핵 보유로 한국의 안보 상황은 천재지변이 일어난 것이다.

핵 무장 국가와 비핵 무장 국가라는 비대칭으로 남북간의 군사력 균형은 완전히 무너졌다. 한국이 북한에 30배가되는 경제력을 바탕으로 각종 재래식 무기를 아무리 구입해도 '비대칭 무기'인 핵무기의 위력을 당해낼 수는 없다. 북한이 핵 개발에 몰두해 온 이유 중 하나가 바로 이것인 셈이다.

북핵 실험으로 인한 한국 사회의 반응은 정파와 이데올로기에 따라 그 원인과 해법을 달리하는 분열 양상을 보이고 있으며, 국제 사회도 원론적으로는 제제에 일치된 의견을 보이는 듯하지만 각론에는 역시 강경과 온건으로 분열되는 양상을 보이고 있다.

이러한 시기에 세계에서 유일하게 핵폭탄이 투하된 지역인 일본의 히로시마와 나가사키에서 교훈을 얻어야 할 것이다.

나가사키에 원폭이 떨어진 날 7만 4,000명이 죽었고, 7만 5,000명이 열에 의한 화상과 바람에 의한 부상을 입었다. 그리고 수많은 사람이 백혈병을 비롯한 원폭 증후군으로 고생하고 서서히 죽어 갔다. 그리고 안타깝게도 여기에는 미스비시 조선소에 징용으로 끌려 갔던 한국인 노동자와 그 가족 중에 사망자 1만 명과 부상자 1만 명이 포함되어 있다고 한다.

그런데 매우 두렵고 놀라운 사실은 기독교인들 더구나 엄청난 순교의 피가 흐르고 200여 년의 철저한 박해를 견디어 내면서 신앙을 지킨 후손들이 세운 우라까미 교회당 위가 바로 핵폭탄이 떨어진 투하 중심지라는 것이다.

투하 중심지가 설혹 나가사키라 하더라도 해군 군함을 만드는 미쓰비시조선소 위가 아니라 왜 우라까미 교회당 위의 구름만 걷히게 하셔서 거기에 교회당 지붕을 중심지로 하여 원자폭탄이 떨어졌는가 하는 것이다. 좀 더 구체적으로 나가사키를 살펴보면 나가사키와 운젠과 시마바라와 오오무라와 히라도의 순교자는 5만 명에 달한다고 한다. 일본 순교자의 95% 이상이 이곳 출신이다.

놀랍게도 그중에는 임진왜란 때 끌려가 기독교를 믿게 된 조선인 순교자가 28명이 포함되어 있다고 한다. 또한 첫 순교는 1597년 2월 5일에 나가사키의 니시자카 언덕에서 죽은 26인이었으며, 그 뒤 약 40년간 시마바라 키리스탄의 난 때까지 수만 명이 순교의 제물이 되었다.

그리고 밖으로는 철저한 쇄국 정책과 안으로는 후미에(십자가를 밟고 지나가게 하는 것), 5호 담당제, 단나사 제도(모든 일본인은 불교 신자로 자기가 등록된 절을 가지게 하고 일 년에 한 번 이상 참배를 하게 하는 것), 장례식은 반드시 불교식으로 하는 것을 통해 철저하게 기독교인을 박멸하였다. 그래서 서방 기독교 세계에서는 일본에 기독교인이 한 사람도 없다고 생각했던 것이다.

기독교의 축복은 이 땅에서의 썩어져갈 죄에 물든 육신과 재물과 권력이 아니라 희생을 통한 사랑임을, 그리고 어리석고 불쌍한 일본인조차 사랑하시는 하나님께서 그들을 언젠가는 구원하시기 위해서 오히려 당신이 가장 사랑하는 자들을 먼저 희생하시고 데려가신 것이며, 주님은 화려한 교회당에 계신 것이 아니라 고통 받고 있는 인류의 그 고통 속에 계시다고 하는 것이 원자폭탄이 떨어진 우라까미 교회의 교훈일 것이다.

2) 우리의 기도

인애와 진리가 같이 만나고 의와 화평이 서로 입맞추었으며(시 85:10, 개혁 개정)

첫째, 선하시고 자비가 영원하신 하나님을 찬양합니다. 북핵 위기가 오히려 북한 선교를 위한 좋은 계기가 되게 하소서. 또한 위기가 닥쳐올수록 정부와 국민이 한 뜻이 되어 극복할 수 있는 성숙한 나라가 되게 하시옵소서.

둘째, 한국 교회가 북한을 규탄하는 것에만 머물지 말고, 동족을 위해 눈물로 기도하지 않은 죄를 회개하는 통곡의 자리로 나아가게 하소서.

셋째, 기독교인들은 시대적 논리에 휩쓸리지 않고 북핵 문제를 좌로나 우로 치우치지 않는(수 1:9) 지나친 낙관이나 비관이 아닌 균형적인 사고를 바탕으로 인내하며 북한의 변화와 남북 관계 개선을 고대하는 성숙한 모습으로 기도하게 하시옵소서.

예수님의 이름으로 기도합니다. 아멘!

참조: 핵폭탄의 슬픈 역사와 평화의 길, 김 재일

Ⅲ. 한반도 위기와 미국 · 중국

1. 중국의 '동북공정' 이래도 되는가

1) 중국의 동북공정 속셈

중국 정부의 학술 고문이고 북경대 정치과의 한 교수는 비공개 강의를 통해 중국의 '동북공정'을 통한 고구려사 왜곡 주장에 대한 중국의 숨은 의도를 들어냈다. 그 교수의 주장에 의하면 "북한은 10년 이상을 결코 버틸 수 없다. 북한의 현 체제가 무너지면 중국은 재빨리 북한에 친중 북한 군부가 정권을 잡도록 돕는다. 북한의 친중 군사 정부는 중국이 자신의 군사 연방의 일환으로 통제를 하다가 장기적으로는 중국의 지방 정부로 편입시킨다."는 것이다. 이러한 장기 전략의 일환으로 고구려사 중국 지방 정부 편입이 불가피하다는 설명이다.(조선 2004.8.24) 지금 진행 중인 동북공정은 그에 대한 역사적 논리를 미리 축적하기 위한 것으로 보는 것이다.

중국은 한국 고대사를 왜곡, 대방군의 중심지는 중국계 고분 유물과 함께 '대방태수'라는 글을 새긴 벽돌이 발견된 황해도 봉산 지역이라는 게 한 · 일 학계의 통설인데도 대방군의 중심지가 서울 근처에 있었다고 주장하고 있다. 대방군은 후한말에 공손씨 정권이 한반도 남부와 왜 지역을 통제하기 위해 설치한 것이다.(중앙 2005.3.6)

대방군은 낙랑군이 속한 한사군은 아니지만 낙랑군과 마찬가지로 중국 세력의 통치기구다. 대방군의 중심지가 서울 지역에 있었다면 중국 세력이 한국사의 전개에 끼친 영향력을 보다 확대시킬 수 있는 호재임에 틀림없다. 대방군과 한사군이 한반도 중부 이북 지역에 대한 타율성론의 근거라면 남부 지역에서 타율성의 예로 강조한 것이 바로 '임나일본부설'이다. 고대 일본의 '야마토' 정권이 한반도에 출병해 가야(임나) 지역을 지배하고 백제, 신라에 강력에 영향력을 행사했다는 것이다.

일본 후소샤의 검정 신청판 교과서는 야마토 정권이 가야 지역에 거점을 마련하고 군세를 이용해 고구려의 남진을 좌절시켰다(교과서 32~33쪽)는 서술은 '임나일본부설'의 논리다. 고구려에 대항하고 한반도 남부의 지배를 인정받으려고 중국 남조에 조공했다(33쪽)는 내용을 추가했다.(중앙 2005.3.16)

이러한 논리들은 황당하면서도 매우 불쾌하다. 그러나 더욱 놀라운 것은 이런 가능성이나 논리를 펴는 것은 중국학자만이 아니라는 것이다. 마이클 호로위츠 허드슨 연구소 수석 연구원은 "김정일 정권 유지에 들어가는 대가가 점점 커짐에 따라 중국이 (북한의) 한 장군을 골라 정권을 탈취케 하고 그로 하여금 중국군 20만 명을 북한에 보내도록 요청케 한다는 시나리오를 검토 중"이라고 주장했다. 그는 "만약 중국이 김정일을 제거하고 북한 체제 변화를 꾀하면 한국은 비극적 상황을 맞게 될 것"이라고 덧붙였다.(중앙 2004.12.24)

한편 찰스 프리처드 미국 브루킹스연구소 객원연구원은 "북한의 연착륙은 바람직할 수 있으나 가능성이 거의 없기 때문에 순식간에 경착륙할 수 있다. 대부분 사람들은 북한이 붕괴되면 두 개의 한국이 통일될 것이라고 생각하나 북한이 중국에 흡수될 가능성이 더 크다."고 주장했다.

그는 "북한은 현재 연료를 포함한 기본적인 필수품의 상당 부분을 중국에 의존하고 있으므로 흡수 과정은 매우 자연스럽게 이뤄질 수 있다."고 했다. 또 중국이 북한의 전면적인 흡수를 정당화하기 위해 고구려를 중국 영토라고 주장하는 등의 동북공정을 추진하고 있다고 덧붙였다.

그는 중국이 북한을 흡수하려는 이유로 '만주에서 살고 있는 200만 명의 조선족'을 거론했다. "만약 두개의 한국이 남한 주도로 통일된다면 미국의 민주주의적 가치와 기업가 정신을 공유하는 통일 한국은 중국 국경을 가로질러 민족 연대감을 통해 만주 지역에 사회문화적 영향을 미칠 것"이라고 보았다.(조선 2005.1.14)

이런 맥락에서 고건 전 총리는 자신이 대통령 권한 대행을 하던 2004년 4월 북한 용천 폭발 사고가 났을 때 "북한이 붕괴돼 '친중 괴뢰 정권'이 들어설지도 모른다는 걱정 때문에 한잠도 이루지 못했다."고 털어놓았다. (조선 2004.8.28)

2004년 10월 국회 국정 감사에서 합참의장은 한반도 유사시 북한에 대한 중국군의 증원 전력에 대해 보고했다. 선양군구 5개 집단군의 60%, 지난군구 4개 집단군의 50%, 북해함대 30%의 전력을 북한에 지원할 것이란 예상이었다. 이 정도면 18개 사단 40만 명의 병력에 800여개의 전투기, 150여척의 함정이다.

지난 2004년 7월초부터 2주간 중국은 중국군 1,000명 정도가 참여, 압록강 도하 훈련을 실시했음이 밝혀졌다. 이 훈련에서 그들은 폭 5~7m, 길이 20~30m짜리 부교 10개를 북?중 경계선인 강 중앙

지점까지 설치했다고 한다. (중앙 2004.8.9)

합참의장의 보고가 눈길을 끄는 것은 중국군의 북한 진주가 한반도 무력 충돌 상황만이 아니라 북한 내부의 대형 사태 발생시에도 있을 수 있다는 관측 때문이다. 동북공정은 결코 역사책 속에서만 머무는 것이 아니다. 많은 전문가들은 북한 붕괴 상황 시 중국군이 북한 안정화라는 명분으로 우리보다 먼저 북한에 진주할 가능성을 배제하지 않고 있다는 것이 주목된다.(조선 2004.11.3)

2) 중국의 북한 예속 작업

최근 중국은 북한에 대해 무기 지원 재개와 대북 투자 및 경제 지원 확대 그리고 북한의 신의주 특구 장관 양빈 석방 등 군사 경제 분야 지원 및 개입을 통해 북한 '동북공정' 의 일환으로 예속 작업을 본격 착수하고 있다.

중국과 북한의 고위층 교류가 최근 들어 부쩍 활기를 띄고 있는 것도 주목할 만하다. 중국 기업의 대북 투자 및 경제 교류도 급속히 확대되고 있는 추세다. 2004년 4월 김정일 위원장의 중국 방문시 중국은 2005년까지 J7E 최신예 전투기 45대를 북한에 인도하기로 약속했고, 대북 군사 지원 재개와 함께 J10A 최신예 전투기를 지원하는 문제도 논의한 것으로 알려졌다. 김영남 최고인민회의 상임위원장을 단장으로 하는 북한 대표단이 2004년 10월 18~21일 중국을 방문하고 양국간 경제 협력을 집중 논의했다. 북한 권력 서열 1위, 2위인 자가 6개월 시차로 모두 중국을 방문한 것은 이례적인 것이다.

중국도 2004년 9월 한 달 동안 5개 고위급 대표단이 평양을 방문했다. 리창춘 정치국 상무위원이 9월 10일 평양을 방문, 김정일과 김영남, 박봉주 내각총리와 연쇄 회담한 것을 포함, 리자오쥐(李兆?)
정협부주석과 수리부 대표단, 사회 과학원 대표단이 각각 평양을 방
문했다.

중국은 2003년 10월 우방궈 전국인민대표대회 상무위원장의 평
양 방문 당시, 김정일 위원장에게 6자 회담에 진전이 있을 경우
5,000만 달러 규모의 유리 공장 건설을 무상 지원키로 약속하고
2004년 7월 공장 착공식을 가졌다. 이 대안친선유리공장은 2005년
10월 9일에 준공되었다. 또 중국은 최근 북한의 4차 6자 회담 참석
을 유도하기 위해 북한에 원유 1만t(약 6만 2,000배럴) 지원을 약속
했던 것으로 확인됐다.(중앙 2004.9.20)

중국의 대북 투자가 최근 급류를 타고 있는 것도 눈여겨 볼 필요
가 있다. 푸젠(福建)성의 7개 기업으로 구성된 기업 투자 시찰단은
2004년 8월 31일 북한을 방문, 현지 조사를 벌렸으며 저장(浙江)성
원저우(溫州) 시에서는 2004년 7월 처음으로 북한 투자 설명회가 열
렸다. 또 선양중쉬(瀋陽中旭) 그룹은 원저우 상인 300여명을 이끌고
최근 북한 최대 백화점인 평양 제일 백화점의 10년간 운영권을 따내
고 5,000만 위안(약 75억 원)을 투자했다.(통일부는 부인). 원자 바오
총리가 2004년 4월 김정일 위원장에게 약속했던 '기업의 협력' 이
본격화 되고 있는 느낌이다.

북한은 개방을 추진해 온 나진 · 선봉 외에 금강산 · 개성 · 남포 ·
원산 · 신의주 등 5개 지역을 경제 개방의 축으로 정했다. 5개 축 가
운데 금강산 · 개성은 한국, 북한이 중국 자본을 끌어들여 남포 · 원
산 · 신의주뿐만 아니라 함흥 · 백두산까지 개발키로 했다. (중앙
2004.10.25)

함흥에 중국 자본을 유치하여 나 · 선을 대체하고, 백두산은 삼지

연과 천지를 잇는 관광 코스 공동 개발, 북한은 한국을 제치고 중국
과 경제 협력과 개발의 동반자로 선택했다. 결과적으로 중국은 북한
에 한국을 웃도는 투자를 하게 되었고 그로 북한에 영향력을 확대할
수 있게 되었다.

북중간 무역도 2004년 들어 초고속 성장세를 보이고 있다. 중국
해관 총서 통계에 따르면 2004년 1~9월 중 북·중 교역액은 8.9억
달러로 전년 동기 대비 40.5% 증가하였다. 지난해 북중간 무역 규모
가 13억 8500만 달러에 달해 4년 동안 3배가 늘었고 중국은 북한 무
역 총액의 42.8%를 차지했다.(산케이신문 2005.2.12) 복건성 투자
시찰단 (8월에 이어 11월), 사천성 투자 시찰단 (11월) 등 중국 기업의
투자 시찰단이 연이어 방북했다.(「주간북한동향」 제 721호 p. 23)

전문가들은 한반도에 대한 영향력 확대와 중국의 안정적 발전이
라는 두 가지 측면에서 중국이 대북 관계를 강화하고 있다고 분석하
고 있다. 그러나 중국이 국가적으로 추진하고 있는 동북공정 등 강력
한 민족주의 성향이 후진타오 주석의 통치 이데올로기로 자리 잡을
경우, 한·중 양국 관계가 크게 악화될 가능성을 배제할 수 없다. 북
한 전문가 10명 중 대부분이 최근 확대되는 중국의 대북 투자 지원
확대 등 중국의 북한 경제 진출에 대해 '우려할 만한 심각한 수준' 이
라고 평가했다.(세계 2005.12.8)

3) 최근의 북·중 관계

(1) 북·중 사법 공조 조약 체결

북한과 중국이 양국 국민이 관련된 민사·형사 사건 처리와 관련
해 상호 협력하는 원칙을 담은 민·형사 사법 공조 조약(2005. 8)을

체결했다. 이 조약에 따라 북한에서 범죄를 저지르고 탈출한 탈북자나 탈북 브로커에 대해서 양국이 형사적인 공조를 할 수 있을 것이다. 양국 공안 기관 간에 맺은 것으로 알려진 북·중간 불법 월경자 처리에 관한 비공개 협정을 통해 중국 내 탈북자를 체포하면 북한으로 강제 송환해 왔다.(조선 2005.8.30)

(2) 후진타오 주석 방북

후진타오(胡錦濤) 중국 국가 주석은 조선 노동당 창건 60주년 기념일(10일)을 맞아 김정일 위원장에게 보낸 구두 친서에서 양국 간 교류 협력을 보다 활성화 할 것을 제안했다고 한다.(신화통신 2005.10.9) 이어 후 주석은 중국 새 지도부 최고 지도자로 2005년 10월 28~30일 4년여 만에 북한을 방문했다. 여기서도 그는 전통적인 우호 관계를 계승하면서 부단히 새 단계로 관계를 발전시키자고 했다. 양측 모두 새 세기에 접어들어 새로운 내용, 즉 경제 무역 협력 강화를 포함하는 새 관계를 만들어 가자는데 합의한 것이다.

후진타오 주석은 이례적으로 만찬사의 많은 부분을 중국 경제의 발전상을 설명하는데 할애했다. 개혁·개방 이후 GDP는 1,473억 달러에서 1조 6,494억 달러로 늘었다는 등 각종 수치까지 제시했다. 양정상은 향후 북·중 관계 발전의 4원칙을 천명했다. ① 고위층 상호 방문 지속, ② 협력적 내용이 담긴 교류 영역 확대, ③ 경제 무역 협력을 통한 공동 발전 모색, ④ 적극적인 협력을 통한 공동이익 추구 등이다.

중국은 이러한 원칙을 바탕으로 대북 투자 활성화, 북한 광물 자원 개발 참여 등을 추진할 것으로 보인다. 후진타오 주석은 10월 29일 김영남 위원장과의 회담에서도 '경제 협력' 이라는 주제로 일관했

다. 회담 첫머리에 전통적 우호 관계를 강조한 뒤 바로 "앞으로 중국
은 국내 기업들의 대북한 투자를 장려할 계획"이라고 밝혔고, "경제
무역 협력의 수준을 확대해 양국 협력 관계의 수준을 끌어올리자.",
"양국 경제 무역 협력 관계를 부단히 발전시키자." 등 경협 관련 발
언을 이어갔다.

후진타오 주석은 이번 방북에서 북한과의 관계를 '실질적이면서
경제 협력을 매개로 한 우호 관계'로 전환한다는 점을 분명히 했
다.(중앙 2005.10.31) 양정상은 10월 29일 낮 9일 준공된 '21세기
조·중 친선의 상징'이라고 부르는 중국이 2,400만 불을 무상 지원
해 건설한 대안 친선 유리 공장을 찾았다.

이에 앞서 김정일 위원장은 28일 목란관 환영 만찬에서 "중국 인
민과 형제적 우의의 정은 그 어떤 천지 풍파 속에서도 변함이 없을
것"이라고 이례적인 직접 환영 연설을 했다. 이후 "중국은 특히 북한
국민의 생활과 여건 등을 개선하는 분야에서 지원을 넓혀 나갈 것"
이라고 밝혔다.(중앙 2005.10.31)

(3) 경제 '동북공정'인가?

중국이 북한 시장 공략에 적극적인 데에는 복합적인 의도가 담겨
있다. 경제적으로는 풍부한 지하자원과 값싼 노동력을 가진 북한의
미개척 시장을 선점하려는 것이고, 정치적으로는 영향력을 강화하
려는 포석이다. 중국의 대북 경협 확대는 중국 투자를 유치해 경제난
을 덜어 보려는 북한의 의도와도 맞아 떨어지는 것이다. 실제로 중국
의 대북 에너지 지원이 중단될 경우 북한 경제는 6개월 내에 파탄지
경에 이를 것이라는 분석이 있을 정도로 양국은 밀접한 관계에 있다.
대북 에너지 공급량이 70~90%가 중국으로부터 제공되고 있으며,

이중 일부가 우호적 가격에 공급되고 있음에도 불구하고 중국의 북한에 대한 연료 수출액은 연간 1억 달러를 넘어선 것으로 추정된다.(미래한국 2005.11.26)

지난 11월 24일 김승규 국정원장은 "북한의 중국 종속이 심화되고 있으며, 이는 한국과의 밀접도가 떨어진다는 의미"라고 우려를 표시했다. 그는 "북한의 대중 군사, 경제 의존도가 점차 높아지고 있다."면서 "중국은 당 주도가 아닌 국가 주도로 북한의 시장 경제를 넓히려는 움직임을 가속화하고 있는 것으로 보인다."고 국회 정보위에서 설명했다.(국민 2005.11.25)

2000년까지만 해도 북한의 대외 교역에서 일본과 중국이 차지하는 비중은 비슷했으나 5년 사이에 그 격차는 약 5.5배로 벌어졌다. 2004년 북·일 무역 규모가 2억 5187억 불에 불과한데 비해 북한의 올해 1~9월 대중 무역 규모는 11억 8,900만 달러로 지난해 같은 기간 8억 9,500만 달러에 비해 32.9% 증가했으며 앞으로도 이러한 상승세는 지속될 전망이다.(국민 2005.11.25) 2004년 북한의 대중 무역 의존도는 북한 전체 무역 규모의 48% 차지하여 2003년 43%보다 5%나 오른 것이다.

가장 눈에 띄는 현상은 중국의 투자가 요식업, 서비스업 등에서 점차 전략 자원 개발과 기간 시장 선점 방식으로 바뀌고 있다는 점이다. 북한의 중국 의존도가 커질수록 북한에 대한 중국의 입김은 더욱 세질 수밖에 없다.

2005년 3월 22일 북한이 중국과 북·중 투자 보장 협정을 체결했다. 이로써 북한은 중국 자본을 끌어들여 경제 개방과 개발에 박차를 가할 수 있는 발판을 마련했다. 한편 중국은 투자 보장과 과실 송금 보장 및 이중 과세 방지 등으로 북한에 적극 진출할 수 있게 되었다.

중국이 북한 경제를 회생하는데 정부 차원에서 나서겠다는 의지를 보여 준 것이다.

KOTRA 자료에 따르면 2004년 중국 기업들은 단순 교역 차원을 넘어서 5,000여만 달러의 대북 투자를 한 것으로 추정된다. 이는 같은 해 북한이 유치한 외국 투자액 5,900만 달러의 85%에 해당한다. 2000년 100만 달러에 비하면 50배 증가한 수치이다. 올해 중국의 대북 투자는 8,800만 달러로 지난해에 비하면 대폭 증가한 것이다. 중국의 대북 투자에서 가장 두드러진 측면은 자원 개발과 함께 북한 시장의 문을 두드리는 것이다. 중국은 대부분 단기간 내 투자 수익 회수가 용이한 광업, 수산업 및 건설 자재 생산 등에 집중되어 있다.

광산 개발과 어업에서의 합작 등 자원 개발이 핵심이다. 중국의 최대 대북 투자 프로젝트라는 무산 철광 개발 사업은 2004년 12월 지린(吉林)성이 가동률이 저조한 무산 철광 개발에 수천억 원을 투자하겠다고 밝히면서 2005년 들어 철광물의 중국 반입도 본격화하고 있다.(조선 2005.7.14)

11월 2일 홍콩《대공보》(大公報)는 중국 기업들이 북한 최대 철광인 무산 철광 50년 개발권을 따냈다고 보도했다. 무산 광산의 철광석 총 매장량은 30억 톤, 가채 매장량은 13억 톤으로 추정된다. 무산 철광은 중국측이 전기, 기계 설비, 기술 등을 제공 최소 70억 위안(약 9,000억 원)을 투자해 합작으로 개발된다. 중국 업체들은 이 광산에서 매년 1,000만 톤의 철광석을 캐내고, 양국간 물류 활성화를 위해 합작 철도 회사를 설립키로 했다.(중앙 2005.11.3)

아시아 최대 노천 철광인 무산 철광의 철광석들을 트럭으로 중국에 실어 나르고, 아시아 최대 구리 광산(鑛山)인 혜산 청년 동광도 빠른 시일 내에 중국과의 합작개발 프로젝트를 확정지을 방침이다. 또

회령 금광, 만포 아연광 등도 중국측과 합작 협상을 진행 중이다.

특히 한국과 중국의 대북 교역액 차이도 날이 갈수록 커지고 있다. 2000년에 중국의 대북 교역액은 4억 8,800만 달러, 한국의 대북 교역액은 4억 2,500만 달러로 그 차이가 얼마나지 않았다. 그러나 2004년 중국의 대북 교역액은 13억 8,200만 달러로 늘어 북한 총 교역액 32억 9,500만 달러의 42%를 점했으나 한국은 6억 9,700만 달러에 불과했다.(세계 2005.12.6)

이 같은 양국 교역의 폭발적 증가는 북한 경제의 중국 의존도를 급속히 심화시켜 북한이 경제적으로 중국의 '동북 4성'으로 전락할지 모른다는 우려가 커져 가고 있다. 중국이 시장도 제대로 형성되지 않은 북한에 적극적인 투자를 벌이는 것은 경제적 동기보다 정치적 목적에서 비롯된 것이다. 즉 중국은 평양을 중화 경제권에 편입시켜 한반도 북쪽에 대한 영향력을 확대하려는 것으로 보인다. 같은 맥락에서 중국은 북한의 2005년 조선 노동당 창당 60주년 기념일을 기해 북한에 중유 1만 톤을 무상으로 지원했다.(도쿄신문 2005.10.20)

한편 올 상반기 북한의 대중 곡물 수입량은 3,400만 달러로 전년도 585만 달러보다 48%나 급증했다. 특히 최근 북한 내 종합 시장에서 거래되는 상품의 80%가 중국산으로 밝혀지고 있다. TV와 선풍기 등 가전제품과 의류, 식료품은 물론 심지어 이쑤시개와 볼펜까지도 거의 전부가 중국 상품이라는 것이다. 이와 함께 중국이 연평균 1억 2,000만 달러 상당의 원유와 식량 발전 설비를 지원하고 있어 북한의 전략 물자 의존도도 심화되고 있다.

이에 비해 남한의 대북 교역은 지지 부진한 상태다. 2004년 인도적 지원을 제외한 남북한 상업상 교역액은 전년 대비 1.9% 증가한 4억 3,800만 달러에 그쳤으며, 대북 투자도 605만 달러로 2000년

2,170만 달러에 비해 크게 줄었다.(세계 2005.12.6) 중국 정부로서는 북한에 대한 영향력 확대의 좋은 기회로 여기고 있으며, 중국 기업 역시 장기적 관점에서 시장을 선점하겠다는 의도로 북한 진출에 적극 나서고 있다.

평양에서 사업을 하는 안동 대마방직의 김정태 사장은 "북한은 돈이 없기 때문에 물물 교환과 함께 광산 개발권이나 시장 지분을 중국에 넘기고 있다."며 "소규모 자본이라 하더라고 중국 자본이 현재 북한 곳곳에 들어와 있다."고 말했다. 그는 "북한이 최근 재래시장을 활성화하기 위해 애쓰고 있는데, 여기에 중국 자본이 개입한다."며 "중국은 자본을 투자해 시장을 정비해 주는 대신 시장의 상권이나 지분을 차지하면서 중국 물건을 가져다 놓는다."고 전했다.

이어 중국 물건으로 시장을 장악하고 유통의 지분과 상권은 그것대로 또 챙긴다는 것이다. 재래시장 정비는 20~30만 달러면 충분하기 때문에 중국은 큰 부담 없이 시장을 확보해 가고 있으며, 북한의 백화점 역시 중국이 이를 수리해 주고 다시 열면서 지분에 참여한다는 것이다.

4) 중국의 북한 길들이기

중국은 장기적으로 배타적 지배권 내에 북한을 묶어 두기 위해 정치, 경제, 군사적으로 밀착을 하고 있는 측면이 있지만 북한을 길들이기 위해 끊임없는 압박을 가하고 있다. 2003년 8월 북·미·중 3자 회담에 북한을 끌어들이기 위해 대북 원유 공급을 3일간 중단한 것도 그 일례이다.

중국은 필요할 때마다 북한과의 전통적인 우호 관계에서 탈퇴, 미국과 공조하여 '북한 정권 교체'를 위한 대북 압박을 가했다. 중국은 북한이 핵무기 개발 의도를 명확히 드러냄에 따라 북한을 '위험'한 존재로 보고 북한의 붕괴 상황에 대비한 세부 계획을 마련한 것으로 알려졌다.

존스 홉킨스 대학의 중국 전문가 데이비드 램턴(David M. Lampton)은 중국의 지도부는 평양 '정권 교체'가 악을 다루는데 최소한의 방안이 될 수도 있다는 점에 동의하고 있는 것으로 보인다고 말했다.(미래세계 2003.9.7) 이 무렵 북한이 무력 공격을 받을 경우 중국의 군사적 지원 등을 의무화하고 있는 조·중 우호협력 상호 원조 조약에서 '군사 동맹 부분을 삭제해야 한다.'는 주장이 학자들 사이에서 나오기도 하였다.

중국 천진사회과학원 대외경제연구소의 왕중원 연구원은 전략 문제 전문지인 《전략과 관리》 최신호에서 '새로운 시점으로 북한 문제와 동북아 정세를 면밀히 관찰한다.'는 제목의 논문을 발표해 북한의 세습 체제와 핵 개발, 중국에 대한 비협조 등을 비판하고 중국의 국익에 부합하는 새로운 외교 정책 마련을 촉구했다.

왕 연구원은 북한 체제에 대해 "몇 년 동안의 자연 재해로 인민의 고통이 극에 달했지만 김정일은 가족 세습 통치를 유지하기 위해 극좌 정치와 정치 박해를 대대적으로 저지르고 있다."고 주장했다.

그는 또 양국 관계에 대해 "북한은 중국의 정치적 지지와 경제 지원에 대해 조금도 감사의 마음을 보이지 않았고, 국제 문제에서 늘 우호 관계를 무시했으며, 가장 중요한 때 우리를 전면 지원하는 것은 불가능하다."고 강한 불만을 드러낸 뒤 "이런 나라를 우리가 전면 지지할 도의적 책임은 없다."고 말했다.

그는 "북한의 무책임한 행동 때문에 중·미 관계의 개선이 방해받고 있으며, 북한이 중요한 시기에 큰 논쟁을 태연하게 일으켜 미국과 대항하는 수세적 처지로 중국을 빠뜨린다.”며 “이러한 수법에는 악랄한 음모가 있으므로 경계심을 갖고 막지 않으면 안 된다.”고 주장했다. 그는 북한의 핵 개발에 대해서도 “국제 사회에 대한 멸시와 도전”이라고 비난했다.(한겨레 2004.8.21)

최근 들어서 중국은 북한이 핵 실험을 강행할 경우, 북한 식량 부족분의 30~40%를 지원하고 있는 식량을 중단할 수밖에 없다는 입장을 북한 측에 전달했다는 것이다.(일본교도통신 2005.6.3) 이와 함께 중국은 2005년 6월 미사일 부품을 실은 것으로 추정된 이란 비행기가 북한에서 이란으로 돌아갈 때 중국 영공을 통과하는 것을 금지해 달라는 미국의 요청을 받아들여 협력한 것으로 알려지고 있다.(뉴욕타임스 2005.10.24)

중국이 결정적인 순간에 북한을 압박하여 안전을 위협하는 것은 북한을 중국의 장기적인 동북공정 전략에 순응하도록 하는 ‘길들이기’인 것으로 분석된다. 북한이 중국의 의사에 반하는 행동을 할 때는 불이익이 따른다는 것을 인식케 하여 중국의 대한반도 영향력 확대 전략을 저항 없이 추진하려는 것으로 보인다.

5) 한국의 대중 의존 심화 작업

정재호 서울대 교수는 워싱턴에서 동아시아 외교정책 전문가 56명을 대상으로 면접 조사를 실시해 최근 ‘미국은 한·중 관계를 어떻게 보는가? 라는 논문을 발표했다. 정 교수는 여론 조사의 설문 응답자들 82%는 “한반도가 중국의 핵심 영향권 안에 있다.”고 대답한 것으로 발표했다.(조선 2003.8.1) 중국 관리들도 한국 여당 국회의원의 63%가 미국보다 중국을 더 중요하게 생각하고 있다는 설문 조사 결과를 보고 흐뭇해했다고 한다. 걱정이 되는 것은 사실 한·중간의 오랜 역사는 물론, 중국이 오랫동안 주변 지역을 지배하고 복속시켜 온 역사적 전통이 있다는 것이다.

중국의 한반도에 대한 장기적인 전략은 북한뿐만 아니라 한국을 포함, 철저히 한반도를 위성국화시키려는 것으로 보는 견해도 있다. 최근 들어 한국이 경제, 문화, 외교적으로 중국에 의존도가 높아지고 있음을 상기시킨다. 2003년 중국은 한국의 세계 최대 수출 시장으로 부상했으며, 2004년에는 최대 교역 대상국이 되었다. 2003년까지 최대 교역 대상국은 미국이었다. 중국은 지난 1992년 수교 당시 교역 대상국 6위였고, 이듬해인 1993년 3위로 부상한 뒤 10년이 흐른 2003년 2위로 올라섰었다.(조선 2004.9.23) 중국은 수출액 규모와 무역 수지 면에서도 2003년 이후 한국의 최대 수출국과 최대 무역 흑자국인 것으로 집계됐다.

2003년 중국이 차지하는 한국의 수출 비중은 석유 화학 합성 원료가 91.7%, 기계류가 45.2%, 철강판이 40.9%에 달한다는 것이다.(중앙 2004.12.4) 한국 기업들의 대중국 투자 중 제조업 투자가 83.2%를 차지하고 있다. 윤광웅 국방장관은 2005년 4월 2일에 한·중 국방장관 회담을 마치고 "일본과 중국과는 같은 빈도로 만날 필요가 있다. 이번에는(2001년 이후) 4년 만에 이뤄졌지만 앞으로는 격년제로 상호 방문하는 것이 바람직하다."고 밝혔다.(중앙 2005.4.5)

골드만삭스의 '브릭스 2050년' 보고서에 따르면 중국은 2041년 이면 미국을 제치고 GDP면에서 세계 최대의 경제 대국으로 '등극' 하게 된다. 중국은 베이징 올림픽이 열리는 2008년에 경제 규모가 프랑스, 영국, 독일 등 유럽 선진국들을 앞지르고, 2016년에는 일본을 제치고 세계 2위를 차지할 것으로 전망됐다.(조선 2004.1.29) 이런 전망이 한국에서 신뢰가 된다면 중국의 한반도 위성국화 작업은 보다 힘을 받게 될 가능성도 배제할 수 없다.

중국은 전통적으로 국경 인접 국가들이 중국보다 앞서거나 강대해지는 것을 용납하지 않는 정책을 쓰고 있다. 실제로 중국과 국경을 같이하고 있는 북한, 몽골, 베트남, 인도 등 국가들은 중국보다 못한 나라들이다. 그러나 유독 한국은 중국보다 앞서가는 나라로 다양한 방법으로 약화시켜야 할 대상국이다. 따라서 중국은 한국에 대하여 직·간접적으로 제재, 불이익, 강제 등의 방법으로 국력을 약화시키고 있는 것으로 보인다.

지난 5년 사이에 중국인 유학생 수가 전체 외국인 학생 1만 8,000명의 절반 이상을 차지하게 되었다. 2004년부터는 중국 유학생 증가율 25%, 숫자로도 매년 1,000명 이상씩 늘고 있다. 과거 한국은 양국의 대학 상호간 협정에 의한 교환 유학생만을 받아들이고 있었으나 2000년부터 중국의 사비 유학생을 받기 시작했기 때문이다.(미래 2005.11.14)

한중간에 국제결혼도 급격히 증가하고 있다는 것이다. 한국 여성이 중국 남성과 결혼하기보다는 중국 여성이 한국 남성과 결혼하는 경우가 많아 인구 비율로 보아 해가 갈수록 한국이 중국에 동화될 가능성이 높아지고 있다는 것이다.

고구려사 왜곡 문제를 둘러싸고 중국 정부가 보인 일련의 태도는 매우 실망스럽다. 중국 외교부는 고려사 왜곡 파문이 일자 자체 홈페이지 내 한국 소개관에서 논란이 돼 온 고구려사 부분을 포함하고, 1948년 대한민국 정부 수립 이전의 모든 역사 기술을 통째로 삭제해

버렸다. '고구려사는 중국 역사'라는 중국 정부의 방침에 일체 변함
이 없는 상황에서 이런 조치를 취한 것은 논란이 되는 부분을 없애기
위해 주변 전체를 도려내는 '미봉책'을 쓴 것이다. 현장 조사를 위해
중국을 방문하려던 한나라당 국가발전전략연구회 소속 의원들에 대
한 비자 발급도 한때 불허했다. 또 중국 당국이 김동식 목사 납북 사
건 및 탈북자 문제 조사를 위해 중국을 방문한 한나라당 소속 국회의
원들의 기자 회견을 강압적으로 저지시키는 태도는 아직도 한국을
과거 중국 변방으로서 조공(朝貢) 체제에 들어 있는 것으로 착각하기
때문이다.

중국이 한국 주재 중국 대사를 격을 낮춰 보내는 것도 같은 맥락
일지 모른다. 한국은 장·차관급 등의 거물급 인사를 중국 대사로 보
내는데도 중국은 1992년 8월 24일 한·중 수교 이래 한국 대사 자리
에 부국장의 경량급 인사를 잇달아 파견하고 있다. 초대 주한 중국
대사 장팅옌(張庭延)은 부국장이었다. 2대 우다웨이(武大偉) 대사는
일본 주재 중국 대사관 공사로 근무하다 부임했다. 3대 리빈(李濱)
대사는 한국에 오기 전 북한 주재 공사 참사관 신분이었다. 4대 대사
닝푸쿠이(寧賦魁)는 부국장급인 북핵 전담 대사였다.

중국 지린(吉林)성 지린시에 위치한 고구려 용담산성에 고구려를
중국 동북방 소수 민족이 아닌 한족(漢族)이 세운 국가라고 명기한
간판이 등장했다. 최근 중국의 동북공정 진행 상황을 잘 아는 한국
내 학자는 "요즘 중국 역사 논문 중에는 한국인들의 성씨 상당수가
중국에서 왔으며, 단어의 상당 부분도 한자어라는 이유 등을 들어 한
반도 남부 지역까지도 중국사의 일부로 보려는 경향이 확산되고 있
다."며 "용담산성 안내 간판도 중국의 이 같은 국수적 움직임과 궤를
같이 하는 것"이라고 우려했다.(조선 2005.7.29) 중국에서 사업을

하거나 유학, 여행을 하는 한국인을 겨냥한 강력 범죄가 늘고 있는 것도 예삿일이 아니다.

6) 그러니 어떻게?

실제로 북한이 어떤 이유로 붕괴되었을 때 자동적으로 한반도가 통일될 것으로 기대한다면 냉엄한 국제 정치의 현실을 모르는 처사다. 통일 공간이 열린다고 남북한 땅이 반드시 하나가 되는 것이 아닐 수 있다는 것이다. 한반도의 지정학적인 중요성에 비추어 볼 때 주변 강대국들이 자국의 국익에 유리한 방향으로 한반도에 영향을 확대하려 할 것은 당연한 일이다. 그들에게는 한반도가 통일이 되어 강력한 통일 한국이 등장하는 것을 최악의 선택으로 생각할 가능성이 있기 때문이다.

특히 중국은 북한이 붕괴될 경우, 고구려사 중국 편입으로 연고권을 주장하면서 통일 신라 지역만 한국 영토로 내주겠다는 전략을 가지고 있는 것이 엿보인다. 이러한 분석은 벌써 몇 년 전부터 서울대 송기호 교수 등 몇몇 전문가들에 의해서 되풀이 주장된 바 있으나 별로 관심을 끌지 못했다.

한국인들은 우리의 헌법에 '북한은 우리의 영토'로 규정하고 있음을 법적인 근거로 내세울 수 있을 것이다. 그러나 국제 사회에서는 이를 한 번도 인정해 본 적이 없기 때문에 "그것은 너의 생각일 뿐이다."라고 일축해 버릴 수 있다. 중국이나 일본, 러시아, 미국이 통일 국면에서 그 땅을 '곱게' 내놓으리라고 믿으면 순진한 것이다.

오히려 중국은 북한과 이미 오래 전부터 법적으로 '조·중 우호 협력 상호 조약'을 맺어 한반도 유사시 중국이 언제든지 자동 개입할 수 있는 문을 열어 놓고 있다. 북한이 붕괴되어 한국이 개입하려 할 때 중국이 자동 개입하면서 한국의 진출은 막을 수 있는 근거를 마련해 두고 있다.

2004년 6월 중순경 중국은 인민해방군 총참모장을 평양에 보내 유사시 중국군이 사전 통보 없이 북한에 진입할 수 있도록 규정하는 '조·중 국경 협력 협정'을 체결하고 구체적인 양국간 군사 협력 방안에 대해 논의한 것으로 밝혀졌다.(미래 2004.9.11)

중국 문제에 정통한 한 전문가는 중국의 최종 선택이 '북한의 철저한 위성국가화'라고 했다. 그는 "그것은 첫째, 미국이 북한을 공격하려고 한다면 그 전에 김정일을 직접 제거하고 북한에 주둔해 북한을 통치하는 것이며, 둘째, 북핵 문제가 해결되더라도 경제적 붕괴가 예측되므로 어떤 대가를 치르더라도 김정일 정권을 당분간은 유지시키는 것이라고 분석했다.(미래 2004.9.1)

중국은 물론 일본과 미국, 러시아 입장에서도 북한을 그냥 두고 보기는 아까운 땅이다. 거기에다 일본 우익 역사관을 우려하는 측에서는 "한·일 관계가 나빠지거나 한국 힘이 약해지면 일본은 언제든지 '한반도 남쪽 땅에 일본의 연고권이 있다.'는 '임나일본부' 주장을 다시 들고 나올 것"이라는 주장까지 나온다.(조선 2004.8.24) 그러기 때문에 한국의 강력하고 지혜로운 외교가 필요한 것이다.

안보는 1%의 가능성도 대비하는 것이고 실제로 이 같은 일이 벌어질 가능성은 1%보다는 훨씬 높다. 우리가 4대 강국을 배제할 정도의 힘을 갖고 있다면 별 문제가 아니지만 아쉽게도 지금 같은 '입으로 자주 국방'을 하는 것으로는 10년 내에 해결되기가 쉽지 않다. 그렇다면 보험 드는 심정으로 확실한 능력을 가진 누군가를 친구로 만들어 이용해야 하고 4대 강국 중 그럴 힘과 우호 관계를 가진 나라는 미국뿐이다.

이에 대한 우리의 전략은 첫째, 전통적인 한미 동맹 관계를 회복시키고 강화시키는 것이다. 동독 정권 붕괴 후 동서독 통일에 대해 영국과 프랑스는 반대했고 소련도 망설였으나 미국의 확고한 서독 지지로 통일을 달성했다. 이때를 위해 서독은 40년간 초지일관 미국과 신뢰를 유지해 왔다. 당장 북한이 붕괴되는 경우, 한국의 북한 개입을 지지해 줄 나라가 있을지 의심스럽다. 4대 강국들이 각축을 벌이다 결국 중국의 속국으로 전락할 가능성이 커지고 있다.

몇 년 전까지만 해도 우리에게 어려운 상황이 오면 미국이 우리 편에 서리라는 기대치가 높았지만 지금은 그렇지 못하다. 한미 관계가 너무나 약화되었다. 상당한 전문가들은 "중국 견제를 위해서라도 한·미 동맹을 강화해야 한다."고 주장하고 있고, 6자 회담 관계자는 "미국과 멀어지면서 벌써 다른 참가국들은 이전만큼 한국 발언에 귀를 기울이지 않는 것 같다."고 우려를 표명했다. 일본이 독도 영유권 문제를 더 자주 들고 나오는 것도 한미 관계가 흔들리면서 부터였다는 분석이다.

중국의 북한 합병설과 관련, 우리의 최선의 대안은 한미 관계를 강화시키는 것이다. 한미 관계가 건재하는 한 어느 주변국들도 북한 붕괴시 우리의 통일 노력을 결정적으로 저지할 수는 없다. 시장 경제와 자유 민주주의 가치를 공유하고, 한반도에 대한 영토욕도 적으며, 우리의 전통 우방이었으며 세계 유일 초강대국인 미국은 중국의 욕심을 차단하고 통일을 대비하는데도 가장 중요한 국가이다. 현 상황에서 이것이 국익을 최대한 보장하는 것임을 부정하지 말아야 할 것이다.

둘째, 한미 관계 못지않게 중요한 것은 남북 관계 개선을 통한 남북 경협 확대이다. 정부가 북한에 200만KW를 성공적으로 송전하면 북한 경제의 '중국 종속'을 다소 이완시킬 수 있을 것이다. 대북 송전을 한다고 북한 경제에 대한 중국의 영향력이 갑자기 줄어들지는 않겠지만 분명히 변화는 시작될 수 있을 것이다. 이미 남한은 2002년부터 일본을 제치고 북한의 제 2위 교역 대상이 됐다. 중국은 자국의 전력도 부족해 2010년까지 에너지 소비량의 40%를 줄일 계획을 세운 상태이다.

정부는 대북 송전 계획을 미국 정부에 설명하면서 북한의 대 중국 경제 예속을 완화할 수 있다는 점을 강조했고, 미국 정부는 이를 의미 있게 받아들였다는 것이다.(중앙 2005.7.18) 정부는 대북 송전 계획이 이뤄지는 경우, 이와 연계시켜 다차원적인 남북 경협을 확대해야 할 것이며 그 이전이라도 인도적인 지원과 함께 의미 있는 남북 경협 확대가 이뤄져 중국의 대북 경제 예속 작업을 지연 또는 저지시켜야 할 것이다.

북한은 중국에서 투자 유치 활동을 활발히 벌이고 있는데 이와 같은 정보를 우리가 잘 알면, 북한이 무엇을 필요로 하며 어떤 품목으로 대북 사업을 해야 할지 손쉽게 접근할 수 있을 것이다. 정부는 남한의 기업이 중국 기업과 같이 북한 지하자원을 직접 개발할 수 있게 해서 미래 자원 전쟁에 대비하는 자세를 가져야 할 것이다.

셋째, 북한의 경협 다변화를 유도해야 한다. 1990년만 해도 북한 교역의 절반 이상(55%)은 소련 몫이었다. 그러나 소련이 무너진 뒤 북한의 대외 무역 구도가 급변했다. 한동안 소련의 빈자리를 중국과 일본이 나누어 가졌다. 그러나 북·일관계가 나빠지면서 중국의 비중이 지나치게 커졌다. 핵 위기로 국제 사회의 지원이 줄어들면서 북한은 에너지, 식량 수입을 절대적으로 중국에 기댈 수밖에 없게 되었다. 특히 북한의 대중 수출액의 55%가 세관만 통과해 제 3국으로 가는 보세 수출이어서 중국이 북한 수출의 창구 역할까지 하는 것으로 드러났다.(중앙 2005.7.18)

북한의 일방적인 대중 의존 교역 형태는 북핵 해결로 그 시점이 앞당겨질 것이다. 북핵 문제가 해결되면 북한이 국제적 고립에서 벗어나 경제 협력의 다변화가 가능하게 된다. 북한이 미국의 테러 지원국 명단에서 제외되고 경제 협력이 정상화 되어 미국의 기업들도 북한에 들어갈 수 있게 될 것이다. 북핵 문제와 함께 일본인 납치 문제가 해결되면 북·일 경제 협력이 활기를 띠게 되고 한반도에서의 발언권 회복을 노려온 러시아도 북한 진출이 활발하게 되면 중국의 대북 영향력 행사는 자연히 축소될 것이다. 이런 맥락에서 북핵 해결을 위한 한·미·일 공조 체제는 강화되는 것이 바람직할 것이다.

7) 우리의 기도

만일 하나님이 우리를 위하시면 누가 우리를 대적하리요(롬8:31)

우리의 큰 힘이 되신 주님께 중국의 '동북공정' 속셈과 야욕을 아뢰며 기도합니다.

첫째, 중국의 고구려사 왜곡은 한국사의 근간 및 민족 정체성의 혼란을 가져 올 수 있는 심각한 문제임에도 불구하고 우리의 대처는 너무 미약합니다. 이에 우리는 감정적인 대응에 앞서 사실적인 역사를 근거로 침착하고 지혜롭게 대처하게 하옵소서.

둘째, 중국은 대북 무상 지원이라는 명목 아래 대북한 영향력을 극대화하는 전략을 사용하고 있습니다. 당면한 문제에 가려 중국의 숨겨진 의도를 간과하지 않도록 저 북한 당국자들에게도 주의 긍휼을 베풀어 주옵소서.

셋째, 중국은 전통적으로 국경 인접 국가들이 중국보다 앞서거나 강대해지는 것을 용납하지 않는 정책을 쓰고 있습니다. 저들의 교만과 오만불손함이 역사의 주관자이신 하나님 앞에 꺾어지게 하옵소서.

넷째, 중국이 군사, 경제적 방법을 통해 북한을 본격적으로 자국의 정치적 영향권 안으로 편입시키려 하고 있습니다. 저들이 헛된 야욕을 버리고, 오히려 하나님 나라를 확장해 가는 귀한 도구로 사용될 수 있도록 그 땅을 변화시켜 주옵소서.

다섯째, 중국의 대북 경제 예속 작업을 막기 위해서는 전통적인 한미 공조와 남북 경협 확대 그리고 북한 경협 다변화의 유도가 필요합니다. 한미 관계 회복, 북한 개방, 남북한 상호 신뢰와 화해, 협력으로 기반을 다지게 하시고, 특히 통일로 가는 이정표를 확고하게 하셔서 주안에서 남북이 하나가 되는 복된 날을 허락하여 주옵소서.

예수님의 이름으로 기도합니다 아멘!

2. 북미 관계, 끝이 안 보인다

1) 북한의 생존 전략, 성공할까

⑴ 민족 공조 내세운 반미 행각

북한은 '우리 민족끼리' 민족 공조를 내부 통합의 이데올로기로 사용하면서 대미 적대감과 맞물려 남한과의 동조 세력 규합에 이용해 왔다. 북한은 남한 정부의 지원이 계속되는 한 외부의 부정적인 영향을 최소화 하면서 경제적 실익을 챙길 수 있고 미국의 강경 정책에도 맞설 수 있을 것으로 보고 있다. 따라서 북한은 '우리 민족끼리' 단합하여 한국 사회 내에 진보 세력의 반미 활동을 보다 강력하게 부추겨야 하는 것이다.

이런 맥락에서 올해 신년 공동 사설에서 북한은 6월 15일을 '우리 민족끼리'의 날로 정하고 "북남 · 해외의 민족 공조로 미국의 제국주의적 책동을 배격할 것"을 내세웠다. '반전 평화'와 관련 '미제의 새 전쟁 도발 책동에 대한 총궐기'를 선동하고, 궁극적으로 "거족적인 미군 철수 투쟁으로 전쟁의 화근을 송두리째 들어낼 것'을 주장했다.

2005년 12월 23일 조평통 서기국 보도를 통해 주한 미군이 방사능 무기인 열화 우라늄탄을 대량 보유하고 있는 사실이 드러났다면서 "남한에 대량 살상 무기가 있고 미국의 대조선 적대시 정책이 계속되는 한 자위적 전쟁 억제력을 더욱 강화해 나갈 것"이라고 주장했다. 이는 미국의 반공화국 적대시 정책을 부각, 대북 금융 제재 및 인권 압박 공세의 부당성에 대한 국제적 공감대를 확산시키는 한편 방사능 무기의 남한 보유 문제를 제기하여 남한 사회 내 반미 투쟁을 선동해 보려는 의도로 보인다.

또 북한은 최근 버시바우 주한 미국 대사의 '범죄 정권' 발언을 비롯한 미국의 경제 제재 및 인권 문제 제기를 대북 적대시 정책이라고 규정하고, 버시바우 대사의 추방을 촉구하는 등 비난 공세를 가했다. 12월 24일 평양방송은 대사의 발언을 "공동 성명의 정신을 뒤엎고 공화국의 존엄과 자주권을 모독하고 있다."고 비난했다. 이 같은 북한의 태도는 미국의 경제 제재 및 인권 문제를 북한의 체제 문제와 연계시켜 강력히 반발한 것이다.

앞으로 북한은 생존을 위해 계속 남한을 물자 보급 기지에다, 미국의 핵 포기 압력을 막는 방패막이로 삼으려 할 것이다. 북한에게는 또 다른 선택이 없다. 민족 공조를 내세우는 반미 행각이야말로 북한 체제가 생존하고 유지될 수 있는 유일한 선택으로 보고 있기 때문이다.

(2) 김정일 체제 수호가 관건

대미 관계와 관련 북한의 최대 관심사는 미국의 위협으로부터 체제를 지키는 것이다. 핵무기를 개발하여 미국의 안전 위협에 대응하려는 것이고, 위조지폐나 돈 세탁 그리고 위조 담배를 만들어 내는 것도 미국의 경제 제재 때문에 휘청거리는 북한 경제를 살리기 위함이라는 것이다.

북한은 겉으로는 미국과 강경하게 대결하고 있지만 속으로는 김정일 체제에 대한 미국의 위협을 심각하게 느끼고 있는 것이 분명하다. 지난 1월 23일 북한은 KBS가 입수 · 보도한 미국 CIA의 '북한 붕괴 시나리오 시사점 연구 보고서'와 관련하여 조평통 대변인 담화를 통해 "북한 붕괴를 기정사실화하여 모의 훈련까지 한 사실이 폭로되어 온 겨레의 격분을 불러일으키고 있다."고 비난하였다.

이 비밀 보고서는 1997년에 북한 붕괴가 임박했다는 전제 하에 급변 상황에 모의 훈련을 벌인 사실과 북이 5년 안에 붕괴될 것이라는 평가를 내린 사실, 어떤 상황에서도 미국은 동북아시아의 지역 안보를 담당하며, 조선 반도가 통일되더라도 미군 주둔과 미국의 영향력이 유지될 것이라는 결론을 내린 사실 등을 담화에서 밝히면서 거센 항의성 비난을 했다. 김정일 체제 유지와 관련하여 가장 우려되는 부분들을 사실로 설명했기 때문이었다.

북한은 체제에 위협이 될 미국의 움직임에 매우 민감한 반응을 보이고 있다. 북한은 2005년 12월 23일 평양방송을 통해 주한 미군이 열화 우라늄탄을 대량 보유했다고 비난하면서 "미국의 대조선 적대시 책동이 계속되는 한 자위적 전쟁 억제력을 더욱 강화해 나갈 것"이라고 다짐했다. 또 북한은 2월 9일 조평통 대변인 담화를 통해 "미국이 추진하고 있는 이른바 대량 살상 무기 전파 방지 훈련에 남조선이 참가하기로 한 것은 미국의 공화국 압살 책동에 추종하는 것"이며, 한미 연합「RS01/FE연습」(3.25~31)은 북을 군사적으로 압살하기 위한 예비 전쟁으로 규정하는 등 신경질적인 반응을 보였다.

미국의 움직임 보도와 관련하여 북한은 즉각적인 반발과 강력한 비난으로 맞서는 한편, 강경에는 강경으로 대응하면서 미국의 태도 변화를 주시하고 있다. 미국 KEDO의 경수로 건설 종료와 금융 제재로 북한을 압박하는 가운데 북한이 "5만Kw, 20만Kw 흑연 감속로와 그 연관 시설에 기초한 자립적 핵 동력 공업을 적극 발전시킬 것"이라고 밝혔다. 이는 금융 제재를 강력하게 비난하며 북한의 핵무기 보유를 기정사실화 하는 등 북한식 '대미 압박술'을 펴는 것이다. 같은 맥락에서 리찬복 북한군 상장은 북한을 방문한 댄 래더 CBS 앵커와의 인터뷰에서 "미국이 침공할 경우 자위를 위해 핵무기로 보복을 가할 것"이라고 위협했다.(CBS 2006.1.14) 북한 체제를 목숨을 걸고 지키겠다는 메시지이다.

북한이 위조 달러를 유통했다면 범죄적 방법으로라도 경제를 살려 체제를 지키겠다는 목적 때문이다. 한·중을 제외한 국가들로부터 심각하게 고립되어 있는 북한 경제는 퇴조할 수밖에 없다. 미 재무부는 지난해 9월 마카오의 방코 델타 아시아 은행이 북한의 위조 달러 유통 등에 관여한 것으로 드러났다며 이 은행을 '돈 세탁 우려' 대상으로 지정했다. 알렉산더 버시바우 주한 미국 대사는 지난 12월 25일 SBS와 인터뷰에서 "위조지폐 문제와 북한의 연계를 밝히는 많은 증거를 확보하고 있다. 위폐 발행에 북한의 국가 기관이 관여한 신빙성 높은 증거가 있다."고 주장했다.

이에 대해 북한 《노동신문》은 "외교관의 탈을 쓴 폭군임이 틀림없다."고 비난했다.(중앙 2005.12.26) 올해 들어 북한은 보도 매체를 통해 미국의 금융 제재를 체제 전복 의도로 비난하며 금융 제재를 6자 회담 재개의 전제 조건으로 주장하고 있다. 북한이 이러한 반응을 보이는 것은 미국의 태도를 바꿔보겠다는 의도이지만 미국의 입장은 의외로 강경할 뿐이다.

《월스트리트저널》(WSJ) 아시아판은 지난 2월 14일 "지난해 총 GDP가 400억 달러에 불과한 북한이 작년 하반기부터 본격화 된 미국의 대북 금융 제재로 외국과의 정상적인 무역, 금융 거래가 상당 부분 끊겨 어려움이 가중되고 있다."고 보도했다. 평양의 한 상업 은행 임원은 "대다수가 생각하는 것보다 북한에는 더 큰 문제(Bigger problem)"라며 "그것은 큰 충격(Big shock)이며, 우리의 영업 활동이 거의 중단됐다."고 말했다.(조선 2005.2.15)

북한이 체제를 수호하는 길은 미국과 타협의 방법을 찾는 것이다. 김정일 위원장은 북·중 정상 회담에서 "6자 회담의 (비핵화) 공동선을 이행할 의지엔 변함이 없지만 여기엔 난관이 있다."면서 금융 제재 해결책에 대한 논의를 시사했다. 이어 한성렬 유엔 주재 북한 차석 대사는 북한 최고인민회의 상임위원회를 대신해 고 엘스위즈 컬버의 미망인 에스머조에게 미국인에게는 처음으로 국가의 공직 상훈인 '친선 메달'을 수여(중앙 2006.1.16)하는 성의를 보였다.

북한 외무성 대변인은 중앙통신과의 기자 회견을 통해 미국의 화폐 위조 주장을 부정하고 국제적 돈 세탁 방지 규범 참여 의사를 표명하면서 미국의 정책 변화를 촉구했다.(평방 2006.2.9) 북한이 위폐 등 불법 자금 거래 문제와 관련해 국제적 방지 활동에 참가하겠다는 입장을 공개적으로 밝힌 것은 처음이다. 그러나 대변인은 "수개월 동안 진행된 조사 결과는 우리가 화폐를 위조했거나 돈 세탁을 한 증거가 없다는 것을 명백히 보여 줬다."고 주장했다. 한성렬 차석대사는 2월초 비공식 채널을 통해 미국 행정부에 "이근 외무성 미주 국장을 뉴욕으로 불러 위조지폐 문제를 논의하자."고 제의한 것으로 알려졌다.(동아 2006.2.14) 이는 대북 금융 제재로 체제 유지에 대한 북한의 상황이 그만큼 다급해진 것을 의미한다.

(3) 시간 벌기 위한 6자 회담 전략

6자 회담은 북한에게 '9·19 공동 성명' 채택으로 일단락된 것으로 보고 있다. 공동 성명이 극히 애매한 표현으로 엮어져 있으니 만큼, 애매 모호성을 구체화 시키는데도 상황에 따라 얼마든지 이행을 늦출 수도 있다. 더구나 북한은 핵 폐기 이행 계획 실현을 위해서 서두를 필요도, 나설 이유도 없다. 일단 미국의 정치·군사적 압박과 제재의 예봉을 피할 수 있었던 것만 해도 다행한 일로 보고 있기 때문이다.

더구나 북한은 공동 성명에서 밝힌 대로 "모든 핵무기와 현존하는 핵 프로그램을 포기하고, 빠른 시일 내에 NPT와 IAEA 안전 협정의 보장, 감독으로 복귀한다."는 것은 생각할 수도 없는 일이다. 핵 보유가 체제 수호를 위한 최후의 보루로 보고 있기 때문이다. 공동 성명에도 없는 '선 경수로 건설'을 느닷없이 들고 나와 핵 폐기 이행 계획을 지연시키려 한 것도 같은 맥락이다. 6자 회담 재개가 이런 저런 이유로 지연되는 동안 북한은 영변의 5MW 원자로에서 인출했던 8,000여개의 폐연료봉 재처리를 통해 플루토늄을 추출, 핵무기 개발에 이용했다. 그동안 중단됐던 영변 50MW 원자로와 태천 200MW 원자로 건설에 박차를 가해 왔다.

북한은 6자 회담이 필요 없다거나 무조건 재개하지 않겠다고 나서지는 않는다. 김정일 위원장은 북·중 정상 회담에서 후진타오 중국 국가 주석에게 6자 회담에 복귀할 뜻은 있지만 난관이 있다고 말한 것으로 보도되었다. 이는 김 위원장이 지금 상황에서 당장 6자 회담에 복귀하기 어렵다는 점을 중국에 설명하고, 미국에게는 중국과의 유대를 과시하면서 미국의 조기 복귀 압력에 대한 방패막이로 삼겠다는 것이다.

북한의 위조 달러 유포 의혹 관련 미국의 대북 금융 체제 조치가 북한을 압박하고 있다. 북한은 미국의 금융 동결 조치가 철회되지 않는 한 6자 회담에 복귀하지 않겠다고 회담 재개 지연 이유를 '선 경수로 건설'에서 '금융 제재 조치 철회'로 바꾸어 주장했다. 그러나 '선 경수로 건설' 주장이 사라진 것은 물론 아니다. 그것은 어떤 조건에서 6자 회담이 재개될 경우 그때 내세워 회담을 지연시킬 이유로 다시 이용할 수 있기 때문이다.

문제는 북한이 회담 재개 자체를 협상의 대상으로 여기고 있다는 것이다. 이 점에 대해서 미국은 회담 재개를 위한 보상은 없다는 확고한 원칙을 가지고 있다. 북한이 정말 6자 회담을 미끼로 위폐 문제를 협상할 수 있다고 믿는 것인지는 확실히 알 수는 없으나, 미국이 자국의 화폐 질서를 교란한다고 믿고 있는 심각한 행위를 6자 회담에 연계해 면죄부를 줄 수 있다고 생각한다면 북한의 오산이다.

북한은 2006년 1월 6일 평양방송을 통해서 "금융 제재와 6자 회담은 서로 뗄 수 없는 연관 관계에 있으며, 미국이 금융 제재 해제와 관련한 회담을 회피하고 있는 조건에서 6자 회담 재개가 불가능하다."고 주장했다. 또 북한은 1월 23일 조평통 대변인 담화를 통해 "미국이 조미 합의는 물론 6자 회담 합의까지 뒤집어엎고 핵 문제에 이어 인권과 위조지폐 문제까지 들고 나와 반공화국 모략 소동에 날뛰는 것은 침략 야망을 실현해 보려는 발악"이라며 북한이 6자 회담에 나올 수 없는 이유를 분명히 했다.

북한에게 금융 제재는 치명적인 것이지만 북한은 6자 회담 지연 문제만 내세워 회담 재개를 위한 미국의 제재 해제를 끈질기게 요구해 오고 있다. 북한은 1월 28일 평양방송을 통해 "회담을 깨버리는 기본 요인인 우리 공화국에 대한 제재부터 제거해야 하며, 6자 회담 재개 전망은 전적으로 미국의 행동 여하에 달려 있다."고 주장해 모든 책임을 미국에 떠넘기고 있다.

이어 북한은 2월 9일 평양방송에서 "지난 수개월 동안 진행된 조사 결과는 우리가 화폐를 위조했거나 돈 세탁을 한 증거가 없다는 것을 명백히 보여 주었다."며 자신의 결백을 주장했다. 이 방송에서 북한은 "우리가 이번의 금융 제재 해제를 그토록 중요시하는 것은 그

것이 바로 미국의 정책 변화 의지를 확인할 수 있게 하는 징표이기 때문"이라며 금융 제재 해제가 이루어지면 6자 회담에서 큰 진전이 있을 것으로 기대 심리를 부추겼다.

이런 측면은 매우 곤혹스러운 북한의 입장을 반영하는 것이다. 미국의 금융 제재로 6자 회담 재개가 지연되는 것은 북한에게 잃을 것이 없는 것이지만, 북한이 당하는 경제적 고통은 상상외로 치명적이기 때문에 어떤 방법이라도 현상 타개 방안을 마련해야 할 입장에 있는 것이다. 2006년 2월 9일 북한 외무성이 위조지폐 등 불법 자금 거래 문제와 관련해 국제적 방지 활동에 참가하겠다는 입장을 밝혀 한발 물러서고 있는 것은 미국의 금융 제재 해제를 겨냥한 하나의 전술적 후퇴로 볼 수 있다.

2) 미국의 대북 핵 포기 유도 및 체제 전환 전략

(1) 폭정 종식, 민주주의 증진으로 북 체제 전환

알렉산더 버시바우 주한 미국 대사는 지난 12월 7일 "북한은 외화 소득의 대부분을 범죄 행위에서 충당하고 있는 범죄 정권"이라며 "정권 주도로 마약을 밀매하고 위폐를 제조하는 등 불법을 저지르고 있다."고 주장했다. 전 국무부 관리 데이비드 애셔도 "북한 지도부는 점점 더 범죄 조직을 닮아가고 있다."고 비난했다. 이러한 범죄 정권이 있다면 당연히 제거되어야 할 대상으로 삼을 수밖에 없음을 시사한 것이다.

부시 미국 대통령은 12월 12일 또 다시 북한을 '주민을 굶겨 죽이는 국가' 라고 강하게 비난했다. 그는 11월 16일 미ㆍ일 정상 회담에서도 김정일 위원장을 '폭군' 으로 지칭하며 "북한의 인권 탄압은 심각하다"고 하여, 북한의 폭정을 종식시켜 체제 전환을 유도해야 한다는 논리를 시사했다.

12월 20일 《파이낸셜 타임스》는 미국 관리와 한반도 전문가들의 말을 인용해 미국의 대북 정책은 북핵 협상 대신 북한 정권을 압박하고, 불법 자금의 출처를 봉쇄하는 쪽으로 이동 중이라고 전했다. 신문에 따르면 대북 강경파의 핵심은 딕 체니 부통령과 로버트 조셉 미 국무부 군축담당 차관이다. 이들은 북한의 핵위협은 오로지 정권 교체를 통해서만 제거될 수 있다는 신념을 갖고 있다는 것이다.(중앙 2005.2.21)

북한의 위폐 제조 문제가 미국의 대북 압박 수단으로 쓰이고 있다. 북한이 대외 금융 통로로 이용해 온 마카오의 방코델타 아시아 은행을 지난 9월 미국이 돈 세탁 우려 대상으로 지정하자 대규모 인출 사태가 이어지며 은행 거래가 동결됐고, 북한과의 거래를 중단했다. 북한으로서는 해외 자금 유통이 막힌 셈이다. 이에 북한은 미국이 자신들을 압박하기 위한 제재를 하고 있다며 강력히 반박하고 나섰으나 미국은 불법 행위에 대한 국내법적 조치를 취했을 뿐이라며 물러설 수 없다는 태도이다. 한 · 중으로서도 마땅한 중재안을 낼 수 없는 상황이다. 이런 압박이 지속되면 북한의 체제가 위협을 받고 크게 흔들릴 수밖에 없는 상황이다.

미국은 올해 들어 북한 특임 관리관(Mission manager)을 신설하고 북한에 대한 미국 15개 정보기관의 정보를 취합하고 대북 전략 수립을 조정하며, 집행 과정을 측면 지원토록 했다. 이제는 북한도 이란과 동등한 최우선 관심 대상이 됐다는 신호라고 볼 수 있다. 제이 레프코위츠 미 국무부 북한 인권 특사가 최근 미국이 북한 인권법 규정에 따라 탈북자를 수용하기 위한 후속 조치를 취하겠다는 취지의 발언을 한 것도 예사의 일이 아니다. 민간 종교 단체이지만 미들랜드 교계 연합회가 최근 워싱턴에 새로운 사무실을 마련하고 북한 인권과 민주화를 위한 본격적인 활동에 나선다고 밝혀 관심을 모으고 있다.(미래 2006.2.13)

부시 미국 대통령은 새해 국정 연설에서 자유가 없는 나라 중 하나로 북한을 또다시 꼽았다. 그는 "세계 절반 이상의 사람이 민주 국가에서 살고 있지만 나머지 절반을 잊어서는 안 된다."며 시리아, 미얀마, 짐바브웨, 이란과 함께 북한을 적시했다. 부시 대통령은 '민주주의 확산'이라는 미국의 소명(召命)을 거듭 강조하면서 고립주의 회귀 주장을 단호히 거부했다. 그는 "미국은 전 세계의 폭정 종식이라는 역사적이고 장기적인 목표를 추구할 것"이라고 분명하게 못을 박았다.(중앙 2006.2.18)

한편 미 국방부는 2월 3일 발표한 '4개년 국방 전략 보고서(QDR)'에서 북한을 잠재적 적대 국가로 지목하고 적대 정권 제거를 핵심 정책의 하나로 제시했다. 워싱턴 군사 전문가들은 QDR의 전쟁 시나리오에서 말하는 '결정적 승리'의 의미는 '점령' 대신 '정권 교체'(Regime change)로 보고 있다. QDR은 "적대 국가에 대한 군사적 승리만으로는 안 되고 적대 정권을 제거하고, 군사 능력을 파괴하며 민주 시민 사회로 이행을 조성해야 미국의 안보가 보장된다."는 것을 분명히 하고 있다. 콘돌리자 라이스 미 국무 장관은 2월 16일 상원에서 "북한의 위폐는 6자 회담과 별개로 계속 수사할 것이며 북한 인권 대사에게 더 많은 일을 맡길 생각"이라고 하여 대북 압박의 수준을 한층 높여나갈 것임을 시사했다.(중앙. 2006.2.18)

일본의 한 연구 기관인 '일본재단'은 최근 내놓은 연구 보고서에서 미국이 추진 중인 대북 금융 제재 조치와 오극렬 노동당 작전부장의 장남 오세욱 전 인민군 대좌의 망명 지원 등이 모두 김정일 체제의 붕괴를 목표로 한 미국의 한 군사 작전 계획(작계 5030)이라고 밝혔다. 이 보고서는 "미국이 지난 2003년 중반부터 김정일 체제의 붕괴를 목표로 내부 교란 작전인 '작계 5030'을 수립해 실행 중"이라고 주장했다. '작계 5030'은 북한의 군사 자원을 고갈시켜, 김정일에 대한 군사 쿠데타 등을 유발시키는 한편, 궁극적으로 김정일의 제거로 분위기를 조성하는 것을 목표로 한다는 것이다. 최근 미국이 앞으로 진행될 한·미자유무역협정(FTA) 협상에서 개성 공단 생산 제품을 한국산으로 인정해 줄 수 없다는 입장을 밝힌 것도 이 같은 맥락에서 풀이해 볼 수 있을 것이다.

일본재단 한 관계자는 "미국은 정밀 제한 폭격 작전인 작계 5026과 내부 혼란·쿠데타 유도용인 '작계 5030'을 통합해 김정일 제거에 초점을 맞추고 있다."며 "김정일에 대한 미국의 공격 작전은 이미 실행 중"이라고 밝혔다.

최근에는 북한이 미국에서 제작되는 영화나 게임에 이어 안방극장과 시의회 토론회에서까지 미국의 적으로 등장하고 있다. 자유아시아방송은 "1990년대 전까지는 구소련이 적이었고, 그 뒤로는 중동과 동유럽의 테러 세력이었다. 최근에는 북한이 최악의 악역으로 등장하고 있다."면서 최근 미국 내 분위기를 소개했다. (미래 2006.1.30)

(2) 핵 물질 차단, 핵 등 WMD 포기 유도 전략

한동안 북미 양측은 일보의 양보 없이 마주 달리는 기차처럼 강경 일변도로 치달아 전쟁 말고는 다른 해법이 없어 보였다. 다행히 재개된 제4차 6자 회담에서 우여곡절 끝에 9월 19일 북한 핵 프로그램의 전면 폐기와 NPT 복귀 및 IAEA 사찰, 미국의 대북 불침공, 한반도의 완전 비핵화, 그리고 북한에 '평화적 핵 권리' 부여 및 경수로 재공 논의 등을 주 내용으로 하는 6개항의 공동 성명을 채택했다.

북·미간에 북핵 해결을 위한 6자 회담이라는 국제적 구속력이 있는 다자 틀 내에서 이룬 최초의 합의이다. 그러나 11월에 기대를 모으고 열렸던 제 5차 6자 회담은 북한 핵의 검증 가능한 폐기 및 경수로 지원이라는 쟁점을 부각시키고 9.19원칙만 확인하고 다음 회담 날짜고 잡지 못한 채 성과 없이 끝났다.

미국의 최대 관심은 북한이 플루토늄 또는 고농축 우라늄 등 핵 물질, 핵무기 기술 등을 외국 또는 테러 집단에 유출을 막는 것이다. 북한은 2005년 2월 10일 핵무기 보유를 선언했지만 미국의 핵 포기 유도 전략에는 달라질 것이 없다. 미국은 애당초부터 북한이 핵을 갖고 있다고 보고 그에 따라 전략을 세워왔다고 말하고 있기 때문이다.

미국은 1월 3일 북한이 미국의 금융 제재를 이유로 북핵 6자 회담 불참 의사를 밝힌데 대해 북한의 위조지폐 문제는 협상 대상이 아니라는 입장을 재차 확인하고 북한에게 6자 회담에 나올 것을 촉구했다. 미국은 북한이 금융 제재를 내세워 6자 회담을 지연시키는 '시간 끌기 작전'에 제동을 걸었다. 숀 매코맥 국무부 대변인은 "위폐 문제로 인한 대북 금융 제재는 6자 회담과 무관한 것"이라고 잘라 말했다. 크리스토퍼 힐 동아태담당차관보도 "북한은 핵 프로그램을 포기하겠다는 약속을 먼저 이행하고 조속히 회담장에 나와야 할 것"이라고 단호한 태도를 보였다.

존 니그로폰테 미 국가정보국(DNI) 국장은 2월 2일 "북한의 핵무기 보유 주장은 사실인 듯하다.(Probably true) 북한이 재래식 무기를 아시아·아프리카·중동 등에 파는 것은 물론 마약뿐만 아니라 달러화도 위조해 밀수를 하고 있다.”고 지적했다.(중앙 2006.2.4) 또 2월 6일 미『국방 백서』(QDR)에 따르면 북한은 이란과 함께 미군의 4대 전략 목표 중 하나인, ‘WMD 보유·사용 저지’에서 가장 우려되는 국가로 지목되었다.

이 백서는 북한이 핵·생화학 무기를 추구하고 있고 장거리 미사일을 포함, 그 무기들을 이미 개발했으며 이를 다른 우려 국가에 팔고 있다고 밝혔다.『국방 백서』는 분쟁 발생시 WMD로 무장한 국가들이 그들의 무기로 미국 혹은 미국의 우방 국가에 선제공격을 할 수 있다고 분석했다. 이에 따라 미국은 적대 국가 혹은 적대적인 단체가 WMD를 보유·사용하지 못하도록 외교, 경제적 제재, 중간 포획, 생산 시설 파괴를 위한 군사적 사용 등 모든 수단을 사용해야 한다고 『국방 백서』는 강조했다.(미래 2006.2.13)

『국방 백서』는 북한 등 “적대 국가의 WMD 입수를 막는 것이 제1 목표이며, 예방 조치가 실패할 경우 필요한 지역에서는 무력행사도 할 것”이라고 강조했다. 그러면서 WMD를 제거할 특수 부대를 증강하고 이를 즉각적으로 통제할 합동사령부를 창설키로 했다고 밝혔다.(중앙 2006.2.6) 미국이 우려하는 것은 북한이 자체방어용 핵무기 외에 생산되는 잉여 핵 물질을 국제 테러리스트에게 판매하는 경우다. 최근 서울을 방문한 샌디 버거 전 백악관 안보보좌관도 “최악의 시나리오는 북한이 핵 물질을 알카에다 같은 테러 조직에 판매하는 것”이라고 말한 바 있다. 미국이 전담 특수 부대를 창설하는 것은 북한의 핵 수출을 막는데 그 주요 목적이 있다고 한다.

미국은 북한의 위조지폐를 비롯한 불법 자금 거래와 대량 살상 무기에 대한 봉쇄를 강화하고 있다. 미 국방부가 1월 24일 북한의 장거리 미사일 공격에 대비하는 가상 전쟁 훈련(워 게임)을 미 의회에서 실시한 것도 같은 맥락이다. 한편 미군은 6~8월 태평양에서 10년 만에 최대 규모의 해상 훈련을 실시할 계획이다. 미국을 포함하여 호주, 칠레, 일본, 한국, 페루 등 8개국과 함께 하와이 인근에서 합동 군사 훈련인 림팩(RIMPAC)을 실시한다는 것이다.

한편 게리 러프헤드 태평양함대 사령관은 올해 말에 탄도 미사일 방어를 위해 최첨단 이지스 구축함 '실로' 호를 일본 요코스카 항에 배치할 계획이라고 했다. 이것은 북한의 탄도 미사일 공격을 방어하기 위한 것으로 관측된다. 미국의 이러한 행동은 결국 북한의 핵 물질 판매를 차단하고 핵·생화학 무기 등 WMD를 포기하도록 유도하기 위한 것이다.

(3) 압박과 회유를 위한 양날의 칼

지난해 9월 미국은 마카오의 방코델타 아시아 은행이 북한이 제작한 달러를 유통시키고 북한 정권 및 북한 기업들의 불법 활동을 도왔다며 미국 내 모든 금융 기관이 이 은행과 거래하는 것을 중단시켰다. 이 조치 이후 수주일 동안 다른 해외 금융 기관들도 북한과의 거래를 끊었다.

미국은 클린턴 행정부 때부터 북한의 위폐 문제를 알고 있었지만 거론치 않고 있다가 북한의 범죄 행위가 날로 늘어나면서 2004년 초부터 고삐를 죄기 시작했다. 2004년 말 제임스 켈리 미 국무부 동아태 차관보가 북한 위폐에 관한 조사를 촉구하면서 본격화했다. 북한은 위폐 외에도 가짜 담배 제조가 연간 2억 달러에 이르고 마약과 엄청난 분량의 가짜 비아그라도 만들고 있는 것으로 알려졌다.(중앙 2005.12.23) 그래서 몇 년 전부터는 북한에서 오거나 북한을 경유하는 컨테이너에 대한 철저한 검색을 요청해 왔다.

여기에 국제 사회의 대북 자금 거래 동결 움직임도 확산되고 있다. 스위스 은행까지 '불량 국가' 와 거래하지 않겠다고 밝혔다. 불법 자금이라도 고객의 비밀을 보호하는데 철저한 스위스 은행들이 이런 조치를 취한 것은 예삿일이 아니다.

미 해리티지재단 국가안보선임연구원 피터 부룩스(Peter Brookes)는 "북한은 위조지폐, 불법 마약 거래, 위조 담배 밀수를 비롯해 하찮은 비아그라까지 가짜를 만들어 연간 7~10억 달러를 벌어들이는 깡패 국가"라고 했다. 《월스트리트저널》은 "북한의 위조 담배 생산 능력이 연간 20억 갑에 이르는 것으로 추정된다."고 밝혔다. 미 정부에 제출한 담배 회사들의 보고서에 따르면 북한은 가짜 담배 등 위조 제품을 통해 연간 8,000~1억 6,000만 달러를 벌어들였고, 이 금액은 합법적 수출의 8~16%를 차지하는 것으로 추정된다는 것이다.(월스트리트저널. 2006.1.27)

최근 타임지가 입수한 미국과 유럽 그리고 일본의 담배 회사들이 공동 작성한 기밀 문건에는 북한이 그동안 위조 담배를 생산해 막대한 이득을 취해 왔으며, 이 같은 북한의 범죄 행위에는 중국과 대만의 범죄 조직이 연관되어 있는 것으로 드러났다. 보고서에 따르면 북한의 10~12개에 이르는 공장에서 매년 410억 개에 달하는 가짜 담배가 생산되고 있으며, 이는 액수로 따지면 5억 2,000만 달러에서 7억 2,000만 달러에 달하는 것으로 나타났다.(미래 2006.2.13) 라파엘 펄 미 의회조사국 선임연구원은 "북한이 위폐 등 불법 행위로 벌어들이는 연간 수입이 전체 외화 수입의 40%에 달한다."고 추정했다.(조선 2006.1.28)

미국의 태도는 단호하다. 부시 미국 대통령은 "북한 위조 달러 문제에 대해서는 타협이 없다."고 분명한 태도를 보였다. 그는 "우리가 북한에 6자 회담에 돌아오라고 하면서 (북한에) 20달러든 100달러든 위조지폐를 계속 만들라고 말할 수 없을 것"이라며 "우리는 우리의 법을 지키고, 미국 국민의 화폐를 보호할 것"이라고 했다. 또 그는 "6자 회담은 북한 핵 문제를 해결하는 평화적이고 희망적인 틀"이라고 강조하면서 위폐 문제와 6자 회담은 별개로 취급할 것임을 분명히 하였다.

펄 연구원에 의하면 미국이 추진 중인 새로운 대북 금융 제재 조치는 "북한과 거래하는 모든 금융 기관은 미국과 거래할 수 없다."는 내용이다. 지난해 6월과 10월에 발표된 미국 내 북한 기업에 대한 자산 동결과 같은 형태의 대통령 행정 명령 형식이라는 것이다. 알렉산더 버시바우 주한 미국 대사는 2월 15일 북한의 위조지폐 문제와 관련해 "미국이 원하는 것은 북한이 (100달러짜리 위조지폐인) 슈퍼 노트를 제조할 수 있는 동판(Plate)과 인쇄 장비를 폐기했다는 증거를 제사하는 것"이라며 구체적인 재발 방지 조치를 요구했다.(중앙 2006.2.16)

미국이 북한의 위폐 제조와 관련, 북한에 압박을 가하는 것은 그러한 범죄 행위를 차단하여 미국의 화폐를 보호하려는 측면도 있지만 이러한 기회를 이용하여 북한이 미국의 뜻에 따르도록 하려는 면도 있다. 최근까지 부시 대통령의 아시아 문제 수석보좌관을 지낸 마이클 그린은 "미국이 지금과 같은 대북 강경 제재 조치를 지속적으로 펴나가면 김정일이 핵을 포기할 가능성이 있다."고 주장했다.

북한 총 무역액의 30~40%나 되는 불법 자금줄이 막혀 김정일과 그의 측근들이 앞으로 사치 생활을 할 돈줄이 끊겼고, 국가적으로는 국제 금융 거래의 길도 막혔다. 세계의 다른 은행들도 북한과 금융 거래를 중단하는 사태가 벌어져 결국 북한은 국제 거래 대금도 현금을 싸들고 다녀야 하는 신세가 되었다는 것이다. 북미 관계에서 미국이 칼자루를 잡아 북한에 대해 더 자신감을 갖게 되었기 때문에 북한 위폐 제조에 대한 미국의 압박은 자국의 화폐를 보호하고 북한이 미국의 대량 살상 무기 폐기 요구를 받아들이게 하는 양날의 칼이 될 수 있다.

3) 주변국의 입장과 북미 관계 전망

(1) 주변국의 입장

북한의 지폐 위조와 가짜 담배 제조 등에 대한 주변국들의 입장은 원칙론적 태도를 보이면서 비교적 신중하다. 미국 정부는 지난 12월 16일 비공개 브리핑에서 북한 위폐 현황을 밝혔다. 북한이 위조한 달러화는 마카오 외에 중국 본토와 홍콩, 대만, 동구권에서 유통되고 있으며 남미 2개국, 아프리카 1개국에서도 발견됐다고 미국 정부는 밝혔다.

이 비공개 브리핑에 참석한 국가는 한국, 중국, 일본, 호주, 유럽 등 40여 개국이었다. 이중 브리핑 내용에 의문을 제기한 나라는 한국과 중국으로 전해졌다. 한국은 "추가 정보가 있는가"라는 취지로 질문했으며, 중국은 브리핑의 신빙성에 의문을 제기한 것으로 알려졌다.(중앙 2005.12.12)

한편 10월 28일 스튜어트 리비 미국 재무부 테러·금융정보담당 차관은 북한이 대규모로 유포시키고 있는 위조 미국 달러가 대량 살상 무기 확산에 자금을 지원하고 있을 가능성이 있다고 경고했다. 그는 "이 같은 미국의 우려에 대해 중국도 긍정적인 반응을 보이고 있다."고 전했다. 북한의 위조 달러가 마약 밀매 등 범죄적인 불법 거래에 대해 국제 사회는 물론 중국과 일본을 비롯해서 주변 국가들이 그러한 거래를 차단하기 위해 단속을 강화하고 있으나 6자 회담 및 남북 관계 등을 고려하여 신중한 태도를 보이고 있다.

(2) 꼬인 북미 관계 언제나 풀릴까

지난 1월 18일 크리스토퍼 힐 미국 국무부 동아시아태평양담당차관보와 김계관 북한 외무성 부상간의 중국 베이징 접촉이 있었다. 힐 차관보는 베이징을 떠나면서 "중국 측과 좋은 협의가 있었다."고 말했으나 접촉 결과는 알려지지 않았다.

베이징과 도교(東京) 외교가에서는 김부상이 '북한의 일본인 납치범 해명식' 타협안을 내놓았을 가능성을 예견하고 있다. 즉 미국이 주장하는 것처럼 '국가 차원'에서 위폐를 제조하고 유통시킨 것이 아니라 일부 외화벌이 기업소나 개인이 '당 중앙'도 모르게 저지른 불법 행위였다는 식이다.

그러나 워싱턴 고위 외교 소식통은 "미국은 달러 위조 문제를 미국의 사법 질서 차원에서 접근하고 있다."며 "그렇게 간단히 넘길 것으로 보면 오산"이라고 말했다.(동아 2006.1.19) 어떤 식이든 북한에서 누가 어떤 이유로 언제부터 얼마나 100달러짜리 지폐를 위조했는지 밝히고 위조지폐 제조 기계의 위치 및 사후 처리, 위폐 제조 가담자의 처리 문제 등을 명백하게 짚고 넘어가야 한다는 것이다.

미국이 '정권 차원의 범죄가 아닌 실무자들의 책임'으로 마무리하려는 중국의 중재에 대해 미국이 어떤 선택을 할 것인가는 좀 더 두고 보아야 할 것이다. 이번 미국의 대북 금융 제재는 북한에게 치명적인 타격을 주는 것이다. 북한은 큰 약점을 노출시킨 것이고 미국은 그것을 찾아낸 것이다. 북한과의 관계에서 금융 제재 카드를 적절히 활용하면 위폐·마약 및 핵 문제도 해결의 실마리를 풀 수 있을 것으로 볼 가능성이 커졌다.

한편 미국의 금융 제재가 큰 성과 없이 오래 지속되는 경우 북·미간의 위폐나 마약 문제 때문에 국제 사회의 최대 관심사인 북핵 해결을 위한 6자 회담이 실종될 수도 있다는 부담을 떠맡게 될 수도 있다. 금융 제재 해결에 진전이 없을 경우 북한이 핵 위기를 증폭시킬 우려도 있고 그 가능성은 북한의 과거 행태로 보아 충분이 예측할 수 있을 것이다. 따라서 시간은 반드시 미국 측에 있지 않음을 알고 적절히 대처하는 지혜가 필요할 것이다.

북한의 위조지폐, 가짜 담배 및 마약 문제가 해결된 다해도 핵 문제는 여전히 해결하기 어려운 문제로 남게 된다. 제 4차 6자 회담에서 드러난 앞으로의 해결 과제는 북한의 '평화적 핵 이용권'과 '평화적 핵 이용 범위'이다. 북한은 주권 국가로서 자신들이 개발한 핵의 평화적 이용 권리를 제약받을 수 없다는 입장이고 미국은 북한의 모든 핵 프로그램은 먼저 폐기되어야 한다는 입장이다. 북한은 핵 에너지 이용뿐만 아니라 경수로를 사용할 권리를 요구했다.(한겨레 2005.8.8)

이와 함께 한번도 정전 협정을 평화 협정으로 전환하는 문제도 남·북·미간에 합의가 이루어져야 한다. 한반도 비핵화 실현 문제도 미국은 북핵 문제 우선 해결을 내세우고 있으나 북측은 남북 핵무기 동시 제거를 주장하고 있다. 김계관 북한 대표는 미국에 핵 공격 포기 공약, 남한 핵우산 제거, 주한 미군 핵무기 검증 등을 요구했다. 북·미 관계를 정상화하는 문제도 북한은 6자 회담에서 북·미 수교의 기본 틀을 설정해 두기를 원하고 있으나 미국은 관계 정상화로 가는 과정에서 인권 등 따져볼 것은 모두 따지겠다는 태도이다.

북·미간의 관계 정상화를 위해서는 북한의 인권 외에도 북한이 테러 지원 국가 명단에서 제외될 수 있는 여건을 갖추어야 하고 미국은 경제 제재 조치를 해제해야 한다. '9·19 합의문'에서 북핵 프로그램의 전면 폐기와 NPT 복귀 및 IAEA사찰, 미국의 대북 불침공, 한반도의 완전 비핵화, 그리고 북한에 '평화적 핵 권리' 부여 및 경수로 제공 논의 등을 원칙적 측면에서 다루었다. 그러나 합의문의 애매한 표현 때문에 핵 사찰 방식과 범위가 분명치 않고, 북핵 해체 로드맵을 조율하는 문제도 남아있다.

앞으로 북한과 미국의 핵 문제 해결 논의는 전적으로 북한의 태도에 달려 있다. 북한이 '9·19 합의' 대로 핵 프로그램의 전면 폐기와 NPT 복귀 및 IAEA 사찰을 수용한다면, 미국은 대북 불침공, 북한에 '평화적 핵 권리' 부여 및 경수로 제공논의, 경제 지원, 테러 지원국 명단에서 제외, 그리고 북한의 주권을 존중하고 관계를 정상화시키는 조치를 취할 것이다. 그러나 북한이 '9.19 합의'대로 핵 프로그램을 순순히 전면 폐기할 것으로 본다면 북한의 체제 속성을 너무 모르는 처사다. 북한이 핵을 개발하기로 결심한 중요한 이유가 대남 군사력 우위 확보 유지로 체재의 안전을 보장받고, 동구 사회주의권 붕괴 이후 국제적인 고립과 흡수통일 위협으로부터 체제를 유지하기 위한 것이었다면 아직도 핵을 보유해야 할 상황은 크게 변하지 않은 것이다.

5차 6자 회담에서도 북한은 "경수로를 제공받아야 NPT에 복귀하겠다."는 기존 입장을 철회하지 않았다. 뿐만 아니라 북한은 '마카오

은행 문제'를 대북 적대시 정책으로 거칠게 비난하면서 "신뢰 회복을 위해 이 문제를 먼저 해결하라."고 주장해 회담 진전을 막았다. 북한 박길연 유엔 대사는 6자 회담 재개 전망에 대해 "우리는 항상 준비돼 있다. 미국이 성의를 보이면 열릴 수도 있을 것"이라고 회담 지연의 책임이 미국에 있음을 분명히 했다.(중앙 2006.2.24)

이는 "북한이 더 많은 것을 얻기 위해 특유의 벼랑 끝 전술"로 보기보다는 크리스토퍼 힐 대표가 지적했듯이 "북한은 비핵화 문제를 푸는데 매우 고의적인 지연술을 펴고 있는 것"으로 보아야 할 것이다. 이런 맥락에서 볼 때, 북한은 앞으로도 더 많은 핵을 보유할 때까지 지연 전술을 쓰면서 회담의 진전을 막을 것이 예상된다. 앞으로 한동안 북·미간에는 핵 해결을 보지 못한 채 본질적 문제와는 다른 문제를 끄집어내고 합의문의 '애매한 표현'을 문제 삼아 지루한 공방을 지속할 것이 예상된다.

4) 한국의 기존 입장과 대응 방향 모색

북한의 달러 위조에 대해 단호한 입장을 보이고 있는 미국과는 달리 한국 정부는 6자 회담을 의식, '정화 증거일 뿐'이라고 넘겨버린다. 12월 16일 미국 재무부가 북한의 위폐 제조 의혹 브리핑에 대해 주미 한국 대사관 관계자는 "미국이 구체적이고 결정적인 증거를 제시하지는 않았다."며 "브리핑에 특별한 내용은 없었다."고 강조했다. 이에 대해 미국 행정부의 한 관계자는 12월 20일 "한국은 북한의 변호사 역할을 하는 것을 중단해야 한다."고 불만을 내비쳤다.(중앙 2005.12.22) 데이비드 애셔 전 국무부 동아태선임자문관은 12월 22일 "한국은 북한의 범죄 행위에 눈감으면서까지 햇볕 정책을 계속하면 안 된다."고 일침을 가했다.

한편 알렉산더 버시바우 주한 미국 대사가 "올초 한국 경찰이 북한산 위조지폐를 대량 적발했다."는 주장에 대해서 정부 고위 당국자는 "(한국에서 발견된) 위폐가 위조지폐를 대량 적발했다."는 주장에 대해서 정부 고위 당국자는 "(한국에서 발견된) 위폐가 어디서 만들어졌는지에 대해선 과학적으로 판단이 필요한 부분"이라며 "(위폐 문제는) 잉크와 종이 등을 따져 판단해야 하는 문제"라고 반박했다.(중앙 2005.12.24) 6자 회담 수석대표인 송민순 차관보는 "위폐 문제가 6자 회담에 영향을 주고 있는데 대해 우리 정부는 심각한 우려를 하고 있다."고 지적했다. 그럼에도 불구하고 우리 정부는 미국의 동참 요구에 최근 대량 살상 무기 확산 방지 구상(PSI)의 부분 참가를 통보했다. 이는 북한의 반대에도 불구하고 미국의 요구와 국제 사회 흐름을 무시하기 어려웠기 때문인 것으로 보인다.

이런 상황에서 노무현 대통령은 1월 25일 연두 회견에서 미국이 북한에 대해 문제를 제기하고 압박하는 정책을 취할 경우 "마찰, 이견이 생길 것"이라는 경고성 발언을 했다. 국가정보원은 2월 2일 북한의 위폐 문제에 대해 심각한 우려를 갖고 정밀 추적 중이라고 밝혔다. 김승규 국정원장은 보고에서 "북한이 94년과 96년, 98년 위폐 유통으로 검거된 적이 있다."고 말했으나 제조 여부에 대해서는 입을 다물었다. 이러한 언급은 노무현 대통령을 비롯한 정부 고위 인사들이 사실 확인과 증거가 필요하다며 유보적 입장을 취했던 입장에서 한걸음 더 나간 것이었다.(중앙 2006.2.3)

지난 2월 7일 이태식 주미 대사는 워싱턴에서 가진 연설에서 "북한의 달러 위조, 돈 세탁 같은 불법 활동은 용납될 수 없다. 한국 정부는 이 문제에 대해 확고한 입장이고 이를 북한에 분명히 전달했다. 북한의 불법 활동을 북핵 문제와 연계해선 안 된다.”고 말해 미국 정부의 입장과 일치하는 자세를 보였다. 한편에서는 외환은행에 이어 신한은행, 수협도 마카오 방코델타 아시아 은행과의 금융 거래를 중단했다. 미국의 대북 금융 제재에 반대하는 입장에서 한국 정부와 금융기관들이 미국과 공동보조를 취하는 쪽으로 정책의 전환을 한 것이다. 중국마저 김정일 위원장의 방중 기간 중 그의 비서실장을 체포하는 등의 국제 사회 흐름을 거스를 수 없었기 때문이다.

마이클 그린 전 백악관 동아태 선임 보좌관은 “북한 위폐 문제와 관련, 한국이 중국보다 더 강하게 미국에 대북 압박을 중단하라고 요구했다.”고 이제까지 한국의 태도에 대해서 불만을 토로했다.(중앙 2006.2.23) 한나라당 김문수 의원은 ‘슈퍼 노트(북한이 제조한 100달러짜리 초정밀 위조지폐)’를 중국 단동에서 70달러에 사와 “그간 국내에 유입된 위조 달러에 대해 국내 수사 기관은 ‘어디서 왔는지 파악하지 못했다.”는 답변만 해왔다.”며 “이렇게 어렵지 않게 구할 수 있는데 출처를 모른다고 하는 것은 알면서도 모른 척 하는 것이 아니냐’고 따져 물었다. 답변에 나선 이해찬 총리는 “미국 측에서 ‘북한 당국인지 개인인지는 모르겠지만 그쪽에서 유통하는 걸로 추정되는 위폐가 발견된다.’는 의견을 우리 정부에 제시한 바 있다.”고 밝혀 책임 소재가 북한 주민 개인일 수도 있음을 시사했다.(중앙 2006.2.24)

북한의 위폐 제조가 거의 확실시 되고 있는 지금 우리 정부의 태도는 분명하고 단호히 해야 할 것이다. 이미 이태식 주미 대사가 언급했듯이 북한의 위조지폐 제조는 어떠한 이유로도 정당화할 수 없으며 불법 활동에 대해서는 핵 문제 논의와는 상관없이 단호하게 대처한다는 입장을 견지해야 할 것이다. 미국의 국제전략문제연구소 (CSIS) 로버트 아이혼 선임고문은 2월 13일 "북한 핵 문제를 해결하려면 한국과 중국이 채찍을 들고 미국이 더 많은 당근을 제공해야 한다."고 한 말을 잘 새겨들을 필요가 있을 것이다.

북한의 6자 회담 차석 대표인 이근 외무성 미국국장이 3월초 미국을 방문할 것으로 알려졌다. 이번 방미는 6자 회담 재개의 걸림돌이 되어 온 북한의 위폐 문제를 미국 측과 협의하기 위한 것으로 전해졌다. 이번 기회에 북한이 위폐 문제에 깊이 사과하고 관련자를 처벌하며 동판과 인쇄 장비를 반납하는 등 재발 방지를 확실히 보장하는 기회가 되도록 우리 정부는 지원을 아끼지 말아야 할 것이다. 5차 6자 회담이 재개되더라도 '북한의 시간 끌기'에 말려들지 말고 하루 속히 북핵 문제가 해결되어 한반도의 평화와 통일을 앞당길 수 있도록 최선의 노력을 기울여야 할 것이다.

5) 우리의 기도

> 거짓 일을 멀리하며 무죄한 자와 의로운 자를 죽이지 말라 나는 악인을 의롭다 하지 아니하겠노라(출애굽기 23:7)

하나님께 북한 위폐 제조 등의 범죄 행위를 아뢰며 간구합니다.

첫째, 라파엘 펄 미국 의회조사국 선임연구원이 전한 새 대북 금융 조치의 내용은 '북한과 거래하는 모든 금융 기관은 미국과 거래할 수 없다'.는 내용입니다. 미국이 추진 중인 새로운 대북 금융 제재 조치는 매우 강력한 것이란 점에서 실제 발효될 경우 큰 파장이 예상됩니다. 북한이 국제 금융 질서를 어지럽힌 잘못을 정직하게 시인하고 책임자를 처벌하며, 재발을 방지하는 약속을 하는 등 문제 해결의 실마리를 찾을 수 있도록 당사자들에게 지혜를 허락하여 주시옵소서.

둘째, 미국이 지난 2003년 중반부터 김정일 북한 국방위원장 체제의 붕괴를 목표로 내부 교란 작전 개념의 '작전 계획 5030'을 수립해 실행 중인 것으로 알려지고 있습니다. 이 작전이 단지 작전으로 끝나고 실행되지 않게 해 주시고, 김정일 위원장이 스스로 폭정 체제를 끝내고 북한 주민들을 먹여 살리는 정책에 전념하도록 하여 주시옵소서.

셋째, 박길연 유엔 주재 북한대표부 대사는 2월 24일 미국이 대량 살상 무기(WMD) 확산 방지 구상(PSI)에 한국을 끌어들일 경우 회담 재개를 지연시키는 등 악영향을 미칠 수 있다고 경고했습니다. 어떠한 이유로도 대량 살상 무기가 확산되지 않도록 막아주시고, 북한 핵 문제 해결에 긍정적인 태도로 전환되도록 생각을 돌이켜 주시옵소서.

넷째, 북한 외무성은 9일 북한의 불법 금융 행위를 전면 부인하면서도 앞으로 국제적인 돈 세탁 방지 활동에 적극 합류해 나갈 것이라고 밝혔습니다. 북한이 임기응변식으로 급박한 사태들을 넘기려 할 것이 아니라, 구체적인 행동으로 말한 것에 대한 책임을 질 수 있도록 은혜를 베풀어 주옵소서.

다섯째, 북한의 달러 위조 등 불법 행위는 테러 단체와도 연계돼 있어 미국이 대 테러전 차원에서 대응하고 있다고 합니다. 또 북한 불법 행위에 대한 남한의 미온적 태도는 한미 간의 민감한 정보 교류에 걸림돌이 되고 있는 것으로 알려지고 있습니다. 우리 정부는 북한을 감싸기식이 아닌 문제를 정확히 파악하여 분명하고 단호한 대처를 할 수 있게 도와주시옵소서.

예수님의 이름으로 기도합니다. 아멘!

3. 중국 공산당 내(內) 종교인의 증가

1) 종교인의 증가와 성경 배달

최근 보도된 중국 공산당 내부 문건을 보면, 공산당원 7,000여만 명 가운데 최소 2,000여만 명이 기독교(가톨릭 포함)나 불교 등 종교를 갖고 있으며, 그중 1,000여만 명은 정기적으로 종교 활동을 하고 있는 것으로 나타났다. 2005년 말 현재 공산당원 수는 7,080만 명으로 알려졌다. 인구 19명당 1명이 당원인 셈이다.

일부 당원은 가족 모두 종교를 갖고 있으며, 지방 당 조직 가운데 당원 전체가 신도인 곳도 있고, 당 고위 간부 중 자신의 집을 아예 가정 교회로 개조한 사례도 늘고 있다고 한다.

이는 중국 공산당이 그동안 당원들의 종교 조직 참여를 금지해 온 것과는 매우 상반되는 일이다. 2005년 10월에는 '당 조직, 당원 간부들의 종교 활동 연관 및 가입, 참여에 관한 통지' 를 시달하고 이 규정을 위반할 경우 출당 조치까지 불사할 것이라고 분명히 밝힌 바 있기 때문이다.

공산당 내 종교인의 증가는 시장 경제 시스템의 정착에 따라 공산주의 의식과 윤리 도덕관념이 붕괴되면서 많은 사람이 종교를 통해 인생의 참된 의미를 찾으려고 하기 때문인 것으로 보인다. 또 대외 개방 정책이 신앙에 대한 관심을 고조시켜 공산당을 최우선시 해 온 당성을 무력화시키고 있는 것으로 분석된다.

장성산 차이나네트워크 실행위원은 "현재 많은 중국 공산당원들이 신앙을 사생활로 간주하면서 종교 활동에 적극적"이라며 "이처럼 하나님은 철옹성 같던 공산당 내부를 근본적으로 변화시키고 있다."고 말했다.

그는 "이 같은 상황에서 한국 교회는 각종 신앙 서적 공급에 힘써 더 많은 당원이 하나님의 실존을 깨닫도록 도와야 한다."고 강조했다. 즉 중국과 중국인을 위한 구체적인 행동의 첫 번째는 성경과 신앙 서적을 배달하는 것이다.

하나님의 말씀에 대한 중국의 엄청난 갈급함을 이야기하면서 어느 성도는 다음과 같은 말을 했다. 많은 지역에서 백 명에 이르는 믿는 자들이 한 권의 성경을 서로 나눠 본다는 것은 우리에게 비극이 아닐 수 없다. 그리고 수천 명의 믿는 자들이 단지 몇 권의 책을 서로 나눠 보고 있는 자기 지역으로 성경과 책을 가져가게 해 달라고 요청하기도 한다.

지난 10여 년 동안 약 550만 권의 성경이 중국 내에서 출판되었다. 정부 통계에 따르면 지금 중국에는 6천만 명 이상의 그리스도인이 있다. 어떤 조사 기관은 매년 최소한 350만 명의 새로운 그리스도인이 증가하고 있다고 전한다. 따라서 오늘날 중국에는 성경이 절대적으로 필요한 것이다.

이와 같이 최근 중국에서 요청하는 수많은 성경을 준비하고 배달하는데 필요한 비용들이 원활하게 마련되어 말씀을 기다리는 성도들의 필요를 채울 수 있도록 지속적으로 기도해야 할 것이다.

2) 우리의 기도

풀은 마르고 꽃은 시드나 우리 하나님의 말씀은 영영히 서리라 하라(사 40:8)

첫째, 모퉁이돌선교회로 성경을 배달할 수 있게 하시는 주님, 금년에도 쉬지 않고 선교지로부터 성경의 필요를 듣게 하시니 감사합니다. 저희로 더욱 겸손히 공급자 되시는 주님 앞에 나아가 기도하게 하시고, 하나님이 그 기도를 기뻐 응답하사, 친히 성경 배달을 이끌어가는 주의 행사를 찬양하는 자리에 서게 하옵소서.

둘째, 성경과 지도자 훈련을 돕는 자료들, 연령과 수준에 맞게 그리스도인을 하나님의 말씀으로 양육하고 가르치기 위한 교재, 다양한 형태의 전도지가 공급되어 많은 이단이 일어나고 있는 중국 교회가 바르게 가르쳐 받은 은혜를 따라 어그러지고 거스르는 세대 가운데 빛으로 나타나게 하옵소서.

셋째, 공산주의에 환멸을 느끼고 종교를 통해 인생의 참된 의미를 찾으려는 많은 사람들에게 배달되어지는 하나님의 말씀으로 말미암아 이생의 자랑과 안목의 정욕에 매인 채 요동하는 삶 대신, 하나님

의 뜻을 신뢰하며 하나님만 바라보는 삶을 살 수 있도록 지켜주시옵
소서.

예수님의 이름으로 기도합니다. 아멘!

참조: 국민일보, 2006.3.8.
중국, 숨겨진 기적의 땅, 로스 패터슨 · 엘리자베스 패럴 공저

4.꾸준히 성장하는 중국 가정 교회

1) 꾸준히 성장하는 중국 가정 교회

현재 미국에서는 중국의 기독교 단체가 주최하는 '중국성서전시
회' 라는 행사가 열리고 있다. 이 행사는 지난 5월 19일에 애틀란타에
서 개막되었다. 이는 지난 4월 말부터 5월 초에 LA에서 열린 전시회
에 이어 두 번째 미국 전시회이며, 중국기독교협회(CCC)와 전국삼
자애국운동위원회(TSPM)에서 주최하고 있다.

이 대회를 통해 주최 측은 중국의 성경 인쇄 및 출판의 변천사와
발전상을 홍보하고 있다. 그러나 이 전시회를 보는 미국 복음주의 교
회 진영의 시각은 냉정하다. 그들은 이 전시회가 중국의 관영 기독교
조직에 의해서 진행되고 있으며, 중국 교회의 실상을 바라보는 서방
세계의 싸늘한 시각을 불식시키고, 서방 세계를 현혹시켜 판단을 흐
리게 하려는 꼼수라고 판단하고 있다.

심지어 강경론자들은 이 전시회를 주관하는 두 단체가 중국 공산
당의 통제를 받아 공산당의 정치적 이익을 충실히 대변하는 방향으

로 교회를 운영하고 있기 때문에 엄밀히 말해서 교회가 아니라고 주
장한다.

두 단체가 이번 전시회를 통해서 선전하는 것과는 달리 정부의 가
정 교회에 대한 탄압은 끊이지 않고 있다. 저명한 가정 교회 지도자
들은 일상적인 구금과 고문, 실종, 투옥 등을 당하고 있다. 또 그들의
교회 운영과 활동에 대해 수많은 간섭과 박해가 더해가고 있다.

최근 미국의 기독교 인권단체인 중국구제협회(China Aid
Association)는 중국 공안(경찰)이 지하 교회 지도자들을 구속하고
한국인 선교사를 추방했다고 발표한 바 있다. 또한 현재 중국 정부는
특히 지식인 및 대학가에 가정 교회의 영향력이 확대되는 것을 막기
위해 총력을 기울이는 것으로 알려졌다.

그리고 2005년 3월 1일 새로운 종교 사무 조례가 발효된 이래 가
정 교회 지도자에 대한 대대적인 단속이 북경, 상해, 하남성, 안휘성,
호북성, 하북성 등 전국에서 이뤄지고 있다.

중국의 가정 교회는 1949년 공산 정권의 수립으로 인한 중국 교회
의 정치화 과정에서 교회의 순수성과 정체성을 지키기 위해 당시 기
독교인들로부터 자발적으로 형성하여 발전시킨 현대 중국 기독 교회
의 한 형태이다.

가정 교회는 비록 정부로부터 불법적이며, 비 공인된 종교 조직으
로 규정되어 탄압과 제재를 받아 왔지만 지속적인 성장과 발전을 해
왔고, 개혁 개방 이후 중국 가정 교회는 놀라운 발전과 부흥을 이루
면서 초기에 단순한 모임과 교제, 초보적인 양육에서 벗어나 조직적
목양과 훈련, 전국적인 조직 확대 및 발전, 심지어 세계 선교를 위한
발돋움을 준비하고 있다.

2) 우리의 기도

> 여호와를 찬송할 것은 극히 아름다운 일을 하셨음이니 온 세계에 알게 할
> 지어다. (사 12:5)

첫째, 경제 발전의 그림자 속에 도덕 윤리적 부패와 타락이 만연해 가고 있는 중국에서 가정 교회가 교회로써 본연의 역할을 잘 감당하고 중국 사회에 온전한 빛과 소금의 역할을 감당하도록 지켜 주옵소서.

둘째, 끊이지 않는 탄압 속에서 중국 교회가 진정한 복음주의 교회로 거듭 나기 위해 필요한 성령의 역사를 간구하는 일에 한국 교회가 함께 기도하며 더불어 사역하게 하옵소서.

셋째, 주께서 부어 주시는 성령의 역사를 인하여 중국 교회가 중국을 넘어 주변의 회교 국가와 평양에서 예루살렘까지 복음을 전하는 아름다운 발걸음이 되게 하옵소서.(사 52:7)

예수님의 이름으로 기도합니다. 아멘!

참조: 매일선교 소식, 2006.06.13, 국민일보 2005.10.25

IV. 공전하는 남북한 관계

1. 북한의 대남 전략, '생존'에서 '혁명'으로

1) 혁명과 개방의 이율배반적 전략

김일성 주석은 북한 정권을 한손에 틀어쥔 후 1년도 채 못 되어 불법 남침으로 전쟁을 일으켜 전 한반도를 공산화 통일을 획책하였다. 그의 첫 시도는 실패하였지만 김일성 정권의 존재 이유가 '남조선 혁명'을 완성하는데 있는 것으로 보고 지속적인 혁명 전략을 추구해 나갔다. 한편 김일성은 고질적인 북한의 경제적 난관을 극복하기 위하여 대내외 상황 변화에 맞춰 선별적이고 제한적인 개방을 밀고 나 갔다.

이와 같은 김일성의 이율배반적인 혁명과 개방의 2중 전략은 결국 실패할 수밖에 없었다. 혁명 성취를 위한 중공업 위주의 과대한 군사비 지출은 제한적인 개방으로 경제난을 타개하려는 노력을 무력화시 켰기 때문이다. 김일성은 결국 동구사회주의 국가들이 개혁·개방 과 민주화 바람으로 단숨에 몰락하면서 체제 위기를 맞자 대남 혁명 전략을 일단 유보하고 체제 수호를 위한 전략으로 황급히 떠밀려 전환할 수밖에 없게 되었다.

김일성이 사망하기 전부터 북한의 핵 문제는 국제 사회에서 크게 불거지고 국제적 압력 때문에 생존에 위협을 받게 되었다. 김일성이 사망한 후 김정일은 붕괴되어가는 체제를 붙들어 세우기 위해 제네바 핵 협상을 조속히 마무리 짓고 남북 대화에 허겁지겁 응해 왔다. 그러나 그는 남한의 기대 심리를 적절히 부추기고 '벼랑 끝 전술'로 경제적 실리를 챙기면서 체제 위기를 모면해 나갔다. 북한의 체제 위기적 상황은 김일성 사망 직후 김정일 집권 초기에 나타났으며 북한 체제의 붕괴 징후가 전문가들에 의해 점쳐지기도 하였다.

이때 김정일 위원장의 최대 전략은 체제 위기를 극복하는 것이 있으며, 김정일 위원장은 남한에 새로 출범한 친북 정부의 도움을 받아 그 위기를 극복하는데 성공하였다. 1998년 9월 김 위원장의 체제가 정식 출범하면서 '강성 대국론' 제시로 흐트러진 체제를 추스르고, 그로 체제가 안정됨에 따라 남한과 '공존 전략'으로 전환, 화해와 협력을 추구하면서 체제를 굳혀나갔다.

김 위원장은 2000년 6월 정상 회담을 통하여 남북 관계를 안정적으로 다지는 한편, 미국에서의 새 행정부 출범에 따른 협상 틀 마련, 중국·러시아와의 정상 외교, 서방 국가들과의 외교 관계 수립 등 전방위 외교를 강화시키는 등 변화된 모습을 보였다. 그는 국내적으로도 '모든 것을 바꾸자'는 변혁과 혁신의 바람을 일으키기도 하였다.

그동안 김정일의 대남 전략은 체제 강화와 유지를 최대 목표로 설정하고 지속과 변화를 거듭해 왔다. 한편 그의 체제가 안정되어가고 남한에 우호적 정권이 들어섬에 따라 그의 전략은 다시 '체제 생존'에서 '혁명'으로 옮겨가고 있는 것으로 분석된다. 오늘날 남한을 지배하는 이념적 성향이 마치 북한이 줄기차게 밀어붙였던 '민족 해방 인민 민주주의 혁명'의 분위기가 무르익어가고 있는 것으로 오판할 가능성이 커가고 있기 때문이다.

2) 끊임없는 전략의 변화와 지속

(1) 체제 강화 · 열세 만회 위한 전술적 변화

1990년대 들어 북한은 한반도 안보 환경의 구조적 변화가 그들의 체제 또는 정권 자체의 존립을 위협하는 최악의 상황이라 판단했다. 소련의 붕괴를 비롯한 동구 사회주의권의 몰락으로 새로 형성된 新 국제 질서의 구도는 북한을 국제적으로 고립시켰으며, 특히 중국 및 러시아와의 군사적 동맹 관계가 약화 또는 변질되어 감으로써 북한의 안보는 심각한 타격을 입게 되었다. 뿐만 아니라 90년대 들어서 8년 연속 마이너스 경제 성장을 기록해 지속적인 군비 증강도 할 수 없는 형편에 이르렀다.(조선 1996.3.25)

북한을 더욱 어렵게 만들었던 것은 북한 정권 내부의 권력 이양기에 나타난 과도적 상황과 김일성의 사망 이후 정국의 혼란이었다. 북한은 그러한 대내외적 불안 요인들을 인식하고 종래의 모험주의적인 '남조선 혁명' 정책에서 살아남기 위한 체제 방어 노선에 역점을 두는 정책으로 전환했다. 즉 북한은 국제 상황 변화, 한국의 국제적 지위 격상 및 정국 안정 등에 따라 실현 가능성이 희박해져 가는 '대를 이은 혁명'은 대내 선전용으로 활용하고 실제로는 체제 수호에 역점을 두는 대남 공존 전략 목표를 설정했던 것으로 분석된다.

이런 맥락에서 북한은 1991년 신년사를 통해 "남북한이 면면이 이어오는 민족적 공통성을 기초로 하여 하나의 민족, 하나의 통일 국가 안에서 공존할 수 있다."고 강조했으며, 연방제 실시로 남북한 2개

정부의 '공존의 틀'을 마련함으로써 남한에 '흡수 통일'되는 것을 방지하려 했다. 또한 북한은 대남 혁명을 위한 재래식 무기의 선진화보다는 자체 경제 능력의 약화 상황도 고려하고 남북 공존을 위한 총체적인 군사적 억제 기능 측면에서도 효율성이 높은 핵무기 등 대량 살상 무기 개발에 착안했다.

이러한 상황에서 1998년 이후 남한에서 대북 '햇볕 정책'과 평화·번영 정책을 들고 나온 것은 북한에게 실로 다행스런 일이었다. 북한이 생존하는 길은 한국과 공존하면서 생존을 유지·강화시키는 것인데 남한 정부가 공존을 적극 추진하고 있으니 환영할 만한 일이었다. 그러나 문제는 남한 정부를 과연 신뢰할 수 있느냐 하는 것이었다. 남한 정부는 국민들로부터 많은 불만과 비판에도 불구하고 대북 포용 정책의 일관성을 보여 줌으로써, 적어도 북한의 체제를 위협하지 않는 것임을 분명히 하였다.

북한은 남한의 대북 정책을 때로는 시험, 때로는 최대한 활용하면서 체제 유지를 위한 안전을 확보하는 한편, 경제적 실리를 챙기는 전략을 구사했다. 북한은 국민·참여정부가 있는 한 직접적인 군사 위협에 대해 우려하지는 않지만 남북 교류가 증대되면서 체제를 위협할 외풍 차단에 고심하게 되었다. 북한은 남북 정상회담, 경협, 금강산 관광 산업, 문화·스포츠 교류 등을 통해서 기대 이상의 실리를 얻었고, 체제를 위협하지 않는 범위 내에서 대화와 교류를 최대한 확대하는 전략으로 전환했다. 그러나 북한의 이러한 변화는 한국 정부가 기대하는 '평화 지향적 변화'와는 거리가 멀고 체제 유지·강화에 역점을 두면서 열세 만회를 위한 전술적 변화를 보인 것이었다.

(2) 혁명, 유보는 있으나 포기는 없어

북한은 대남 전략에 있어서 체제 유지를 위해 불가피하게 변화적인 측면을 보이고 있긴 하지만 북한 정권의 존재 이유가 혁명 완수라는 목표에 있는 한 '대를 이은 혁명'은 유보는 있을지언정 포기는 생각하기 어려운 것이다.

북한은 대남 혁명 전략으로서 '평화적 방도'와 '비평화적 방도'를 적절히 배합하여 쓰고 있다. 원래 혁명 성취를 위해서는 '비평화적 방도'를 쓸 수밖에 없지만(1970.11. 김일성 연설) 상황이 여의치 못할 때는 여건이 성숙될 때까지 평화적 방도를 써야 한다는 것이다. 따라서 평화적 방도로 대화·교류를 추구하는 것은 혁명을 위해서 비평화적 방도를 사용할 수 없을 전략적 상황과 능력을 만회하기 위한 것으로 볼 수 있다.

이러한 상황에서 북한은 열세 만회의 전략으로서 '평화적 방도'를 통한 남북 공존을 내세워 대화 및 교류를 일정 기간 동안 수락하고 한반도 긴장 완화를 위한다는 비현실적 평화 제안으로 한국의 대북 적대감과 경각심을 약화시키는 한편 비평화적인 방도로 혁명을 성취할 수 있는 여건을 조성한다는 것이다. 평화적인 방도는 남북 정상 회담, 남북 연방제, 남북 당국자 회담 및 적십자 회담, 그리고 남북 경협 전략에서 구체적으로 나타나고 있다.

북한은 김정일 1인 독재 정권이 존재하는 한 아직도 '평화 통일 방안을 제시하는 목적이 혁명 여건을 조성하는데 있는 것'(근로자 1972.4)으로 보아야 할 근거가 있다. 북한은 생존 유지를 위해서 평화적 방도의 협상력을 높이는 한편, 유사시 비평화적 방도에 의한 혁명 성취를 위해 군사력을 증강시키고 있는 것만 보아도 그렇다.

최근 증강된 북한의 군사 전력은 대부분이 짧은 시간에 남한을 공격·제압할 수 있는 대량 살상 무기와 240mm 방사포 및 170mm 자주포 등이다. 이러한 점에서 북한의 대남 전략은 종래의 '전면 도발' 태세에서 '속전·속결' 전략으로 전환하고 있는 것으로 보인다. 북한이 기습전으로 전략 수정을 하는 이유는 경제 악화로 재래식 군사력을 계속 증강시키기 어렵고, 한국군을 정규전으로 이길 승산이 없어졌기 때문인 것으로 보인다.(중앙 1997.12.11)

북한은 남한에 새 정부들이 들어서 '햇볕 정책'과 '평화·번영 정책'을 추구하는데 맞추어 화해·협력적 태도를 보이면서도 이른바 '강성 대국' 구호를 내세워 내부 단속을 철저히 하고 선군 정치로 혁명을 지속시키는 분위기를 조성하고 있다. 집단주의에 기초한 '사회주의 대가정'을 모토로 하는 북한 사회에서 개인주의의 확산이나 물질적 추구, 자본주의 사회 문화 현상의 유입은 사회적 혼란을 초래하거나 체제 자체를 위태롭게 하기 때문이다. "제국주의에 대한 양보는 곧 죽음"이라거나 "원자탄보다 더 위험한 것이 제국주의자들이 퍼트리는 황색 바람"이라고 강조하고 있는 것은 '외풍 차단'이 체제 고수의 관건이기 때문이다. 이러한 이유로 북한은 "사회주의 계급 진지를 0.001mm도 양보할 수 없다."고 강조하고 있다.(연합 2000.2.3)

이러한 체제 결속을 위한 사상 중시 강조는 남북 정상 회담 이후 더욱 강조되고 있는 실정이다. 남북간에 화해·협력의 분위기가 조성되고 앞으로 '공존'을 거쳐 통일 성취를 위해 함께 진지한 노력을 하려 한다면, '강성 대국' 구호를 통한 대내 주민 결속이나 사상 최대 규모의 합동 군사 훈련을 통한 군의 사기를 진작시키려는 시도는 전혀 도움이 되지 않는 발상이다. 특히 북한은 2002년 신년 공동 사설에서 '전쟁 위험', '호전 세력들의 침략과 전쟁 도발 책동', '제국주의 호전 계층', '긴장 상태 격화' 등의 강력한 표현으로 긴장을 고조시킴으로써 체제 유지를 위한 주민들의 결속을 다졌다.

주변 안보 여건이 불리한 상황에서 '평화적인 방도'로 체제 생존을 추구하고, 혁명에 유리한 여건이 조성되는 상황에서 '비평화적인 방도'로 '남조선 혁명'을 이루겠다는 북한의 대남 전략은 지속적인 측면이다. 북한의 이러한 전략적 목표는 서방 자유주의 국가에서 안보와 번영을 국가의 최대 목표로 두는 것과 다를 바가 없다. 현재의 김정일 체제가 존재하는 한 북한이 체제에 대한 위협을 감수하면서 남북 공존과 평화 통일을 추구할 것으로 기대하는 것은 감상적인 것이 될 수밖에 없다.

3) 수시로 변하는 북한 통일 정책

(1) 김일성 시대, '혁명'에서 '생존'으로

김일성 주석이 최초로 내놓은 통일 방안은 1960년 8월 14일 해방 15주년 기념식을 거행하는 평양시 군중대회에서 제의한 남북 연방제이다. 당시 한국 내의 상황은 4·19 학생 민주 혁명으로 사회가 극도로 불안했으며, 통일 문제에 대해 국론의 일치를 보지 못했던 사회정치적인 혼란기였다.

이런 시기를 이용하여 김일성은 1957년 분단된 독일을 재통합할 방법으로 동독이 제안했던 연방 제안을 한반도의 실정에 맞춰 제안하게 된 것이다.(The New York Times, August 9, 1957) 그 요지는 당분간 남북한의 현 정치 제도를 그대로 두고 각 정부의 독자적인 활동을 보장하면서 두 정부의 대표들로 구성되는 최고민족위원회를 조직하여 남북간의 경제 문화 발전을 공동으로 모색한다는 것이다.

김일성의 이 제안에 대하여 유의할 것은 첫째, 남북 연방제가 최초로 제의되었다는 것, 둘째, 남북 연방제가 통일 문제 해결에 유일한 방법이 아니라 몇 가지 방법 중 하나의 선택으로 제의되었다는 것, 셋째, 과도적 조치로서 남북 연방제는 남북한 정부 대표로 '최고 민족위원회'를 구성한다는 것, 넷째, 남북한 정치 협상 회의에서 이 문제를 협의하자는 것 등이다.

4 · 19 민주 혁명 이후 대두된 학생들의 통일에 대한 관심 고조와 7 · 29 총선거를 계기로 격화된 정당 · 사회단체간의 '통일 논쟁'에 편승하여 "북한은 '남북 연방제' 안을 적극 내세웠다. 북한의 이러한 제의는 당시 남한의 장면 정부에 의해서 즉각 거부되었으나 남한 내 북한과의 협상을 주장한 민통과 '혁신' 계의 지지를 받았다. 그 후 반공을 국시로 하는 5 · 16 군사 혁명의 발발과 함께 북한의 연방에 주장은 한동안 중단되었다.

1973년 김일성 주석은 우리 정부의 6 · 23 '평화 통일 외교 정책' 선언에 대응하는 조치로서 '평화 통일 5대 강령'을 제시했다. 그 골자는 ① 먼저 대민족회의를 소집하고 민족적 단결을 이룩한다. ② 이 기초 위에 남북한의 현존 두 제도는 당분간 그대로 두고 남북 연방제를 실시한다. ③ 연방 국가의 국호는 '고려연방공화국'이라고 칭한다. ④ 고려연방공화국은 나라의 분열을 막고 남북간의 연계와 합작을 전면적으로 실시하여 완전한 통일을 앞당긴다는 것이다.(「조선중앙연감」1974. 52면)

1980년 초부터 북한은 남북한 총리 회담을 제안하는 편지를 한국에 보내어 종래 주장인 정치 협상 회의가 정당 · 사회단체 및 각계각층 인사들로 구성된 전 민족회의 소집을 되풀이했다.

김일성 주석은 1980년 10월 6차 당 대회에서 종래의 고려연방공화국에 '민주'를 붙여 이른바 '고려민주연방공화국'이라는 연방제를 수정 제의했다. 이것은 당시 남한이 광주에서 일어난 민주화 운동을 혁명 전략에 적극 이용해 보자는 계산이었던 것으로 보인다.

연방제 구성에서 과거와 다른 점은 연방 기구로서 '최고민족연방회의'와 그 상설기구인 '연방상설위원회'를 설치하여 남북한의 두 지역 정부를 지도하며, 연방 실시 방침으로서 남북간에 합작과 교류를 내용으로 하는 이른바 '10대 시정 방침'을 실시한다는 것이다. 이 제의는 완전한 통일의 면모를 갖추고 강력한 연방 정부를 상정하는 것으로서 혼란한 남한 사회를 연방제의 이름으로 북한 방식에 의한 통일을 이루겠다는 전략이다.

1990년 들어 김일성은 소련을 비롯한 동구 사회주의권 국가들의 몰락과 함께 심각한 위기적 상황에서 한국의 흡수 통일을 막고 체제를 수호할 목적으로 연방제 내용을 수정 제의했다. 김일성은 1991년 신년사에서 "하나의 민족, 하나의 국가, 두 개의 제도, 두 개의 정부에 기초한 연방제 방식으로 통일하자고 제의했고, 남한이 주장하는 '하나의 국가, 하나의 제도'에 의한 제도 통일론은 나라의 분열을 가져와 통일을 저해하는 것이기 때문에 제도 통일은 후대에 맡기자고 했다. 이것은 김일성의 '통일 유보론'이다. 독일의 흡수 통일을 보고 김일성은 북한 체제 유지와 와해 모면적인 측면에서 새롭게 제의한 것이다.

남한 혁명의 대내외적 여건이 여의치 않은 상황에서 연방제로 남북 공존의 틀을 만들어 체제 유지를 위한 전술적 노선 변경을 한 것이다. 김일성은 전례 없이 연방제에 대한 민족적 합의를 보다 쉽게 이루기 위해 잠정적으로 연방 공화국의 지역적 자치 정부에 더 많은 권한을 부여하며, 장차로는 중앙 정부의 기능을 더욱 높여 가는 방향

에서 연방제 통일을 정치적으로 완성시켜 가는 문제를 협의할 용의
가 있다고 말했다.

이 제의는 이제까지 주장해 온 '두 제도'의 병존뿐만 아니라 '두
개 정부'의 병존도 받아들인 것이며, 나아가 '두 개 국가'의 병존을
수용한 것으로 볼 수 있다. 이 같은 제의는 연방제 구성 방식에 융통
성을 보여 연방제 반대 논리를 약화시키고 남한의 입장에 접근시켜
보다 많은 동조 세력을 얻어 보자는 것이었다. 즉 우리의 '한민족공
동체 통일 방안'이 중간 단계로 정하고 있는 남북 연합이나 남한 내
여러 연방제 통일 방안과 유사한 점을 돋보이게 하며 체제 유지를 위
한 연방제를 실현하려는 것이었다. 이런 맥락에서 1991년 5월 3일
최고인민회의의 조국 통일 정책심의위원회 윤기복 위원장은 기자 회
견에서 "이 새로운 통일 방안은 남한측의 통일 방안에 상당히 근접
한 것"이라고 강조했다.(일본 일경신문 1991.5.4)

김일성이 생전에 '1민족, 1국가, 2제도, 2정부'에 의한 고려 연방
제 실현을 적극 주장하고 나선 것은 연방제 실시로 남북한 간 2개 정
부의 '공존의 틀'을 마련함으로써 남한에 '흡수 통일' 되는 것을 방
지하면서 김일성 체제를 유지해 나가려는데 그 목적이 있었던 것으
로 분석된다.

(2) 김정일 시대, '생존'에서 '혁명 여건 조성'으로

김일성 주석 사망 이후 북한은 최대의 체제 위기를 맞게 되었다.
김정일 위원장은 '유훈 통치'를 내세워 김일성 시대의 연방제 통일
방안을 고수하면서 체제 유지에 역점을 두었다. 남한의 흡수 통일 전
략을 사전에 봉쇄하고 체제를 수호하기 위해서는 연방제에 의한 남
북 '공존의 틀'을 유지하면서 나아가 남한과의 협력과 평화의 분위

기를 조성하는 것이 최우선이었기 때문이다.

김 위원장은 1998년 9월 유훈 통치를 끝내고 자신의 체제를 출범시키면서 '강성 대국론' 구호를 내세웠다. 이는 북한 주민들로부터 '수령 결사 옹위주의'를 끌어내어 취약한 정치 기반을 다지고 '선(先) 사상 및 군사, 후(後) 경제'에 의한 기존 노선을 강화시켜 김정일을 중심으로 체제를 결속시켜야 했기 때문이다.

김정일은 기본적으로 한국을 비롯한 서방 국가들 간에 적개심을 가지고 있으며 신뢰할 수 없다고 판단하고 있다.(FEER 2002.5.2) 그가 그러한 생각을 가지고 있는 근거는 남한의 대북 정책이 북한의 체제를 완화시키기 위한 전략으로 보기 때문이라는 것이다. 현재의 남북한 상황에서 그가 그렇게 보는 것은 무리가 아니다. 남한이 원하는 대로 자유 왕래를 통해서 '사실상의 통일'을 이루거나 북핵 문제가 해결되어 북한이 개방될 때 그의 독재 체제가 설 자리가 없음은 불을 보듯 뻔한 사실이다.

이런 맥락에서 남한의 정부들이 대북 정책을 새롭게 추진하는 과정에서도 그는 남한과 협력하여 사회 안정을 돕기보다는 남한 사회의 불안을 조성하면서 친북 동조 세력을 규합하는데 전략의 역점을 두었다. 남한 사회는 부정부패, 경제 위기, 정치 지도자들의 타락, 계층 지역 간의 갈등 심화 등으로 국민들이 정부를 불신하고 정책에서 일탈하고 있으므로 남한의 현 정부는 국민들이 지지를 못 받고 있는 매우 취약한 정부로 보는 것이다.

2000년 6월 평양에서의 남북 정상 회담 이후 북한 매스컴은 32차례나 걸쳐 "남녘이 각계각층에서 김정일 영도자님을 현 세계에서 으뜸가는 위대한 혁명가, 정치가 등으로 칭송하고 있다."고 되풀이 방송했다.(평방 2002.8.26)

김정일 위원장은 '6·15 공동 선언' 제 1항에서 '반외세 자주'와 '우리 민족끼리 서로 힘을 합쳐'라는 자주 통일 원칙을 분명히 했다. 제 2항에서 그는 남한의 연합제와 북한의 낮은 단계 연방제 주장 사이의 공통성을 끌어냄으로써 흡수 통일 배제와 공존의 제도화를 확실히 해 두었다.

'6·15 공동 선언'의 제 1·2항을 두고 많은 논란이 있으나 분명한 것은 김일성 시대 주장했던 연방제의 내용과 추구하고자 하는 전략 목표 사이에는 차이가 없다는 것이다. '자주 통일 원칙'은 김일성 시대 연방제 창립의 전제 조건으로 내세운 '주한 미군이 철수되어야 한다.'는 것과 '남한에 대한 미국의 내정 간섭을 중지해야 한다.'는 주장과 같은 맥락이다. 연합제와 낮은 단계 연방제의 공통성 인정도 1991년 5월 윤기복 노동당 서기가 언급한 북한의 "새로운 통일 방안은 남한측의 통일 방안에 상당히 근접한 것"이라고 강조한 것과 일맥상통한다.

중요한 것은 김일성 사망 직후 최악의 위기 상황은 지나갔지만 여전히 취약성을 보이는 김정일 체제 생존을 위해 남한이 흡수 전략을 버리고 '우리 민족끼리' 공조 체제를 추구토록 하는 것이다. 더구나 핵 문제로 미국으로부터 지속적인 압력과 국제적인 고립을 모면하기 위해서는 남한의 적극적인 민족 공조와 반미 정서를 확산시켜 미국과 맞서는 것이다.

2002년 신년 공동 사설에서 북한은 남한이 "외세와 야합하여 동족을 모해, 압살할 것을 노린 주적론"을 내세우고 "반통일 파쇼 악법인 보안법을 유지하고 있으며 외세에 민족의 이익을 희생시키는 반역 행위를 하고 있다."고 주장했다. 이는 북한이 남한 정부가 '민족 공조'를 하지 않고 한·미·일 공조를 하고 있는데 대한 강한 반발을 보인 것이다.

김정일은 2003년 들어 남북 화해 협력을 지속적으로 추진하는 가운데 미국의 대북 '압력'에 맞서 '민족 공조'를 강화해야 한다는 점을 강조했다. 북한은 6·15 공동선을 '조국 통일의 이정표'로 규정하고 "현 시기 조선 반도에서의 대결 구도는 북과 남의 '조선 민족 대 미국'이라고 말해 '민족 공조'를 통한 문제 해결을 요구했다. 또 김정일 위원장은 민족 공조를 실현하는 것이 '통일에로의 지름길'이라고 주장했다. 이는 미국의 북핵 문제 제기에 남북한이 힘을 합쳐 공동으로 대응하자는 것이었다.

북한은 2004년 신년 공동 사설을 통해 "우리 민족 제일주의 기치 밑에 민족 공조로 자주 통일의 활로를 얻어 내자."는 구호를 남북 관계의 목표로 세우고 "북과 남은 이 땅의 평화를 지키고 통일을 위한 투쟁에서 '조선 민족 대 미국의'의 대결 구도를 실천으로 해결해야 한다."고 주장했다. 2005년 들어 북한은 '우리 민족끼리'의 이념 밑에 민족 자주, 반전 평화, 통일 애국의 3대 공조를 제시했다. 여기서 '민족 자주'는 한·미·일 공조 폐기, '반전 평화'는 미군 철수와 핵 문제 해결에서의 협력, '통일 대국'은 '민족 공동 이익과 번영'을 위한 남북 경협의 확대를 의미하는 것이다.

이어 2006년 신년 공동 사설은 "'우리 민족끼리' 기치 높이 자주 통일, 반전 평화, 민족 대단합의 3대 애국 운동을 힘 있게 벌여 나가자."고 주장했다. 이중 '민족 대단합'과 관련, "통일 운동 단체들 사이의 연대 연합 강화"를 강조하고 '반 보수 대연합' 또는 '진보 대연합'에 의해 '미국 반역 집단에 종국적 파멸을 안겨야' 함을 주장했다. 김정일 위원장은 "반역의 무리를 그대로 두고는 조국 통일 운동의 전진을 기대할 수 없기" 때문에 "독초는 제 때에 뿌리를 뽑아 제거해 버려야 한다.”, “평화는 투쟁으로 쟁취해야 한다.”면서 남한 내 친북 활동의 강경 폭력 투쟁을 독려하고 있으며, ‘반 보수 대연합’ 을 통해 남한 내 친북 환경의 저변 확대를 요구하고 있다.

결국 김정일 시대 통일 정책은 김일성 시대 연방제 통일 방안을 ‘6·15 공동 선언’ 에서 ‘민족 공조’ 와 ‘반미 투쟁’ 적 관점에서 구체화시킨 것으로 볼 수 있다. 그러나 통일 정책의 당면 목표는 남북 평화 통일의 실현이 아니고 남한으로부터 경제적 실익을 계속 챙기면서 미국의 핵 포기 압력을 막는 방패막이로 삼아 체제를 유지하겠다는 것이다. 나아가 ‘반 보수 대연합’ 과 ‘진보 대연합’ 을 성공적으로 추진, 남한에 혁명 여건 성숙을 앞당겨 달성하자는데 전략 목표를 두고 있는 것으로 분석된다.

4) 앞으로는 ‘생존’ 도 어렵게 될 판

앞으로 북한의 대남 및 통일 정책을 결정하는 요인은 북한의 내부적 요인과 대외 여건, 그리고 남한 정세 등이 될 것이다. 무엇보다도 북한의 내부적 요인 중 김정일 위원장의 대남 인식 문제이다. 자신의 체제를 지키기 위해서 김 위원장은 남한 정부를 체제 위협 세력으로 경계를 늦추지 않으면서 남한 상황을 최대한 유리하게 이용할 것이다. 북한의 대남 전략이 ‘민족 해방’ 과 ‘인민 민주주의 혁명’ 의 성격을 띠고 있다는 인식을 쉽게 바꾸지 않을 것이지만 대내외 상황에 따라 보다 융통성 있는 모습을 보여 줄 것이다.

또 하나의 북한 내부적 요인은 경제 및 군사적 여건이다. 경제력 향상은 군사력 증강을 뒷받침할 수 있고 남한과의 교류와 협력에 있어서도 경제적 실리를 뛰어 넘어 대남 전략적 차원에서 당당해질 수 있다. 북한이 획기적인 변신을 하지 않는 한 경제는 개선의 기미가 없고 비교적 값싼 대량 살상 무기 개발에 의존하는 것 외에 군사력 증강은 예상할 수 없다.

내외 여건으로서는 북한의 중·일·러 관계도 있지만 가장 중요한 요인은 역시 미국과의 관계이다. 최근 북미 간에 전개되고 있는 핵 문제 외에도 위폐, 마약, 가짜 담배와 비아그라 문제 등으로 양국 간의 관계는 더욱 꼬일 가능성이 많다. 북한은 미국과의 관계에 최우선 순위를 두고 있지만 이것이 풀리지 않으면 남북 관계도 근본적으로 해결할 수 없다고 보기 때문에 북한은 미국에 접근하면서 '민족 공조'와 '반미 감정'을 부추기는 이중 전략을 지속할 것이 예상된다.

남한 정세는 북한의 대남 및 통일 정책을 결정하는 중요한 요인이다. 그동안 참여 정부는 북한과의 관계 개선에 최우선 순위를 두면서 국제적으로 북한 입장을 두둔하고 대내적으로 북한을 적극 지원해 주는 정책을 일관성 있게 추진해 왔다. 이러한 정책에 맞춰 북한은 남한 내에 보수 세력을 누르고 친북 진보 세력에 힘을 실어 주면서 이른바 '민족 해방'과 '인민 민주주의' 혁명에 기대를 갖게 했다. 그러나 앞으로 참여 정부의 잔여 집권 기간이 줄어들고 보수 세력들이 여전히 남아 있음에 따라 그러한 기대의 실현이 불가능함을 실감하게 될 전망이다.

한편 남한 주민들의 대북 인식 변화도 심상치 않다는 것이다. 그동안 진보의 성향에 있던 젊은 세대들이 중도 쪽으로 기울고 있는 것으로 조사되고 있다. 최근 서울대학 학생들의 조사에서는 응답자의 40.5%가 자신이 '중도'라고 대답하여 그러한 경향이 보다 뚜렷하게 나타나고 있음을 보여 주고 있다. 북한이 이러한 남한 주민들의 대북 인식 변화를 읽을 수 있다면 북한의 대남 및 통일 전략은 종래의 대남 혁명 위주의 전략 변화는 불가피하게 될 것이다. 김정일 위원장의 체제 유지 문제가 정책의 최우선 순위로 떠오를 것이기 때문이다.

결론적으로 향후 북한의 대남 통일 전략은 그동안 '혁명에서 생존으로', '생존에서 혁명 여건 조성'으로 변화를 거듭했었으나 이제 북한은 불리해져만 가는 주변 상황을 감안, 김정일 체제 유지에 전력을 다하는 '생존으로' 또다시 방향 전환이 불가피할 것이 예상된다. 북핵과 관련 미국의 체제 위협에 대응 한국과 중국이 '물자 보급 기지'와 '방패막이'로서의 역할을 잘 감당해 온 것으로 보이나 위폐 제조 등 북한의 국제적 범죄 행위를 보호하기 위해서 앞서 막아 줄 나라가 없을 것이기 때문이다.

5) 우리의 기도

> 그들의 혀는 죽이는 화살이라 거짓을 말하며 입으로는 그 이웃에게 평화를 말하나 마음으로는 해를 꾸미는도다(예레미야 9:8)

입으로는 평화를 말하나 마음으로는 해를 꾸미려 하는 북한의 정책 상황을 아뢰며 간구합니다.

첫째, 정부는 북한이 2006년 4월 11일에 개최한 최고인민회의 제 11기 4차 회의 결과와 관련, "실리 보장의 원칙, 경제 관리 개선 및 대외 경제 협력 등을 강조함으로써 경제 개혁·개방의 지속적 추진 의사를 시사했다."고 평가했습니다. 북한이 앞으로 최고인민회의에서 논의한 대로 개혁·개방을 진실되게 추진해 나갈 수 있도록 하나님께서 인도하여 주시옵소서.

둘째, 그동안 김정일의 대남 전략은 체제 강화와 유지를 최대 목표로 설정하고 지속과 변화를 거듭해 왔습니다. 북한의 '민족 해방 인민 민주주의 혁명' 의 분위기에 휘말려 오판하지 않게 해 주시고, 현실을 직시할 수 있는 안목을 허락하여 주옵소서.

셋째, 김정일 위원장은 "평화는 투쟁으로 쟁취해야 한다."면서 남한 내 친북 활동의 강경 폭력 투쟁을 독려하고 있으며, '반 보수 대연합' 을 통해 남한 내 친북 환경의 저변 확대를 요구하고 있습니다. 이러한 북한의 전술에 이용되지 않도록 주께서 지켜 주시고, 민족 간에 폭력 투쟁이 영원히 사라지게 하옵소서.

넷째, 북한 소식통들은 4월 들어 평양시 일부 지역에만 식량이 공급되었고, 지방은 배급이 이미 중단됐다고 23일 전했습니다. 때를 같이 해 장마당 쌀값도 올라가기 시작했다고 합니다. 식량을 구하러 중국에 나오는 북한 주민들이 예수를 영접할 수 있는 길을 열어 주시고, 다시 돌아가 불쌍한 영혼들을 구원하는데 귀한 통로로 사용하여 주옵소서.

다섯째, 북측은 4월 22일 제 18차 남북장관급회담에서 우리 측에 쌀 50만t과 비료 30만t을 지원해 줄 것을 요청했다고 우리측 대표단 관계자가 24일 밝혔습니다. 남과 북이 주님 보시기에 합당한 교류가 있도록 도와주시고, 상호 신뢰의 관계가 맺어질 수 있게 하옵소서.

예수님 이름으로 기도합니다. 아멘!

2. 최근의 남북 관계, 무엇이 문제인가

1) 6·15 6주년 행사, 무엇하자는 건가

(1) 이것이 '남북 대학생 대표자 회의'인가

2006년 5월 10일부터 이틀간 금강산에서 열린 이 회의 행사에 한
국대학총학생회연합(한총련)을 주축으로 한 남쪽 대학생 357명과 북
쪽의 120여명이 모여 '6·15 공동 선언을 고수하고 반통일 호전 세
력을 청산하자'는 공동 결의문을 내었다. 1996년 이래 10년째 이적
단체로 규정되어 있는 한총련이 당당하게 통일부의 방북 허가를 얻
은 것이다. 1998년과 2003년, 올해 초 대법원도 잇따라 한총련이 이
적 단체임을 확인하는 판결을 했다.

그럼에도 불구하고 통일부가 금강산 회의에 한총련의 참석을 허
가한 것은 범법단체에 '법외의 자유'를 누리도록 허용한 것과 다름
없다. 통일부가 대부분 한총련 회원인 방북 신청자 357명에게 방북
승인을 해준 구실은 "행사 추진 단체가 한총련이 아닌 '6.15 대학생
운동본부'이므로 별 문제 없다"는 것이다. 전국 200여개 대학 중에
아직 한총련에 남아 있는 대학은 36개뿐인데 그들이 중심이 된 '대
학생대표자회의'라는 것은 말이 안 된다.

공동 결의문과 호소문에는 "외세와 야합하여 민족의 머리 위에 핵
전쟁의 불구름을 몰아오려는 반통일 호전 세력", "우리 민족끼리의
기치를 높이 들고", "조국통일을 추동하는 위력한 힘" 등의 표현 일
색이다. 이 행사에 참석한 북측 대표들은 남한의 5·31 지방 선거에
주제 넘은 관심을 보였다.

이들은 지방 선거에서 열린우리당 후보를 찍을 것을 강요하다시

피 하면서 "미국과 가까운 한나라당이 당선되면 안 된다. 열린우리당을 선택해야 한나라당을 이길 수 있다. 민주노동당을 찍으면 사표가 되기 때문에 민노당원이라도 열린우리당을 찍어야 한다."는 등의 말을 거침없이 했다.(경향신문 2006.5.18) 도대체 이게 무슨 짓인가. 한국을 몰라도 너무 모른다는 생각이 든다.

(2) 6·15 공동 행사, '충성 맹세'의 장?

지난 6월 10일 평양의 한 집회에서 "한나라당이 권력의 자리에 올라앉으면 철도·도로 연결과 금강산·개성 공단 사업이 파탄 날 것"이라며 "남조선은 물론 조선 반도 전체가 미국이 지른 전쟁의 화염에 휩싸일 것"이란 위협성 주장으로 논란을 일으킨 조국평화통일위원회 안경호 서기국장이 6·15 공동 행사 민간대표단장으로 광주에 왔다. 그는 남측의 강한 유감 표명에 "진실을 말했을 뿐이며 한나라당이 꼭 먹어야 할 약을 주었을 뿐"이라는 말로 되받았고, 나아가 "우리의 정당한 주장에 시비를 건다면 온 민족을 위협하는 전쟁 국면으로 몰아가는 것으로밖에 볼 수 없다."(17일, 북한대표단 광주 출발성명)고 윽박지르기까지 했다. 누구도 못 말릴 안하무인격이다.

6월 15일 광주에서 열린 민족통일대축전 행사장에서는 기상천외한 일이 벌어졌다. 북한 정권에 대한 '충성 맹세'가 담긴 문건을 북측 참가자에게 전달하려 한 남파 간첩 출신의 조국통일범민족연합(범민련) 간부 우모 씨(77)가 국가정보원에 의해 적발 구속된 것이다.(동아 2006.6.24) 이런 방식이 통할 것으로 보게 된 것이 문제다.

그가 전달하려 한 디스켓에는 A4 용지 109쪽 분량의 문건으로 좌익 활동 경험, 6·25 전쟁 때 의용군 참전하고 월북 뒤 인민군으로 복무했다는 자서전식 이야기가 담겨 있었다. 노동당에 가입했을 때의 '기쁨'와 '환희'를 표현한 내용이 적나라하게 묘사돼 있었다. 그는 "전향한 것이 아니라 장군님의 전사로 살아왔다."고 충성을 다짐했다. 그는 2000년 12월 남북 이산가족 상봉 때도 비슷한 내용의 테이프를 보냈다.

지난해 범민련이 주관한 금강산 통일 기행 때는 빨치산 출신으로 국군 살해 전력까지 있는 비전향 장기수가 "감옥 갈 때까지 주한 미군 철수를 위해 투쟁하겠다."고 호언했다. 이들의 활동 무대인 범민련은 대법원이 이적 단체로 규정한 불법 단체이다.

지난번 6·15행사 때 남에 와서 '한반도 전쟁 화염' 발언을 한 안경호는 북측 범민련 부의장이다. 이런 범민련인데도 통일부는 이 조직 간부들의 민족 축전 참가를 "개인 명의라 문제없다."며 허용했고, 범민련 간부의 '충성 맹세'에 대해서는 해명조차 않고 있으니 할 말을 잃게 한다.

2000년 6·15 남북 공동 선언이 이후 남북 관계에 엄청난 변화를 몰고 온 것은 사실이다. 남북 당국 간 대화가 큰 폭으로 늘어나고 민간 교류가 다양한 분야에 걸쳐 활성화 되었다. 6·15 선언 다음 달부터 남북 관계를 총괄하는 대화체로 발족한 장관급 회담과 경제 분야의 중심회담인 경제협력추진위원회 등이 활발히 성사되어, 남북 대화가 6·15 이후 연 평균 28회가 넘고 있다.

그러나 경협 분야에만 어느 정도 진전이 있을 뿐, 정치 군사 분야에는 여전히 진전이 없는 것은 참으로 안타까운 일이다. 더구나 금년 6·15 공동 선언 6주년 행사 속에 드러난 불협화음은 남북 관계에서 앞으로도 계속 야기될 수 있어, 진정한 남북 관계의 진전은 아직도 요원한 상태이다.

2) 남북 경협, 문제 없을지

6 · 15 공동 선언 후 남북은 대화와 교류, 협력을 통해 정부 차원에서 개성 공단 사업, 남북 철도 및 도로 연결, 금강산 관광 등 '3대 경제 협력 사업'을 추진해왔다.

남북 교역액은 1989년 1천872 달러로 시작해 1999년에는 3억 3천여만 달러였으나 2000년부터는 4억 달러 선을 넘어서 2002년 6억4천여 달러, 2003년 7억 2천여 달러 등에 이어 작년에는 처음으로 10억 달러 시대를 열었다. 올 들어서도 1~5월에만 4억 2천 863만 달러로 전년 동기 대비 34.4%가 증가했다.

통일부에 의하면 올해 상반기 중 남북 경협 사무소에서 총 228건의 사업 협의가 진행됐다고 한다. 남측에서 201개 기업, 단체 관계자 676명, 북측에서 민경련 산하 총회사 및 생산 단위 기관 · 기업소 관계자 492명 등 총 1천 168명의 남북 기업인이 협의에 참여한 것이다. 작년 10월 28일 개성 공단 내에 경협 사무소가 설치되면서 종전처럼 북측 사업자와 만나기 위해 중국 단동이나 베이징 등으로 갈 필요가 없어져 남측 기업인들의 만족도가 높다고 통일부는 덧붙였다.(연합 2006.7.6)

그러나 최근 북한의 미사일 발사, 남북 장관급 회담 결렬, 유엔 안보리 대북 제재 결의안 통과로 향후 남북 경협에 큰 걸림돌로 작용할 가능성이 크다.

(1) 금강산 관광

1998년 말부터 시작된 금강산 관광은 여러 가지 우여곡절로 한때 중단의 위기를 맞기도 하였으나, 2003년 9월부터 육로 관광이 본격화되면서 연인원 100만 명을 돌파하게 되었다. 금강산 관광은 남북 경협 뿐만 아니라 평화의 상징으로 '국민의 정부' 이후 정부가 으뜸가는 역점 사업으로 추진해 왔다. 관광객들이 줄어 중단의 위기가 있을 때마다 정부가 거액(250억 정도)의 보조금을 주어 사업을 지속시켰으며, 2005년 12월 9일에는 에머슨 퍼시픽㈜을 금강산 골프 리조트 건설 및 운영 사업을 위한 남북 협력 사업자로 승인했다.

정부는 에머슨 퍼시픽㈜으로 하여금 골프장 뿐 아니라 객실 160개를 갖춘 골프텔과 스파 시설, 노천 온천, 식당 등 부대시설을 포함한 복합 골프 리조트를 짓는데 모두 723억 원을 투입케 함으로써 금강산 관광 활성화를 꾀하였다.(연합 2005.12.12)

금강산 관광 특구는 북한에게 최초의 관광 특구로, 2002년 10월 23일 금강산 일대를 국제적인 관광 지역으로 규정하는 정령을 발표한 뒤, 같은 해 11월 25일 '금강산 관광 지구법'을 발표하면서 명문화되었다. 관광 지구법의 주요 내용은, ① 관광 지구 개발을 위한 법인 · 개인은 물론 경제 조직의 자유로운 투자가 허용되고, 재산이 법적으로 보호를 받는다. ② 관광 지구에서 자유로운 외화의 반출입이 허용된다. ③ 관광 허용 대상은 한국 주민과 해외 동포 및 외국인이다. ④ 개발업자가 하는 관광 지구 개발과 영업 활동에는 과세하지 않는다. ⑤ 관광 지구 이외에 다른 관광지의 관광도 가능하다. ⑥ 관광 지구의 관리나 관광에 지장을 주는 사람은 손해 배상 등의 제재가 가능하고, 심할 경우에는 추방을 할 수도 있다.

이에 따라 금강산 일대가 완전히 개방되어 자유 관광이 허용되고, 여행업 · 숙박업 · 첨단 과학 시설에 대한 투자가 법적으로 보호받을 수 있게 되었다. 개발과 관광 사업 전권은 현대아산㈜이 맡아 2005년까지 5억 9,000만 달러, 2006년 이후에는 13억 달러를 투자해 금강산 일대를 제주도와 같은 종합 관광단지로 개발하는 계획을 추진하고 있다. 한때, 현대아산은 협력업체 직원이 금강산 관광 지역에서 낸 교통사고에 대해 40만 달러(약 4억 원)를 사고 보상금으로 북측에 지급하기도 했다.

이와 같이 금강산 관광 사업을 통해 북측에 많은 현금이 지급되자, 북한의 현금 사용용도 문제를 두고 남한 내 보수 계층이나 미·일 측으로부터 의혹과 비난의 대상이 되기도 하였다. 실제로 금강산 관광을 통해 들어가는 현금이 북한의 대량 살상 무기 개발 및 구입비로 들어갔을 가능성을 전혀 배제할 수 없기 때문이다.

더구나 지난 7월 5일 북한의 미사일 발사 여파로 7월 11일 예정됐던 금강산 외금강호텔 남북한 공동 개관 행사는 북측의 갑작스러운 불참으로 연기되었다. 북한이 계속 강경한 도발적 태도를 보이는 한 한국이 금강산 관광 사업을 지속시키기도 쉽지 않을 것이다. 유엔 안보리의 대북 제재 결의안은 미·일의 추가적인 제재 조치로 이어져 한국이 이를 외면키 어려운 상황이 될 것이다.

(2) 개성 공단

'참여 정부'가 남북 경협의 꽃이라 추켜세우는 개성 공단도 미국이 계속적으로 제기한 근로자 임금 문제, 원산지 표시 문제 등으로 한미 FTA 협상에서 결국 정부는 개성 공단 제품의 한국산 인정받는 것을 포기한 상황이다.(조선 2006.7.11)

정부는 그동안 개성 공단에 주한 외교 사절단과 기자단, 필립스전자, 허치슨 등 외국 기업 관계자들을 참관케 하고 KOTRA와 현대아산이 현지에서 개최하는 투자 설명회에 참석시킴으로 개성 공단의 성과에 대해 알리고 부정적 시각을 긍정적으로 바꾸고 투자 유치하는데 노력해왔다. 그러나 올해 말까지 진행될 본단지 1단계 분양을 앞두고 개성 공단 1호 기업인 소노코쿠진웨어의 경협 자금 유용설, 북한의 미사일 시험 발사, 정부의 금융 지원 방식 변경 등의 대내외적인 악재가 거듭되고 있는 실정이다.

일명 '개성 냄비' 사건으로 알려진 제조업체 소노코쿠진웨어는 개성 공단 1호 제품인 '개성 냄비'가 출시된 2004년 말 최고급 냄비 세트들을 남한에서 별도로 제작해 북한 고위 간부들에게 상납용으로 제공했던 것으로 밝혀진 것이다.(조선 2006.7.11) 소노코는 냄비 세트 외에도 자동차와 고급 양주, 의약품, 달러 등을 북측 인사들에게 수시로 전달했다는 관계자들의 진술이 나왔다.

서울중앙지검 조사부는 2004년 12월 15일 개성 공단 준공과 함께 개성 냄비가 첫 출하될 당시 소노코 측이 합작 기업이었던 리빙아트의 인천 공장에서 최고급 주방 냄비 150세트(1세트에 냄비 4개)를 만들어 북한으로 보냈다는 진술을 확보했다. 이 냄비 세트는 시중에서 50만 원대에 팔리는 것으로 '개성 냄비'보다 25배나 비싼 제품이다. 경찰은 소노코 측이 개성 공단에서 남한 당국의 허가를 받지 않고 불법 건축물을 짓고 투자자를 유치하는 행위 등과 북측 간부들에 대한 '고급 뇌물'들이 깊은 관련이 있다고 보고 수사를 벌이고 있다.

또한 개성 공단에 진출한 기업들이 통행(通行), 통신(通信), 통관(通關) 등 이른바 '3통(通) 문제'로 큰 곤란을 겪고 있는 것으로 나타났다. 즉 개성 공단 입주 기업들이 복잡한 북한 방문 절차와 통신 시설 미비, 물자 국경 통과 지연 등으로 경영에 차질을 빚고 있는 것이다. 아울러 정부의 예산 운영에 따라 남북 협력 기금의 대출이 제한되고 시중 은행으로부터의 대출도 거의 불가능해 자금 조달에도 어려움을 겪고 있는 것으로 나타났다.

결국 개성 공단 제품이 한국산으로 인정을 못 받아 미국 수출의 길이 막히고 더구나 유엔 안보리 대북 제재 결의안 통과로 개성 공단을 통한 북한 현금 유입에 제동을 건다면 본 단지 1단계 분양도 쉽지 않을 것이 예상된다.

(3) 남북 철도 연결 불발

북한은 2004년 6월과 10월, 2005년 7월과 10월 월(月)단위로 철도 시험 운행 시기를 합의했으나 이를 이행하지 않았다. 그러나 5월 16일 개최된 제 4차 남북 장성급 회담에서 올해 5월 25일로 시험 운행 날짜를 확정했다. 이것은 처음 있는 일이고 분(分)단위 행사 계획까지 합의한 상태였기에 비무장 지대를 관할하는 북한 군부의 동의가 있을 것이라는 관측도 나왔다. 정부는 시험 운행 합의 직후 비료 20만t의 대북 추가 지원을 시작한다고 발표했다.

그러나 북한은 시험 운행 하루 전인 24일 오전 남북 철도·도로 연결 실무 접촉 북측 단장인 박정성 철도성국장 명의의 전화 통지문에서 "쌍방 군사 당국의 군사적 보장 조치가 취해지지 않고 있는 조건에서, 남측에서 친미·극우 보수 세력들이 나라의 정세를 험악한 대결과 전쟁 방향으로 끌고 가는 형편에서 시험 운행은 예정대로 할 수 없다."고 주장했다. 이에 통일부는 성명을 내고 "남북 당국 간에 합의한 열차 시험 운행을 북측이 일방적으로 연기한 데 대해 매우 유감스럽게 생각한다."며 "특히 남측 정세를 터무니없이 운운하는 건 온당치 못하다."고 밝혔다. 정부는 북한 군부가 열차 시험 운행에 제동을 건 것으로 보고 있으나 북측이 당초부터 시험 운행 의도가 없었던 것으로 보아야 한다.

여기서 남북이 철도 연결을 바라보는 시각이 다른 것을 볼 수 있다. 북한은 철도 운행만큼은 경제 협력 사안이 아니라 철저히 체제 안보와 연결되는 중대한 사안으로 인식하고 있다는 것이다. 남북 철도의 연결은 그러지 않아도 체제를 위협하는 외풍을 가중시키는 일이기 때문에 마지막 순간에는 반드시 제동을 걸 수밖에 없는 것이다. 체제를 위협하는 요소를 제거하는 데는 군부와 경제 관료의 구분이 있을 수 없다. 북한 지도부는 난처한 입장을 정당화시키기 위해서 군부의 반대를 들추기도 하나 군부가 최고 지도부의 결정을 거스를 수 없다는 것은 이미 다 알고 있는 사실이다.

철도 운행에 대한 북한의 이 같은 인식은 우리 정부의 그것과는 상당한 차이가 있다. 경제 협력과 군사적 긴장 완화 · 신뢰 구축, 북핵 해결을 남북 관계의 3대 과제로 상정하고 있는 우리 정부는 철도 · 도로 연결 문제를 개성 공단 및 금강산 관광과 더불어 3대 '경협 과제'로 분류하고 있다. 이는 철도 연결 사업 자체가 경의선과 동해선을 중국의 철도와 시베리아 횡단 철도(TSR)에 연결해 '철의 실크로드'를 만들고, 그를 통해 한반도를 동북아 철도 물류의 기지로 만들겠다는 '경제적' 아이디어에 그 뿌리를 두고 있기 때문이다.

따라서 우리 정부는 물류 통과세 수입, 노후 철도 개선 등 철도 운행이 가져 올 막대한 경제적 이득으로 북한을 설득해 왔다. 그 같은 설득과 더불어 북한이 철도 시험 운행을 시행하면 수백억 원에 달하는 비누 · 신발 · 의류 등 경공업 원자재나 50억 원 어치의 철도 자재를 지원하겠다는 일종의 '연계 전략'을 편 것이다.

분명한 것은 참여 정부 들어 비교적 활발해지고 있는 남북 경협만으로는 남북 관계 개선에 한계가 있음을 드러낸 것이다. 남북 관계 개선을 위해서는 남북 간의 신뢰 구축 특히 군사 안보 측면에서의 신뢰 구축이 함께 이루어져야 한다는 것을 잊어서는 안 될 것이다.

(4) 자원 개발 협력

북측 민족경제협력연합회(민경련)는 대한광업진흥공사와 함께 4월 26일 평양 양각도호텔에서 황해남도 정촌 흑연광산 준공식에 참석하기 위해 방문한 남측 기업인 150여 명을 상대로 투자 설명회를 열고 남북 자원 개발 협력 사업 방향을 밝혔다. 북측이 자원 개발 사업과 관련해 남측 기업인들에게 대규모 설명회를 개최한 것은 이번이 처음이다.

북측은 우리 기업이 상호 신뢰를 바탕으로 자원 개발 사업의 구체적인 사업 계획을 제출하면 적극 협력하겠다는 입장을 밝혔고, 남측은 남북 자원 개발 사업과 관련해 남측 창구를 대한광업진흥공사로 단일화해 달라고 요청했다. 남측은 향후 유망한 북의 광물 자원 개발 후속 프로젝트로 평북 용문탄광(무연탄), 함남 검덕광업연합기업소(연 아연), 함남 룡양광산(마그네사이트), 20여 개 인회석 광산 등을 검토하고 있는 것으로 알려졌다.(연합 2006.4.27)

4월 21일 평양에서 개최된 제 18차 남북장관급 회담에서 남쪽은 함경남도 단천 지역을 '민족 공동 자원 개발 특구'로 지정하자고 북쪽에 제안했다. 단천이 관광 특구인 금강산, 공업 지구 특구인 개성에 이어 제 3의 특구 후보지가 되고 있는 것이다. 북한 최대의 비철금속 생산기지인 단천에는 아연 · 마그네사이트 · 납 · 은 · 몰리브덴 · 흑연 · 석면 등 모두 25종의 광종이 매장돼 있다.(한겨레 2006.5.8)

지난 6월 5일 제 12차 경추위에서는 단천 특구에 대한 합의를 이끌어내지 못했다. 그러나 남북한 간의 자원 개발 협력은 매우 바람직한 것이다. 일회성 지원 형식으로 주어 버리는 쌀이나 비료보다는 북한과 협력하여 북한의 자원을 우리의 자본과 기술로 개발하여 민족 공동의 이익을 추구하는 형식이 되어야 할 것이다. 중국의 동북공정 일환으로 북한 자원의 일방적인 개발을 저지하기 위해서도 남북 자원 개발 협력은 적극 추진되어야 할 것이다.

3) 남북 대화, 이대로 좋은가

⑴ 장관급 회담, 왜 이런 회담을

제18차 남북 장관급 회담이 4월 21~24일 평양에서 열렸다. 당초 3월 28~31일 열릴 예정이었으나 북측이 같은 기간에 열리는 한미 군사 훈련을 문제 삼아 일방적으로 연기했고 4월 6일 전화 통지문을 통해 장관급 회담을 21일부터 나흘간 개최하자고 통보해 왔다. 이번 남북 장관급 회담에는 이종석 통일부장관이 취임 이후 처음으로 남측 수석대표로 나섰다.

이 장관은 18차 장관급 회담에 임하면서 납북자 문제를 공개적으로 처음 거론했다. 북한은 이번 회담에서 납북자 및 국군 포로의 생사 확인, 상봉, 송환을 위해 '대범한 조치'를 취하라는 정부의 입장을 모두 수용하지는 않았다. 그러나 "전쟁 시기와 그 이후 소식을 알 수 없게 된 사람들의 문제를 실질적으로 해결하기 위해 협력한다."고 합의문에 명기함으로써 일단 성의를 보인 셈이다. 이 문제는 지난해 2월 금강산에서 열린 7차 적십자 회담 합의문에 처음 등장했으나 당시엔 "이산가족 문제에 포함시켜 협의·해결해 나가기로 한다."고 해 논점이 흐려졌었다.

18차 장관급 회담에서 우리 측이 제안한 한강 하구 공동 이용안과 민족 공동의 자원 개발안이 공동 보도문에 명시된 것도 중요한 성과라 할 수 있을 것이다. 그러나 북한은 정치·군사·경제 분야의 장벽 제거 등 기조 발언에서 제시한 근본적인 제도 개선을 공동 보도문에 명기하자고 고집, 실질적인 문제로 압축하자는 우리 측과 갈등을 겪었다. 정부는 북측이 납북자 문제 해결에 적극적으로 협조할 경우에 대비해 과감한 경제 지원 방안을 마련해 갔으나 북측의 태도가 완강해 구체적인 협상으로 진전되지 못했다. 남북 철도 연결을 위한 시범 운행 일정을 합의문에 넣으려는 정부의 노력도 북측의 비협조로 실패했다.

18차 회담 이후 5월 25일 남북 철도 연결 시험 운행 무산, 5·31 지방 선거 열린우리당의 참패, 김대중의 방북 무산, 북한의 미사일 발사 등으로 남북 관계는 급속도로 경색되었다. 회담 성사 여부에 대해 논란이 많았던 제 19차 남북 장관급 회담은 결국 7월 11일부터 14일까지 열릴 예정이었지만 상호 불신만 남긴 채 하루 앞당겨 끝내 버렸다.

남측 수석대표는 북한의 미사일 발사에 대해 강력한 유감을 표시하고 6자 회담에 조기 복귀할 것을 촉구했다. 한편 북측 단장인 권호웅 내각책임참사는 미사일 문제는 전혀 언급하지 않고 그동안 제기했던 국가 보안법 철폐 등 이른바 '3대 장벽'을 제거할 것을 되풀이하고 쌀 50만t 차관과 경공업 원자재 제공을 요구하는 한편 "북한의 선군(先軍) 정치가 남한의 주민들을 살린다."는 허무맹랑한 주장을 펴 남측 대표단을 당혹스럽게 했다.(연합 2006.7.13)

우리 정부는 이미 북한의 미사일 발사가 탈출구를 찾을 때까지 쌀 차관 제공을 유보하기로 결정한 만큼 협상의 여지가 없었다. 이에 북측은 이번 회담에서 쌀 차관 제공과 관련한 양보를 얻어내는 것은 불가능하다고 판단, 더 이상의 논의를 하지 않았고 남측도 쌀에만 관심이 있는 북측을 더 붙들어 둘 필요성을 느끼지 못해 회담을 종결시켰다. 정부는 이번 회담이 이렇다 할 성과 없이 마무리됐지만 북한 고

위 당국자에게 직접 미사일 발사에 대해 충분히 따지고 6자 회담 복
귀를 강하게 설득할 수 있었다는 데 의미를 두었다.

이번 북측의 "선군(先軍)이 남측의 안정도 도모해 주고 남측의 광
범위한 대중이 선군의 덕을 보고 있다."는 발언은 남북 회담장에서
처음으로 공개적으로 발언한 것으로 정부 여야는 물론 국민 여론에
도 큰 파장을 일으켰다. 이에 대해 이종석 장관은 "누가 남쪽에서 귀
측에게 우리 안전을 지켜달라고 한 적이 있느냐"고 반문한 뒤 "우리
의 안전을 도와주는 것은 북측이 미사일 발사와 핵 개발을 하지 않는
것이며 북측이 미사일을 발사하면 그 사정거리만큼 남북 간 거리도
멀어질 것"이라고 강하게 반박했다.

앞으로 20차 장관급 회담은 10월 평양에서 갖기로 되어 있지만 정
부는 북한의 미사일 발사 후 남북한에 걸려 있는 문제가 워낙 커 그
전에라도 북측이 합의하면 개최한다는 입장이다. 그러나 북한이 처
한 국제적인 압력과 제재가 가중됨에 따라 북한은 남측과 대화로 해
결할 사안이 없음을 감안, 남측이 경제 지원을 약속하지 않는 한 남
북 대화를 앞당겨 개최하는데 부정적 반응을 보일 가능성이 있다.

(2) 경추위 회담, 문제는 실천

제 12차 남북경제협력추진위원회가 6월 3~6일 제주도에서 개최
되었다. 남북 양측 대표단은 6일 '남북 경공업 및 지하자원 개발 협력
에 관한 합의서'(경공업 합의서)와 한강 하구 골재 채취 사업 추진 등
을 골자로 한 9개항의 '경협위 합의문'을 채택했다. 양측 대표단은
열차 시험 운행, 경공업 원자재 및 지하자원 개발협력 등 현안에 대한
이견 조율을 벌인 끝에 이들 두 가지 합의문을 채택하여 발표했다.

양측은 최대 쟁점인 열차 시험 운행 문제와 경공업 원자재 및 지

하자원 협력 문제의 경우 열차 시험 운행 문제를 구체적으로 거론하지 않은 대신 "'경공업 합의서'를 채택하고 조건이 조성되는데 따라 조속히 발효시키기로 한다."고 합의문에 명시했다. 회담에서 남측이 열차 시험 운행과 경공업-지하자원 협력을 연계시켰기에 열차 시험 운행이 이뤄지지 않으면 '경공업 합의서'도 발효되지 않게 된 것은 그나마 정부의 체면을 살렸다는 평가를 받고 있다.

10개항으로 구성된 '경공업 합의서'는 남측이 2006년부터 북측에 의류, 신발, 비누 생산에 필요한 경공업 원자재를 유상으로 제공하고 북측은 지하자원 생산물, 지하자원 개발권 등으로 그 대가를 상환하도록 했다. '경공업 합의서'는 남측이 올해 미화 8천만 달러 상당의 경공업 원자재를 북측에 제공하고 북측은 금년 중 원자재 대가의 3%를 아연괴 등으로 상환하고 나머지는 5년 거치 10년 균등 분할 상환 방식으로 갚는다는 데 합의했다. 이에 대해 정부는 12차 경추위에서 지원 첫해에 일부라도 상환토록 합의한 것은 큰 진전이라고 평가하고 있다.

제 18차 장관급 회담에서 논의되었던 한강 하구 골재 채취 사업은 군사적 보장조치가 취해지는 데에 따라 추진하기로 합의했다. 정전협정상 중립 수역으로 그동안 관리되어 오지 못했던 한강 하구의 남북 공동 이용은 남북 모두에게 경제적 효과를 유발할 것이 예상되어 바람직한 것이다.

(3) 장성급 회담, 성의 안 보여

제 3차 남북 장성급 군사 회담이 지난 3월 2~3일 판문점 통일각에서 개최되었다. 장성급 회담은 2004년 6월 3~4일 설악산에서 2차 회담이 개최된 뒤 2년 가까이 열리지 않았다. 3차 장성급 회담 마지막 날인 3일 서해상에서의 충돌 방지를 위한 개선 조치 등에 대한 협의를 벌였으나 합의 도출에는 실패했다. 남측은 서해상 충돌 방지 개선 조치와 공동 어로수역 설정 문제를 우선적으로 토의하자고 제의했으나 충돌 방지를 위해 서해상 경계선을 새로 설정하자는 내용의 '근원적 조치'를 먼저 취하자는 북측의 주장에 부딪쳐 협의가 난항을 거듭하다가 결국 차기 회담에 대한 기약도 없이 회담을 끝낸 것이다.

제4차 남북 장성급 회담이 5월 16일부터 18일까지 판문점 남측 '평화의 집'에서 열렸으나 남북은 의견차를 좁히지 못했다. 남측은 서해상 우발적 충돌 방지 개선안과 철도·도로 통행에 따른 군사적 보장 합의서 체결, 공동 어로수역 설정 등을 주의제로 논의하자고 거듭 제의했지만, 북측은 서해상의 군사적 긴장을 완화하려면 해상 군사 분계선 재설정이라는 '근원적인 문제'가 해결되어야 한다며 이 문제를 주의제로 다룰 것을 주장했다. 북측은 "냉전의 유물로서 충돌을 일으킬 수 있는 쌍방의 모든 주장들을 다같이 대범하게 포기하는 원칙에 기초하여 서해 해상 문제를 해결해야 한다."는 주장을 되풀이하는 등 사실상 서해 북방 한계선(NLL)을 백지화한 상태에서 논의할 것을 강조했다. 이에 대해 남측은 1992년 남북 기본 합의서에 명시된 해상 불가침 경계선 협의 등 군사 분야 8개 합의 사항을 국방 장관 회담을 열어 포괄적으로 논의하자고 했으나 북측은 이를 거부하였다.(중앙 2006.5.17)

북한의 해상 경계선은 북한 입장에선 여러 고민을 한꺼번에 해결해 줄 수 있는 묘책으로 분석된다. 이 경계선은 서해 5도 북쪽 해상에선 NLL과 대체로 일치한다. 그러나 소청도와 연평도 사이의 섬이 없는 해상에선 북한 해안가로부터 12해리(22km) 남쪽까지 영해로 인정해 달라는 것이다. 이 경계선에는 NLL 남쪽 10km의 우리 해역까지 포함된다.

북한의 해상 경계선을 적용하면 우리의 군사적 부담은 커진다. 북한의 주장은 NLL을 폐지하고 국제법에 맞춰 서해 해상 경계선을 긋자는 것이고 이는 우리의 섬이나 육지로부터 12해리 이내는 영해이지만 그 바깥 해상은 공해가 된다는 의미이다. 또한 남북한이 서해에 국제법을 적용하면 북한 함정이나 상선이 공해를 통해 덕적도 부근까지 통항할 수 있게 되며 이는 엄청난 군사적 위협이다. 현재 서해는 북쪽으로는 NLL을, 서쪽으로는 우리 섬 바깥 먼 바다까지 우리 군의 작전 인가 구역(AAO)으로 설정, 그 안쪽으로 북한 함정과 상선 등 선박이 아예 들어오지 못하도록 원천 봉쇄하고 있다. 또한 북한의 새로운 서해 해상 경계선이 적용되면 소청도와 연평도 사이의 꽃게 어장이 북한에 편입되며 우리 어민은 큰 손해를 보게 된다.

한편 북한이 미사일 발사 이틀 전인 7월 3일 남북 장성급 회담 '실무 접촉'을 7일 오전 10시 판문점에서 열자고 제안했던 사실을 국방부에서 뒤늦게 알렸다. 북한은 미사일 발사 이틀 전에 전화 통지문을 보내 남북 장성급 군사 회담과 관련된 토의를 하자고 제안했고, 국방부는 북한의 미사일 발사 등 적절한 시기가 아니라고 판단해 6일 연락 장교 접촉을 연기한다고 전화 통지문을 전달했다. 향후 접촉 일자는 우리측이 적절한 시기에 통보하겠다는 입장도 전달했다. 국방부는 7일 남북 긴장 완화를 위한 장성급 회담의 연락 장교 접촉을 제의해 놓고 미사일을 발사한 것은 이해할 수 없는 행동이라며 강력한 유감을 표했다.

그렇다면 북한은 왜 미사일 발사 이틀 전 군사 회담을 제의한 것일까? 이에 대해 일각에서는 겉으로는 대화를 제의하면서 뒤로는 미사일 발사를 준비하는 북한의 이중 플레이에 놀아난 정부에 대한 비판을 하기도 했다. 일단 군사 실무 회담 접촉과 항행 금지 구역 발표, 미사일 시험 발사 등 일련의 과정을 살펴볼 때 북한은 미사일 발사 이후의 외교적 정치적 시나리오를 이미 준비하고 미사일 시험 발사를 강행한 것으로 판단된다.

북한은 동해안에 7월 4일부터 11일까지 8일 동안 항해 금지 구역을 선포했다. 그리고 5일 새벽부터 7기의 미사일을 발사했다. 따라서 실제 접촉이 이뤄졌다면 미사일 발사의 정당성을 주장하는 통로로 실무 회담이 활용됐을 것이라는 해석이다. 즉 북측이 3일 군사 접촉을 제의하고 5일 미사일 7발을 발사한 뒤 7일 군사 접촉에서 이를 해명하겠다는 치밀한 계산된 사전 시나리오에 따른 것이라는 설명이다. 우리 국방부가 북측의 군사 회담 제의를 거절한 것은 2000년 이후 처음이다. 1999년 6월 연평 해전 당시에도 장성급 회담을 개최하는 가운데 북한 경비정의 도발이 있었던 전례를 의식해 북한의 정치적 전략에 휘말리지 않기 위해 일단 북한에 연기 의사를 통보한 것으로 풀이된다.(세계 2006.7.7)

4) 북핵 문제, 소극적 대응

북핵과 탄도 미사일 문제는 분리될 수 없는 문제임에도 정부는 이를 분리해서 해석하고 있다. 이제 북한은 핵무기 생산 능력은 물론 발사 능력까지 보유하게 된 셈이다. 북핵은 우리에게 현실적인 위협으로 다가왔다.

그동안 정부는 북핵 문제를 북미 관계와 분리시켜 처리해 왔다. 정부는 9·11 테러 이후 미국이 새롭게 수립한 세계 전략을 이해하려고 하지 않았으며 북핵부터 위폐, 마약, 인권, 금융 제재 등에 이르는 미국의 포괄적인 대북 압박 정책에 대한 이해가 부족했다. 그러기 때문에 정부 당국자는 북한의 발사체가 '미사일'이 아닌 '인공위성체'일 가능성을 제기하면서 미국의 대북 압력을 희석시키려 했다.

북한 핵 문제의 핵심은 첫째 북한이 핵무기 생산 능력을 갖추었느냐 하는 것이다. 둘째는 북한이 핵무기를 전략적으로 운용할 만한 역량이 있느냐의 문제다. 첫 번째 문제는 이미 북한이 극복했다고 평가된다. 두 번째 문제에 대해서는 지금까지는 여러 가지 이유로 회의적이었다. 그러나 지난 발사로 인해 두 번째 단계도 넘어서게 됐고, 그렇다면 북핵은 이제 현실적 위험성을 갖게 되는 셈이다.

참여 정부 출범 후 북핵 문제는 참여 정부가 외교적으로 해결해야만 할 최우선적 과제였다. 노 대통령도 '북핵 문제만 해결되면 모든 것은 깽판 쳐도 좋다.'는 거친 표현까지 사용할 만큼 한반도의 사활적 이해관계가 걸린 문제였다. 그러나 현실적으로 정부의 북핵 문제에 대한 대응은 남북 관계 개선에 그렇게 매달렸음에도 불구하고 결국 실패로 돌아갔다.

지난 미사일 사태의 시작은 5월 4일 평양 산음동에서 미사일 발사체가 평양역에 그 모습을 드러내면서 시작되었다. 1998년도 그랬다. 산음동에서 1주일 걸려 발사대로 갔고, 그로부터 약 30일 넘어 발사됐다. 지난번에는 60일 만에 지연 발사됐다. 30일 간의 차이만 있었을 뿐, 모든 프로세스는 똑같았다.

지난 미사일 시험 발사 사태는 일본과 미국의 외교 안보 당국자들만 끊임없이 모습을 드러냈다. 그러나 우리 정부의 위기관리 시스템은 어떻게 작동했는지 분명치 않다. 정부는 미사일 발사 사태에 시종 소극적으로 대응했고 장관급 회담에서 정부의 대응도 미흡했다는 평을 받고 있다.

발사 조짐이 포착된 5월 초부터 정부는 안이하게 대처해 왔다. 북한은 4일 오전 국제 상선 공용 주파수를 통해 이번 미사일이 떨어진 해역에 대한 선박 항해를 피해달라고 밝혔다. 발사를 통보했음에도 북구하고 정부는 아무런 조치를 취하지 않았다. 첫 발사 이후 일본은 30분 만에 총리 관저에 대책실이 설치되어 곧이어 관계 장관 회의가 열렸으나 정부는 몇 시간 뒤에야 대책 회의를 열었다는 것이다.(중앙 2006.7.6)

7월 15일 유엔 안보리는 북한 미사일 발사와 관련 대북 제재 결의안을 채택했다. 일본과 미국은 안보리 결의안이 '실질적인 구속력'이 있다고 주장했지만 한국 정부는 다소 모호한 입장이다. 송민순 청와대 외교안보실장은 16일 기자 회견에서 "우리 정부로서는 외교적 방법으로 문제를 해결하는데 노력을 집중해 나가겠다."고 말했다. 외교부 당국자는 "중국의 반대도 있었지만 유엔 헌장 7장이 원용되지 않은 것은 우리의 외교적 성과"라고 주장했다.(중앙 2006.7.17)

이에 대해 야당의 한 인사는 "북한을 자극하지 않으려고 안이하게 대처한 우리 정부의 책임을 물어야 한다. 현 정부의 일방적인 대북 시혜 정책이 북한의 벼랑 끝 도박을 자초한 만큼, 편향적이고 저자세적인 대북 정책을 근본적으로 전환하라"고 했고, 또 다른 야당인사는 "굳건한 한미 동맹과 국제 공조 하에 다시는 북한의 도발이 재발하지 않도록 강력히 대처하라."고 촉구했다.(중앙 2006.7.6)

북핵 문제의 실질적 해법은 북한과 미국이 상호 신뢰를 회복하는데 있다. 그래서 우리 정부가 할 수 있는 결정적 역할이 따로 있었다. 바로 남북한 관계의 점진적 신뢰 회복과 신뢰에 바탕을 둔 굳건한 한미 동맹을 통해서, 주체적이고 능동적으로 우리 정부가 해낼 수 있는 외교적 역할을 수행하는 것이었다.

이를 위해서는 북핵 문제를 독자적인 것으로 보는 좁은 안목에서 벗어나 현재 진행 중인 미군기지 이전과 전략적 유연성 등 한미 동맹 재조정 현안과도 긴밀히 연계해야 하며 동북아 질서의 재편이라는 큰 틀에서 전략적으로 접근해야 한다.

그러나 정부는 남북 관계와 한미 관계를 동북아 질서라는 큰 틀에서 접근하지 못하고, 남북 문제와 한미 문제를 분리시켜 접근하는 잘못을 범했다. 자주와 동맹이라는 이분법적 대립을 격화시켰을 뿐이다. 그동안 정부는 북한에 대해서는 6자 회담 복귀를 촉구하고, 미국에 대해서는 북미 간의 대화를 촉구해 왔다. 그러나 어떠한 의미 있는 결과도 얻지 못했다. 지금 정부가 할 수 있는 최선의 것은 지난 미사일 발사 강행과 관련, 북한에 대해 미사일 사태가 초래할 최악의 상황에 대해 강력하게 경고하는 한편, 북한이 왜 그런 최악의 상황을 선택하였는지 북한 핵심부의 입장을 정밀 분석하고 전략적으로 대응하는 것인데 아직 그러한 부분이 부족하다.

5) 안개 속의 남북 관계

북한의 미사일 발사 강행은 대북(對北) 경협의 미래에도 심각한 악영향을 미치게 될 것으로 보인다. 개성 공단, 금강산 관광, 경의선·동해선 철도· 도로 연결 등 이른바 '3대 경협'이 정상적으로 추진될 수 있을지 불투명한 상황에 이른 것이다. 정부 당국자는 5일 "1998년 1차 미사일 위기 때도 금강산 관광 사업 등 민간사업은 계속됐다."며 "개성 공단 등 민간이 중심이 되는 사업은 별개로 진행돼야 한다."고 말해 3대 경협 사업의 지속적 추진 의지를 나타냈다.

이에 앞서 이종석 통일부 장관도 현 정부 대북 사업의 '옥동자' 라고 불리는 개성 공단에 대해 "어떤 난관이 있더라도 반드시 성취할 것이다. 한반도에 어떠한 정세 변화가 있더라도 남과 북이 개성 공단 사업을 멈추지 않을 것"이라고 강조했다. 하지만 대북 투자에 대한 리스크가 부각된 상황에서 계획대로 연내에 개성 공단 본단지 1단계 분양이 성공적으로 마무리될 수 있을지는 장담할 수 없는 상황이 됐다. 투자에 대해 미래 수익이 보장되지 않을 경우 투자하지 않는다는 것은 경제 원리의 기본 중 기본이다. 북미 관계가 최악의 상황으로 갈 것이 뻔한 상황에서 개성 공단이 추동력을 잃게 될 것은 자명한 이치로 보아야 할 것이다.

정부는 금강산 관광과 개성 공단 사업은 민간 교류 사업으로 자유 시장 경제 원칙에 맡긴다는 입장으로 대북 제재와는 무관하다는 입장을 보였다. 그러나 미국 내 일각에서는 개성 공단 북한 근로자들의 임금과 금강산 관광 대가 등이 미사일과 대량 살상 무기(WMD) 개발 비용에 사용될 가능성도 배제할 수 없다며 문제를 제기하고 있어 북한이 추가 미사일 시험 발사를 강행할 경우 개성 공단과 금강산 관광에 대한 추가 제재를 미국 측이 요구할 가능성이 큰 것으로 보인다.

남북 화해의 상징으로 여겨지는 개성 공단 및 금상산 관광 사업은 동북아 정세가 아무리 복잡하게 돌아간다 하더라도 흔들림 없이 추진되기를 바란다는 것이 정부 내 분위기이다. 통일부 안팎에서는 일단 이번 유엔 안보리 결의안에서 북한에 이전하지 말라고 요구한 재정적 자원이 '미사일이나 WMD 관련'으로 한정됐기 때문에 개성 공단 및 금강산 관광 사업에까지 영향을 미치지는 않을 것이라는 의견이 지배적이다. 이런 판단에는 개성 공단이나 금강산 관광 사업까지 문제를 삼는다면 이는 사실상의 대북 경제 봉쇄를 의미하며 우리나라 이상으로 북한과 활발한 교역을 펼치고 있는 중국과 러시아의 대북 교역도 모두 막아야 한다는 논리로 비약될 가능성이 있다는 점도 감안한 것으로 보인다.(연합 2006. 7.16)

그동안 미국 내 일부 대북 강경파를 중심으로 '북한으로 들어가는 자금은 궁극적으로 북한의 미사일이나 핵 개발에 쓰일 수 있는 것 아니냐'는 주장과 함께 개성 공단이나 금강산 관광에도 곱지 않은 시선이 나왔던 점을 감안하면 상황 전개에 따라 남북 경협에도 부정적 영향이 미칠 가능성을 배제할 수 없을 것으로 보인다. 따라서 직접적으로 남북 경협 사업을 막지는 않더라도 이번 안보리 결의안을 계기로 남북 경협의 투명성을 강조해 온 부시 미 행정부의 요구는 더욱 거세질 것이 분명하다.

개성 공단 제품의 수출에 있어 최대의 관건인 한국산(産) 인정도 이번 미사일 발사로 어려워질 전망이다. 정부는 한미 FTA 협상에서 북한 개성 공단 제품을 한국산으로 인정받는 것을 사실상 포기할 방침이라고 7월 10일 정부 관계자가 밝혔다. 이 관계자는 "북한의 미사일 발사로 미국의 양보를 얻어내는 것이 불가능해졌다."며 "일단 한미 FTA에서는 개성 공단 문제를 포기하고 향후 6자 회담 정상화 등과 연계하는 방안을 생각하고 있다."고 말했다. 정부는 다만 개성 공단 문제를 FTA 협상 테이블에서 공식 철회하진 않고 미국에 대한 '협상 카드'로 활용, 농산물 등 다른 분야에서 양보를 얻어낸다는 전략이라고 전했다.(조선 7.11)

아울러 현재 남북 사업자 간에 협의 중인 것으로 알려진 금강산 관광 종합 개발 계획의 확정과 조만간 이뤄질 것으로 알려진 내금강 관광 등도 예정대로 추진될 수 있을지 불투명해졌다. 하지만 현대아산은 이번 미사일 발사가 금강산 관광 사업에 큰 지장을 주지는 않을 것으로 전망했다. 이 밖에 지난달 24일 북한이 시험 운행 하루 전날 전격적으로 취소를 통보한 경의선·동해선 열차의 시범 운행도 언제 성사될지 모르는 상황이다.

정부는 지난달 초 제주도에서 열렸던 제 12차 남북경제협력추진 위원회에서 경공업 원자재나 쌀 비료 등 북측이 원하는 물자를 지원 하되 경의선·동해선 철도 도로가 연결된 뒤에 한다는 조건부 지원 약속을 하기도 했지만 미사일 발사로 인해 성사를 장담할 수 없게 됐 다. 이와 함께 평양에서 열릴 8·15 통일 대축전 남북 공동 행사와 관련 정부 당국자의 참석 여부가 관심을 끌고 있다. 현재 남측 민간 단체의 참가는 확정한 상태이지만 정부는 아직까지 명확한 입장을 밝히지 않은 채 여론의 눈치를 보고 있다는 지적이다.

6) 이렇게는 안 되나

북한 미사일 발사 이후, 국제 사회는 한 목소리로 북한을 압박하 고 있다. 물론 남북 관계에서 평화를 최우선으로 추구하는 참여 정부 에서 가급적 북한을 자극하지 않으려 하고 남북 경협에 치중했던 것 은 이해하지만, 이제는 그 결과를 보고 있다.

활발한 남북 경협은 군사적 신뢰 구축과 병행할 때 설득력이 있을 것이다. 특히 납북자 문제라든지, 북한 인권 문제에 대해서 정부가 북한에 해야 할 말들을 너무 아끼고 오히려 북한을 감싸는 듯한 모습 을 보인 것이 오히려 국제 사회에서 남한 정부의 설자리를 없게 만들 지 않았나 싶다. 대북 정책을 둘러싸고 남남 갈등이 심화되는 이때에 정부가 이제라도 국민적 합의에 바탕을 둔 대북 정책을 펼쳐야 할 것 이다.

정부는 금번 남북 관계 경색을 계기로 대북 정책을 총체적으로 점검하여, 남북 대화의 끈을 이어가되 북한에 할 말은 하고, 국제 사회와 보조를 맞추어 가는 자세를 보여야 할 것이다. 특히 한미 동맹과 남북 관계를 대립적으로 접근하여 양측에 오해를 낳게 하는 것이 아니라 상대의 입장에서 충분히 생각하여 절충안을 만들어 신뢰를 회복할 때 정부가 기대하는 균형자의 역할도 부분적으로 할 수 있을 것이 아닌가 생각해 본다.

7) 우리의 기도

내 이름으로 일컫는 내 백성이 그 악한 길에서 떠나 스스로 겸비하고 기도하여 내 얼굴을 구하면 내가 하늘에서 듣고 그 죄를 사하고 그 땅을 고칠지라. (역대하 7:14)

첫째, 북한의 미사일 발사로 유엔 안보리 대북 제재 결의안이 채택되어 남북 관계에 큰 지장이 있게 되었습니다. 북한은 결의안을 거부하고 추가 발사 발언을 하며 상황을 더욱더 악화시키고 있습니다. 대북 제재로 가장 피해를 보는 사람들은 북한의 주민들입니다. 북한 정부의 강팍함을 고쳐 주옵소서.

둘째, 최근 한반도에 큰 폭우가 있어 피해가 큽니다. 특히 북한 대동강은 16년 만에 큰물(홍수)이 나서 많은 피해가 있고 또 양강도, 함경도, 황해도 일대에 파라티푸스, 백일해, 괴질 등 3개종 급성 전염병이 돌아 많은 사람들이 죽어가고 있고 전국적으로 확산되고 있다고 합니다. 미사일 발사 문제로 곤혹을 치르는데 '엎친 데 덮친' 격

입니다. 특히 면역성이 약한 노인이나 여자, 어린이들이 많이 병에
걸려 죽고 있는데 국제적으로 어려운 환경 속에서도 돕는 손길들을
보내 주시고 병이 확산되지 않도록 도와주시옵소서. 주여 그들을 긍
휼히 여기시고 보호하여 주시옵소서.

셋째, 미국과 일본이 추가 제재를 준비하고 있다고 합니다. 각국
이 자신들만의 이익을 추구하지 않게 하시고 북한의 진정한 변화를
위해 함께 노력하게 하시옵소서. 한미 동맹과 남북 관계, 국제 사회
의 흐름 속에 한국 외교가 한반도의 평화를 위해 주체적이고 능동적
으로 지혜를 발휘하게 하시옵소서.

넷째, 참여 정부의 대북 정책에 대한 여러 실책들이 드러나고 있
습니다. 이 기회에 대북 정책을 총체적으로 점검하여 다듬을 수 있게
하시되, 대북 정책을 둘러싼 남남 갈등이 더 이상 심화되지 말게 하
시고 국민적 합의에 기반을 둔 대북 정책을 수립하게 하시옵소서.

다섯째, 한국 교회는 이러한 위기를 허락하시는 하나님의 뜻을 깨
닫고 그동안의 기복 신앙과 역사적 죄와 사회적 책임을 다하지 못한
죄를 자성하며 회개하는 기회로 삼게 하시옵소서. 교회가 먼저 민족
의 죄를 짊어지고 회개하며 통회 자복하며 하나님의 긍휼을 구하게
하시옵소서.

예수님의 이름으로 기도드립니다. 아멘!

3. 평양 장대현교회 복원

1) 장대현교회

장로교(합동 측) 평양 대 부흥 운동 100주년 기념사업의 하나로 장대현교회 복원을 논의하다가 성사됐었던 '장대현봉사센터' 건축에 제동이 걸렸다.

장로교 대표단(합동 측)과 조선그리스도교연맹 양측이 '장대현봉사센터' 명칭을 놓고 의견 차이를 보이고 있는 것이다. 장로교 대표단(합동)은 조선그리스도교연맹에 '교회'라는 명칭을 넣어 달라고 요구했으나 조선그리스도교연맹은 '교회'라는 명칭을 포함하는 것에 난색을 표명하였다.

조선그리스도교연맹은 지난해 말 장로교(합동)로부터 평양 대부흥 100주년을 맞아 장대현교회를 복원하자는 제안을 받은 후 올해 초 교회 복원 대신 옛 장대현교회 부지에 인민대학습당이 있기에 칠골교회 앞에 연건평 1만 2,000평 규모의 4~5층 봉사센터를 건립해 줄 것을 요청했었다.

한편 '장대현봉사센터' 1층에는 장대현기념교회와 수영장, 2~3층에는 기념관과 복지 시설이 들어설 계획이다. 장로교(합동)는 '장대현봉사센터' 건립에 총 30억 원이 소요될 것으로 예상했었다.

복원 논의가 진행된 장대현교회는 평양, 아니 평안남도의 최초 교회로서 한국 교회에 미친 영향이 말할 수 없이 크다. 당시 조선예수교장로교회의 본거지였던, 평양에서 장대현교회는 그 중심 교회로서 장로 교회의 건설 초기에 눈부신 기여를 하였다.

평양신학교 교수가 장대현교회 선교사이며 담임 목사인 마포삼열 선교사였고, 또 길선주, 이기풍, 한석진 등 1회 졸업생 7명 중 5명이 장대현교회 출신 이었다.

또한 평양 대 부흥 운동으로 널리 알려진 놀라운 영적 대 각성 운동이 1907년 1월 장대현교회에서 열린 평안남도 겨울 남자 사경회 기간에 일어났다. 뿐만 아니라 1898년 이신행 여사가 중심이 되어 여전도회를 조직하고 또 성미도 실행하였는데 이것이 한국 교회 여전도회의 시작이며 성미의 시작이다.

그리고 숭실중학교·전문학교, 숭의학교도 장대현교회에서 시작하였으며 1904년에 교회 성가대, 1907년에는 담임 길선주 장로가 새벽 기도회와 삼일 예배, 1911년에는 남전도회를 시작하였다.

평안북도에 의주교회, 황해도 장연에 소래교회, 서울에 승동교회, 남대문교회, 새문안교회가 설립되었을 때 평양에는 장대현(널다리, 판교 혹은 장대제)교회가 설립된 것으로 1901년 6월 봉헌식을 거행했을 무렵 교인수가 1,400명이었다.

2) 우리의 기도

> 이에 그들이 그 환난 중에 여호와께 부르짖으매 그들의 고통에서 구원하시되 흑암과 사망의 그늘에서 인도하여 내시고 그들의 얽어 맨 줄을 끊으셨도다. (시 107:13-14)

고통에서 구원하시되 흑암과 사망의 그늘에서 인도하여 내시는 하나님께 감사와 찬양을 올려드리며 기도드립니다.

첫째, 복원 사업을 추진하는 담당자들에게 지혜를 주셔서 명분, 명예, 교단의 이익이 아닌 하나님의 뜻을 구현하는 장대현교회 복원 사업이 되게 하여 주옵소서.

둘째, 보이지 않는 많은 영적 어려움 가운데 진행되는 장대현교회 복원 사업의 순적한 진행을 통하여 복원 사업에 참여하는 모든 하나님의 사람들 가운데 주님이 이루시기 원하는 선한 역사가 나타하게 하옵소서.

셋째, 한국의 자본이 아니라 북한 지하 교회 성도들이 무너진 3,040개 북한 교회 복원, 재건의 주역과 초석이 되기까지 지하 교회 성도들의 무릎이 연약해지지 않게 붙들어 주시고, 갇힌 자 된 저들을 주님이 위로하여 주옵소서.

넷째, 북한 교회 재건·수복을 반대하는 악한 영의 세력이 소멸되어 주님 홀로 영광 받으시옵소서.

예수님의 이름으로 기도합니다. 아멘!

참조: 국민일보. 2006.3.11
통권 44호, 북한 선교 북한 사랑

4. 개성 공단 사업

1) 개성 공단 사업

개성 공단 사업은 남·북간 처음으로 추진되는 진정한 의미의 호

혜적인 경협 사업이란 점에서 그 의의를 찾을 수 있다. 실제로 공단에는 2006년 5월 현재 7,000여 명의 남북 근로자가 근무하고 있으며, 공단 안에 남북 경제협력협의사무소에서는 우리 공무원이 북한 공무원과 함께 근무하고 있어 남북 관계가 군사적 대치 상황에서 일상적인 업무 관계로 변화한다는 상징성을 보여 주고 있다고 할 수 있다.

또한 개성 공단 사업은 '한국 주도형'의 경협 사업으로서 한국 측 사업자가 북측으로부터 토지를 장기 임대 받아, 공단 개발과 분양, 내·외부 기반 시설 건설을 주도하고 직접 공단을 운영하는 방식으로 북한이 개성 지역 군부대 시설을 후방이로 이전, 그 공간에 공단을 조성함에 따라 과거 군사 요충지가 남북 협력과 공조의 공간으로 바뀌었다.

언론 보도에 의하면 2000년 8월 개성 공단 개발에 합의한 이후, 북한은 2년 이내 개성 주둔 1개 사단과 군사 장비를 후방으로 이동하였다.

개성 공단 사업은 과거 KEDO 사업, 대북 임가공 사업, 금강산 관광 사업 등에 비해 남북 접촉의 폭이 넓고 시장 경제적 요소도 더 많아, 북한의 개혁·개방 및 남북 교류 협력 증진에 보다 큰 효과가 있을 것으로 전망되고 또 공단 사업이 성공적으로 진행될 경우, 북한이 더욱 더 적극적으로 중국식 개혁·개방과 특구 운영에 나설 것이라는 분석 속에 한국 정부는 개성 공단 사업의 성공에 최우선적인 역점을 두고 있다.

북핵 문제 등 남북 관계 악화로 위급한 상황이 생기지 않는 한 개성 공단 사업을 지속할 것으로 보이며 이뿐 아니라 개성 공단 사업을 통해 한반도의 긴장 완화와 평화 정착을 돕고 북핵 문제 등 남북 관

계 해결에 유리한 환경을 조성하겠다는 전략적 고려도 있는 것으로
보인다.

그러나 2006년 후반기 개성 공단 사업의 확장을 앞두고 개성 공
단 사업의 성공을 위하여 반드시 극복해야 할 여러 가지 문제가 있음
도 알아야 한다. 미국의 협조·국제 사회와 관련된 수출 통제 문제,
북한과의 관계에서 발생하는 통행·통신·통관의 소위 '3통 문제'
와 수출 대상국과 관련된 원산지 문제 등 이다.

지난 4월 말 제이 레프코위츠 미국 대통령북한인권특사가 최초로
공개리에 개성공단 사업을 비판하고, 이이서 버시바우 주한 미국 대
사도 동 사업의 불투명성을 지적하는 등 미 정부 내에서 개성 공단에
대한 비판적 입장이 처음으로 표면화 되었다.

통신의 경우, 2005년 말 한국 측 통신 장비 반입 덕에 전화·팩스
는 상대적으로 저렴한 가격에 자유롭게 사용이 가능하나, 여전히 국
내 통신 요금보다 비싸며, 아직 인터넷과 핸드폰 사용은 금지되어 있
는 실정이다.

'방북 초청장' 발급 형식으로 이루어지는 개성 공단 방문은 신청
과 처리에 거의 한 달 정도 소요되고 또한 일정 변경이 거의 불가능
한데다 DMZ 출·입경 시간도 제한되어 기업의 안정적이고 유연한
생산 활동을 저해하고 있다.

2) 우리의 기도

우리 삶의 필요를 사랑으로 공급하시는 하나님을 찬양하며 영적,
물질적, 정서적 필요를 채우셨던 하나님께 감사드리며 개성 공단을
기억하며 기도드립니다.

첫째, 남북간 처음으로 추진하는 경제 협력 사업인 개성 공단 사업이 북한 미사일 발사 등 여건 악화로 신규 분양 연기 등의 악재를 극복하고 차질 없이 진행되어 평화적 통일의 기초를 놓게 하시고, 공단의 상품 생산과 주민들의 삶의 질 향상에 도움이 되게 하옵소서.

둘째, 개성 공단에서 얻어지는 수익이 몇몇 고위 관리들의 욕심을 채우는 것으로 오용되지 않으며, 북한 근로자의 임금 체불, 북한 간부들을 향한 뇌물 제공 등 모든 불법을 폐하여 주시고, 북한 주민들이 노동의 가치를 배우게 하옵소서.

셋째, 공단 내의 북한 주민들이 물질주의에 사로잡히지 않게 하시며, 공단 안의 믿음의 기업을 통하여 남북한 간의 이질감을 완화시키고, 서로를 이해하는데 긍정적인 영향을 미치며, 복음의 통로가 될 수 있게 도와주시옵소서.

예수님의 이름으로 기도합니다. 아멘!

V. 불편한 한미 동맹

1. '전시 작전권'이 뭐길래

1) 전시 작전권 왜 생겼나

1948년 창설된 국군(육군·해군)은 대통령을 최고 통수권자로 하고 국방부에 총참모장을 두었다. 총참모장은 대통령 또는 국방장관의 지휘를 받아 인사, 군수 등에 대하여 군정권을 갖고, 육·해군 참모총장은 명을 받아 소속 부대를 지휘·감독하도록 하는 독자적인 작전 지휘권(군령권)을 행사했다.

한국전쟁이 발발하자 유엔 안보리는 북한의 무력 남침을 격퇴시키기 위해 1950년 7월 7일 유엔군 사령부를 창설하기로 결의하고 유엔군에 대한 군사 지휘권을 미국에 위임하였다. 이에 따라 맥아더 장군이 유엔 참전군을 작전 통제하여 한반도에서 군사 작전을 수행하게 되었다. 개전 초기 한국군의 주력이 커다란 피해를 입자, 어려운 군사적 상황을 해결하기 위해 1951년 7월 14일 이승만 대통령은 "현 적대 상태가 계속되는 동안 일체의 지휘권을 이양한다."는 내용의 서한을 맥아더 장군에게 보냈다. 이에 맥아더 사령관은 "한국군

육·해·공군에 대한 모든 지휘권을 위임한 이 대통령"이라는 내용의 답신을 보냈다.

한국전쟁이 끝난 직후 '한미 상호 방위 조약'(1953.10.1)이 체결되고 군사 작전에 관한 구체적인 내용을 보완하기 위해 '한미 합의 의사록'이 만들어졌다. 여기에서 ① 종래의 작전 지휘권보다 제한된 의미인 작전 통제권으로 내용이 바뀌었으며, ② 전제 조건도 유엔사령부가 대한민국의 방위책임을 부담하는 동안이라는 상황 개념으로 변경되었을 뿐만 아니라, ③ 양국의 합의하에서 작전 통제권 행사 주체를 변경할 수도 있다는 조항을 추가하였다.

작전 지휘권이란 행정 및 군수 책임과 같은 군정권을 제외하고, 작전 임무 수행을 위하여 예하 부대에 행사하는 일체의 권한(군령권)을 말하며, 작전 통제권이란 그 하위 개념으로 작전 임무의 내용이나 목적, 부대의 편성 등에 관한 권한을 의미한다.

1961년 5월 26일 국가재건최고회의는 한국군의 작전 통제권은 유엔사에 귀속시키되, 일부 부대의 작전 통제권은 국가재건최고회의에 이양하기로 발표하여 작전 통제권의 부분적 이양이 명문화되었다. 그 뒤 월남전 때 월남 파견 한국군에 대한 작전 지휘권을 한국 정부가 임명한 한국군사령관이 갖도록 합의함으로써 제한적이나마 독자적인 지휘권을 행사하였다. 이와 함께 대 간첩 작전 시 예비군을 포함한 한국군 전체에 대한 작전 통제권도 한국군이 행사할 수 있게 되었다. 또 국가 안보의 위급 사태에 대비하여 2군, 특전사, 수도방위사, 수도권 인근의 2개 보병 사단 등은 연합사 전시 작전권에서 제외되어 대통령이 임의로 활용할 수 있다.

1970년대에 들어 미군 제 7사단이 철수하고 미군 제 2사단의 주력이 후방으로 이동하면서 이를 보완하기 위해 1978년 한미연합사령부(CFC)가 만들어졌다. 따라서 한국군에 대한 작전 통제권은 한국 방위의 책임 주체인 CFC가 한미군사위원회(MC)의 전략 지침을 받아 행사했다.

1992년 10월 한미 양국은 제 24차 한미연례안보협의회의에서 합의를 하고 1994년 12월 1일 한국전쟁 당시 유엔군사령관에게 위임되었던 작전 통제권 가운데 전시를 제외한 평시 작전 통제권을 여전히 유엔군사령관 겸 한미연합사령관이 갖고 있다. 이는 정전 상태에 있는 안보 환경의 특수성을 고려하여 효과적인 전쟁 수행을 위해 우리 스스로가 내린 결정이다.

현재 작전 통제의 핵심을 이루는 거의 모든 권한들이 연합 위임 사항(CODA)으로 규정돼 있어 사실상 양측이 함께 권한을 행사하는 부분이 많다. 실제로 전시 작전권은 한미 양국 대통령이 협의해서 정한 전략 목표에 따라 구체적인 작전을 세우고 집행하는 권한이다. 가령 적이 침략해 왔을 때 서울을 사수할 것인지 일단 물러날 것인지, 반격할 때 휴전선 앞에서 멈출 것인지 압록강까지 밀고 갈 것인지와 같은 중요한 결정은 한미 양국 대통령의 몫이다. 한미연합사령관은 그렇게 결정된 목표를 달성하기 위해 육·해·공 병력을 효율적으로 운용하는 일을 맡을 뿐이다.

전시 작통권이 미군사령관에게 있다고 해도 그 발효 시점은 한국 대통령의 승인을 받아야 한다. 또 미군사령관은 전시 작통권 주요 사항은 한미 양국 대통령·국방장관 등으로 구성된 '국가통수 및 군사 지휘기구(NCMA)', 양국 합참의장으로 구성된 '군사위원회(MC)' 등으로부터 전략 지침을 받도록 돼 있다. 한미 간에는 '포스 리스트(Force list)'가 만들어져 있다.

이 리스트는 데프콘(DEFCON·방어 준비 태세)의 각 단계에 따라 연합사로 배속되는 부대를 상세히 규정하고 있다. 이에 따르면 한국 육군의 3개 군사령부 가운데 2군 사령부(후방 담당)는 전시에도 한국 대통령이 작전권을 가진다. 그리고 수도방위사령부의 경우 일부를 제외하고는 한국 대통령이 지휘한다. 특전사도 별도의 한미 연합 기구를 구성한다. 전체적으로 따져 한국군 전력의 85%가량이 전시에 연합사 체제로 배속되지만 이는 한국 대통령 및 합참의장의 동의를 전제로 한다.(동아 2006.8.18)

현재의 한미연합사 체제에서 한반도에서 전쟁이 일어나면 한미연합사령관이 작전 통제권을 행사하면서 '작전 계획 5027'에 따라 전쟁 발일 60일 이내에 미군 증원군 2개 군단, 미군 항공기 3,000대, 해군 5개 함모전단, 육군·해병대 66만 명의 병력, 1,000여대의 전차, 700여기의 화포, 160여척의 함정, 토마호크 등 전략, 전술, 미사일, 공중 경보기, 최첨단 무기 체계와 장비들이 자동적으로 한반도에 추가 파견된다. 이는 실로 1,300조원의 전력 가치가 있다는 것이다.(조선 2006.8.18)

2) 전시 작통권 이양에 엇갈린 주장

(1) 전시 작통권 이양, 왜 필요한가

전작권을 이양받기를 원하는 측의 주장은 다음과 같다. 냉전 종식 이후 한반도에서 북한 군사 위협의 급격한 감소 또는 소멸과 남북한 평화 체제의 정착 등 한반도 안보 구도가 본질적으로 재편되었기 때문에 현행 한미연합사 체제는 해체가 불가피하다는 것이다. 현재의 한미연합사 체제는 북한의 군사 위협에 효과적으로 대처하기 위하여 공동으로 군사 계획을 수립하고 군사력을 운용하는데 목적을 두고 창설된 것인데 그 목적과 전제가 상실되었다는 것이다.

좀 더 구체적으로 말하면, 첫째, 북한의 안보 위협을 부풀리고 한국의 국방력을 폄하하고 있다는 것이다. 1974년 율곡 사업 이후 한국은 북한보다 7~8배 많은 군사비를 투입해 왔고, 오늘날에는 북한의 GDP보다 많은 군사비를 쓰고 있다. 노무현 대통령은 기자 회견에서 "한국군 전력이 작전권을 환수해도 충분한 수준"이라고 하며 "북한의 안보 위협을 부풀리는 경향은 아직도 민주 정부가 세 번 들어섰지만 여전하다. 북한의 군사 위협을 부풀리고 한국의 국방력을 폄하하는 경향은 고쳐야 한다."고 말했다.(연합뉴스 2006.8.9)

8월 11일자 국방부와 청와대 홈페이지에는 "전면 전시 북한의 항공기나 함정은 1주일도 못되어 유류 부족과 부품 결핍, 기술적 한계 등으로 작전이 어려울 것으로 예상될 정도로 북한의 전면전 수행 능력은 약해진 상태이다. 현 국방부 지도부는 미군의 도움이 없더라도 전쟁에서 반드시 승리한다는 것을 자신하고 있다"는 논문이 실렸다. 북한의 핵·미사일 등은 남한에 대한 군사적 우위를 추구하기 위한 것이라기보다는 대미 협상도 포함하여 다분히 정치적·심리적 군사 효과를 노리는 바가 크다는 분석이다.

그럼에도 불구하고 한국군이 아직 능력이 부족해 전작권을 행사할 수 없다는 것은 국민을 기만하는 것이다. 또한 능력 부족에 대표적인 분야로 거론되고 있는 정보력 역시 북한은 장님에 귀머거리 수준인 반면에 한국군은 백두·금강 사업을 통해 꾸준히 정보력을 향상시켜 왔다는 것이다.(오마이뉴스 2006.8.8)

둘째, 한국의 입장 반영이 극히 제한되고 있는 현 전시 작통권 상황에서는 한·미간에 한반도 안보 상황 인식차가 존재할 경우 안보상의 심각한 부작용을 야기 시킬 수 있다는 것이다. 현재 한미연합사 체제에 따라 전시 작통권이 미국 측이 행사하고 있고, 미군 주도의 의사 결정과 운영, 미군의 작전 계획에 입각한 군사력 운용 등으로 한국군의 입장 반영이 극히 제한되어 있는 실정이다. 또한 한미연합 사령관의 복잡한 지휘 체계로 한국 정부의 위기관리 능력이 제한되고 있다는 것이다.

이런 체제 밑에서 만일 한미 양국 간에 내분 혹은 한반도 안보 상황에 대한 인식 차이가 존재할 경우 한국의 안보에 심각한 부작용을 일으킬 수 있기 때문에 전시 작통권 이양은 불가피하다고 본다.

셋째, 좀 더 근본적인 문제는 위기 발생시 한미 양국이 국가 이익을 서로 다르게 해석할 수 있는 상황에서 사실상의 지휘권이 미군에게 있는 현 작전 지휘 체계에서는 한국군의 독자적인 한반도 위기관리가 원천적으로 불가능하다는 것이다. 1994년 한반도 전쟁 위기가 잘 보여 주고 있듯이 위기 여부를 판단하고 군사적 행동을 감행할 수 있는 나라는 미국이라고 한다. 미국은 한반도 전쟁 발발 시 남북한에 비해 인적, 물적 희생이 훨씬 적기 때문에, 전쟁 결정 유혹에 쉽게 빠질 수 있기 때문이다. 한반도에서의 전쟁이 사실상 민족 공동체의 소멸을 의미하는 우리와는 전혀 이해관계가 다르다는 것이다.

넷째, 전시 작통권이 이양되면 한미 동맹이 크게 훼손되거나 결딴날 것이라는 주장은 근거 없는 정치 공세라는 것이다. 전시 작통권 환수는 한국 정부뿐만 아니라 미국 정부도 적극적으로 보고 있다. 한국군이 전작권을 이양 받는다 하더라도, 한미 군사 협력 관계가 훼손되는 것이 아니다. 전작권이 이양될 경우, 한미연합사 체제의 변화는 불가피하지만 이는 '수직적인' 한미 군사 지위 체계가 '수평적인' 관계로 정상화된다는 것을 의미하는 것이지, 결코 한미 동맹의 와해를 의미하는 것이 아니라고 한다. 미국은 신속 기동화 작업을 2008년까지 마치게 되어 있는 주한 미군 한미연합사 체제에 구속받지 않고 '프리핸드'를 갖도록 하는 것으로 본다는 것이다. 이러한 미국의 전략 변화를 지난 수십 년간 한국군의 능력이 꾸준히 향상되어 북한을 압도할 수 있는 물리적인 기반을 갖추었음을 전제한 것으로 보고 있다.

다섯째, 군사 주권의 상징이라 할 수 있는 전작권을 이양 받음으로써 한반도 평화 체제 구축 논의에 있어서 한국이 주도적인 역할을 할 수 있다는 것이다. 독자적인 힘으로 북한을 격퇴할 수 없었던 한국전쟁 때 전작권을 넘긴 것은 불가피했다고 하더라도, 오늘날 한국은 세계 10위 이내의 군사 강국으로 성장했는데 2010년을 전후해 전작권을 이양하겠다는 것은 시기상조가 아니라 오히려 때늦은 감이 있다는 것이다.

한국이 전시를 포함한 작전 통제권을 온전히 이양해야 한다는 것은 주권의 온전한 회복과 함께 전쟁과 평화의 자기 결정권을 갖는데 중요한 의미를 갖는다. 전시 작통권 이양은 향후 한반도 평화 체제 구축 논의에 있어서 한국이 주도적인 역할을 하는 데에도 필요한 요소이다. 평화 체제 구축 논의가 본격화되면, 가장 핵심적인 의제는 평화 협정 체결 당사자 문제와 함께 주한 미군을 포함한 한반도의 군사 문제가 될 것이다.

그러나 북한은 전작권이 없는 남한은 군사 문제 논의의 실질적 당사자가 되기 어렵다고 주장해 왔다. 이는 지금처럼 전작권을 미국이 계속 갖고 있는 상황에서 평화 체제 논의가 이뤄지면, 협상의 핵심 당사자는 북한과 미국이 되고 한국은 주변으로 밀려날 가능성이 높다고 보고 있다.(오마이뉴스 2006.8.7)

여섯째, 자기만 일방적으로 힘의 우위를 추구하는 '적대적 안보'보다는 상대방과의 신뢰를 증진시킴으로써 서로에 대한 위협을 감소시켜 가는 '협력 안보'(Cooperative Security) 내지 '공통의 안보'(Common Security)를 실현하는 것이 안보를 증진시키는 길이라는 것이다. 현재 한반도 안보 현실은 개성 공단, 금강산 관광 특구 설치 및 경의선 철도 연결 등으로 광범한 평화 지대가 형성되고 있다. 북한은 중무장한 군사 지역을 상당한 안보 위협의 부담을 무릅쓰고 내놓은 것으로 보고 있다. 이 지역은 경제 협력을 매개로 하는, 간접적이고 부분적인 것이지만 남북간의 협력 안보, 공통의 안보의 실험장이라는 것이다.

그러나 남한의 대북 안보 개념은 냉전 시대 이래의 '적대적 안보'라는 틀에서 벗어나지 못하고 있는데 당장에 '협력 안보' 내지 '공통의 안보'가 어렵다면 그 준비 작업을 착실히 해 나가야 한다. 그 준비 작업의 하나로 전시 작통권을 이양 받는 것은 우선적으로 해야 할 일로 보는 것이다.

지난 8월 17일 참여연대는 이러한 내용을 기초로 하여 4가지 전시 작통권 환수의 원칙을 내놓았다. ① 전시 작통권은 군사 주권에 해당하는 것으로 조속히 환수해야 한다. ② 전시 작통권 환수는 거래의 대상이 아니라 위임했던 권한을 되돌려 받는 것이다. ③ 헌법의 평화주의 실현과 군사 전략 및 작전 계획의 독자 수립 계기로 삼는다. ④ 군사 통제권 확보와 함께 주한 미군에 대한 발언권을 회복한다는 것 등으로 되어 있다.(인터넷 참여연대 2006.8.17)

(2) 전작권 이양, 이대론 안 돼

전시 작전 통제권은 언젠가는 이양되어야 하고 여건이 형성되면 빠를수록 좋다. 그동안 우리는 과거의 불평등한 한미 동맹 구조에 대하어 비판을 해왔고 작전 통제권도 이양되어야 한다고 생각해 왔다. 평시 전작권을 이미 이양 받았고 한미 관계도 상호 존중의 대등한 파트너십 기반 위에 한미연합사의 전쟁 억지 능력까지 갖춰 손색없는 동맹국으로서 협력을 해 왔다.

그런데 최근 들어 '주권', '자주'를 내세워 전시 작전 통제권 이양 문제가 느닷없이 불거져 나왔다. 원래 전시 작통권 문제는 한미 관계가 원만한 상황에서도 극히 신중해야 할 사안인데 크게 악화되어 있는 지금 정부의 무모한 '밀어붙이기'와 미국의 '감정적 대응'이 우리를 불안케 하고 있다. 모든 국민들의 사활이 걸려있는 중차대한 안보적 문제를 놓고 한미가 감정적 대립을 한다면 열세한 쪽이 더 많은 피해를 입고 내적인 소모적 논쟁으로 국론 분열과 북한의 오판을 부를 수 있을 것은 불을 보듯 뻔한 일이다.

전시 작통권 행사는 주권이나 자주권, 국가 자존심 문제가 아니라 작전 효율성과 유사시의 증원 보장을 위한 제도적 장치이다. 이런 맥락에서 전시 작통권의 이양은 아직 시기상조이며 지금은 때가 아니라는 결정을 정부가 내려야 할 근거를 따져본다.

무엇보다도 북한의 군사적 위협을 너무 안일하게 평가할 수가 없다. 북한이 전쟁을 일으킬 수 있는 대외적 여건은 나빠졌지만 우리를 위협할 수 있는 군사 능력은 막강하다. 지난 반세기 우리가 경제 발전에 몰두해 있는 동안 북한은 군사력 중심의 국가 운영을 유지, 엄청난 물량의 질 좋은 재래식 무기를 만들어 냈다. 정밀 타격 능력은 떨어지지만 지역을 초토화시킬 수 있는 능력이나 전차로 대표되는 기동력은 엄청나다는 것이다.

　지금도 '남조선 혁명'과 이른바 선군 기치를 내세우면서 핵무장과 '비대칭적 무력' 증강을 시도하는 북한의 위협을 과소평가해서는 안 된다. 북한이 전쟁을 일으킨다면 그것은 전면전이 아닌 기습전일 수밖에 없다. 한반도처럼 짧은 종심(Depth)을 가진 지형에서는 선제공격이 항상 유리하다. 기습의 효과도 기존 전력의 3배를 넘는다는 것이 군사학자들의 정설이다. 한국이 훈련이나 군사비면에서 북한보다 덩치가 크다고 하지만 '덩치 큰 황소도 독사가 한번 물면 쓰러진다.'는 사실을 흘려들어서는 안 된다.

　한국도 북한도 상대방을 선제공격하고 싶은 유혹을 받는 때가 있을 수 있지만 그때마다 전쟁이 저지되었던 이유는 바로 주한 미군 때문이었음을 부정할 수 없다. 따라서 전시 작통권 이양이 필요한 근거로 북한의 위협이 부풀려지고 한국의 국방력이 폄하되었다는 주장은 옳지 않은 것이다.

　오늘날 전시 작통권 상황에서는 한국의 입장 반영이 극히 제한되어 있는 것으로 알고 있는 사람들이 있으나 그것은 사실과 다르다. 현 유엔군사령부와 연합사령부 체제는 어디까지나 한미 합의에 의해서 모든 작전 행동이 결정된다. 본 사령부는 인원수적으로나 기능상으로도 대등한 입장이고 어느 한쪽 동의 없이 작전을 개시하거나 주한 미군을 철수시킬 수도 없게 되어 있다.

　따라서 북한에 급변 사태가 발생했을 때 미국이 작전 통제권을 단독으로 장악할 수가 없다. 한미연합사는 외부로부터 침략을 받았을 때에 작동되는 것이 한미동맹이라고 명시하고 있다. 연합사에게 주어진 임무는 두 가지다. 첫째는 전쟁을 억지하는 것이고, 두 번째는 전쟁을 억지하다 안 되면 침략자를 격퇴하도록 하는 방어 임무이다.

지금 한미연합사 체제에서는 점령을 한다든지 통일을 이룬다든지 하는 방어를 넘어선 다른 일을 할 수 없다.

한미연합사가 해체되고 이러한 합의체가 와해되는 경우, 한국이나 미국이 단독으로 북한을 공격하거나 어떠한 무력 행위나 제재를 결의하고 밀고 나가도 이를 억제하거나 중단시킬 수 있는 법적 제도적 장치가 없다. 따라서 국력 차이 때문에 나타나는 불리점이라면 어쩔 수 없지만 적어도 연합 체제상에서 오는 그런 것은 없다. 더욱이 미국이 전시 작통권을 쥐고 있어 우리에 비해 인적·물적 희생이 적기 때문에 전쟁 결정 유혹에 쉽게 빠질 수 있을 것이라는 우려는 기우에 지나지 않는다.

전시 작통권 이양은 미국 정부도 바라고 있기 때문에 한미 동맹을 크게 훼손하지 않을 것이라는 주장은 근거가 확실치 않다. 부시 대통령은 9월 15일 한미정상회담 후 한 언론과의 회견에서 "미국 정부는 한반도 안보에 여전히 책임을 지고 있다. 주한 미군 병력의 규모와 이동 시기와 같은 문제는 한국 정부와 협의해 결론 내리도록 하겠다."고 말했다. 군 당국은 부시 대통령의 이 같은 발언에 대해 주한 미군 조정을 '일방 통행식'으로 결정하지 않겠다는 의미로 받아들이고 있다. 실제로 미국은 1971년과 1992년 주한미군 감축당시 일방 통보식이었으나 현재 추진 중인 주한 미군 1만 2,500명의 감축은 미국의 의도대로 결정하면서도 형식은 한국과 협상하는 과정을 거쳤다. 한국 정부와 협의는 하겠으나 마지막 결정은 미국이 하겠다는 것으로 현 입장을 재확인했다는 의미가 있을 뿐이다. 부시 대통령의 이러한 발언은 특별한 의미를 부여할 수 없다. 한국 정부와는 관계가 더 나빠지지 않는 한 협의하겠으니 미국에 협조해 달라는 부탁이다. 그러나 자주를 내세워 '반미'를 부추기고 대북 제재에 제동이나 걸려고 한다면 '일방 통행식'이 될 것임을 경고한 의미도 있다.

국방장관 협회장을 맡고 있는 김성은 전 국방장관은 "요즘 미국에는 반한 감정을 가진 이가 많다. 전작권을 이양하면 주한 미군은 자유로워진다. 한미 상호 방위 조약에 따른 한미 동맹 관계로는 미국의 전시 자동 개입이 보장돼 있지 않다. 현행 전작권 구조여야 전쟁 억지력이 생긴다. 이양할 경우 전시의 미군 지원은 미국의 법 절차에 따라 선택적으로 결정한다. 지금껏 도와줬는데도 미국을 적국처럼 취급하는 마당에 지원하러 오겠나. 동맹은 있으나 마나 하게 될 것"이라고 우려했다. 이러한 우려가 현실화 되지 않도록 경계를 늦출 수 없다.

한반도의 안보는 동북아시아의 안보와 직결되고 있다. 더욱이 미일연합사가 창설 채비를 하고 있는 상황에서 한미연합사 해체는 한반도를 미국의 방위선에서 제외시켜 군사적으로 미일 양국에 종속되는 결과가 되어 한미 동맹 관계를 크게 훼손시킬 가능성을 배제할 수 없다.

"작전권 환수는 자주국방의 핵심이고 자주국방은 자주국가의 꽃"이라고 했다. 또 전시작통권을 이양 받아 군사강국에 걸맞게 군사주권을 회복하고 한반도 평화체제구축에 주도적 역할을 주장하고 있으나 이는 허구이다. 주권이나 자주는 '의지'만으로 되는 것이 아니고 이를 뒷받침하는 '힘'이 있을 때 비로소 가능하다. 오늘날 세계화시대는 협력, 공조 그리고 동맹의 시대이지 의지만 앞세우는 주권이나 자주의 시대는 아니다.

박세일 서울대교수를 비롯한 한국 안보 전문가들은 "효율을 부정하는 자주는 허구에 불과하다. 전시 작통권은 북한이 핵을 포기하고 남북 평화 체제 구축 의지를 분명히 할 때 논의해도 늦지 않다."고 논의 자체를 거부했다.(중앙 2006.9.12) 그동안 전시 작통권은 한국의 '자주'나 '군사 주권' 또는 '군 통수권'을 크게 훼손하여 문제를 일으킨 적이 없다. 오히려 미국은 동북아의 군사적 갈등과 경쟁에서 우리나라의 위신과 자주성을 뒷받침해 주었다. 전쟁의 폐허에서 민주와 시장 경제를 발전시키고 10대 경제 대국으로 등극을 도운 것은 미국이 끊임없는 후원을 아끼지 않은 한미 동맹 덕분이었음을 부인할 수 없다.

북한은 남북한의 '협력 안보'를 위해 중무장한 군사 지역인 개성 공단, 금강산 관광 특구 및 경의선 철도 연결을 허용했지만, 남한은 냉전 시대의 '적대적 안보' 틀을 벗어나지 못하고 있다고 주장하는 사람들이 있다. 그러나 북한이 이 지역을 제한적이나마 개방을 한 가장 큰 이유는 경제이며 '협력 안보'를 위한 것이 아님은 최근 핵 개발, 미사일 발사, 핵 실험 준비 등에서 명백히 드러나고 있다.

윤광웅 국방장관도 "북한 미사일 발사는 군사적으로 위협"이며, "북한 핵 능력에 대한 평가 등을 종합해 보면 핵실험 가능성을 전혀 배제할 수 없다."고 분명히 한 바와 같이 북한의 군사적 위협이 상존하고 있는 것은 누구도 부정할 수 없는데 북한이 '공통의 안보'나 '협력 안보'를 추구하고 있다고 어떻게 말할 수 있는가. 오히려 남한은 북한과 '협력 안보'를 위해서 경제적으로 북한을 지원하고 국제 사회에서 일방적으로 두둔하고 개성, 금강산을 통해 힘겹게 북한을 지원하고 있는데 북한이 선군 정치를 내세우면서 '적대적 안보' 틀을 고수하는 것으로 보아야 당연할 것이다.

전시 작통권 이양은 한미연합사의 해체는 물론 주한 미군도 철수될 가능성이 높기 때문에 이를 보완하기 위한 한국군의 군사력 증강도 이루어져야 한다. 군사전문가들에 의하면 이를 위해 현 GDP의

2.7%의 국방비는 3.5%로 올려야 하며 이는 올해의 국방비 예산 규모 16.2%를 32%로 증액해야 한다는 것이다. 국방부가 2020년을 목표로 추진 중인 국방 개혁에는 총 621조원이 투입되는데 이를 위해선 3인 가족 1가구 모두 3,886만원의 군비를 부담해야 한다는 것이다.(동아 2006.8.18) 그러지 않아도 어려운 국민 경제에 과중한 부담으로 작용할 것은 분명한 일이다.

한미연합사가 해체되면 그 이후의 협조가 문제다. 존 틸러리 전 사령관은 "한미가 현재같이 얽혀 있지 않다가 위기 시에 호흡을 맞추려면 훨씬 어려울 것"이라고 말했다. "미국이 정보 자산을 한국에 계속 제공할 것"이라는 주장도 근거가 없음이 드러났다. 단독 행사에 필수 장비인 고고도 무인 정찰기 판매를 미국이 거부하고 있는 것만 보아도 알 수 있다. 한국은 전략 정보의 100%, 전술 정보의 70%를 주한 미군으로부터 제공받고 있으며, 대북 신호 정보(SIGINT)와 영상 정보(IMINT)의 대미 의존율이 각각 99%와 98%로 거의 절대적으로 주한 미군에 의존하고 있다.(시사저널 1996.10.7) 따라서 C4I(지휘 · 통제 · 컴퓨터, 통신 · 정보)를 통한 전장(戰場) 통합화 · 관리를 생명으로 하는 현대전에서 독자적인 군사 정보 능력이 부족한 한국군의 전시 작통권 이양은 무리일 수밖에 없다.

결론적으로 전시 작통권이 이양되어야 하는 것은 분명하나 지금은 때가 아니라는 것이다. 지금 우리나라는 작전권 단독 행사를 감당할 충분한 역량을 아직 갖추지 못하고 있기 때문이다. 이런 맥락에서 최호중 전 외무부장관을 비롯한 160여 명의 전직 외교관들도 전시 작통권 이양은 "독자적 국방 계획이 완전히 준비 · 이행되는 단계에 실행해야 한다."고 했다. 서경석 목사를 비롯한 3만 여명의 기독교 지도자들도 "지금과 같은 방식의 작전권 환수 논의는 유보하고 결정은 차기정권으로 넘겨야 한다."고 주장했다.

적어도 북한이 핵을 포기하고 개혁 개방 정책으로 전환하여 남북 간의 평화 체제 구축 의지를 분명히 할 때 이 문제를 논의해도 늦지 않으며 지금은 한미 동맹 관계를 보다 확고히 할 시기라는 것이다.

3) 어정쩡한 미국의 태도

지난 7월 13~14일 서울에서 열린 한미 안보 정책 구상에서 버웰 벨 주한미군 사령관은 미국이 "앞으로 4년 안에 전작권을 이양할 수 있다."고 언급했다. 그는 이어 "핵심 문제는 (전작권 이양 때) 주된 전쟁 부담을 안게 될 한국군 독자 사령부에 대해 미군이 어떻게 지원을 해야 할지"라고 했다. 이는 한미연합사 체제에서는 미군 병력의 증원이 신속히 이뤄질 수 있는데 반해, 한미 독자사령부가 구성되고 연합사가 해체되면 미군 증원과 전쟁 물자를 한반도에 신속히 전개하는데 제약이 따를 수 있다는 우려를 표명한 것이다.(한겨레 2006.7.24)

이와 함께 펜타곤은 2008년 9월까지 주한 미군 병력을 2만 5000명 선으로 유지할 것이라고 발표한 바 있다. 그러나 미국은 현재 2008년 이후 소규모 상징적인 부대만 남겨 놓거나 또는 완전 철수를 고려하고 있다는 것이다. 주한 미군 철수 계획을 촉진시키는 것은 한국 정부의 미국에 대한 불신, 미군의 이동에 대한 한국 정부의 거부권 행사 기도, 전시 작통권에 대한 이견, 미군 훈련에 대한 한국의 제한, 그리고 미군기지 한국 이양에 대한 불협화음 등이다.

한 미 관계자는 미국인들은 현재 한국 정부와 군 지휘부를 불신하고 있다며, 미국은 한국에 제공한 정보가 북한 손에 들어갈 것을 우

려해 더 이상의 정보를 제공하지 않고 있는 실정이라고 말했다.(미래 2006.8.5)

지난 8월 8일 미국은 한반도 전시 작전 통제권을 한국에 2009년까지 넘기겠다는 입장을 공식적으로 밝혔다. 한국 정부가 원하는 시기인 2012년 보다 3년이나 빠르다. 작전권 이양 시기에 대해 "한국의 방위 능력이 먼저 향상돼야 한다."던 입장이, "한국의 군사력이 과거보다 강력해졌으니만큼 한국이 자체 방위에 더 큰 책임을 지겠다고 하는 건 자연스런 요청이다."로 바뀌었다. 이는 '한국이 전작권을 그렇게 가져가고 싶어 한다면 빨리 넘겨주겠다."는 뜻이라는 것이 외교·군사 소식통들의 해석이었다.(중앙 2006.8.9)

미 국방부 고위 관계자는 내외신 기자 간담회에서 "한국이 전시 작전 통제권을 이양 받아 단독 행사할 경우 주한 미군은 전투 요원을 제외한 지원 병력 중 일부를 더 줄일 가능성이 있다."고 밝혔다. 그는 "전작권이 한국에 넘어가면 한미연합사는 해체될 것으로 본다."고 말했다. 이어 그는 "한국군은 더 많은 책임을 떠맡을 역량이 충분하다."고 강조함으로써 앞으로 한국이 떠맡아야 할 비용에 대해서 못을 박았다.

이와 관련, 워싱턴의 한 군사 소식통은 "부시 행정부가 한미 동맹보다 자주 국방을 강조하는 노무현 정부에 화를 낸 것으로 볼 수 있다."고 풀이했다.(중앙 2006.8.9) 8월 10일 방한한 헨리 하이드 미국 하원국제관계위원장은 "한미 동맹의 가장 큰 위협은 과도한 반미주의"라고 말하고 전시 작통권 이양은 "적절한 일이며, 최대한 빨리 이뤄질 수 있도록 지원하겠다."고 밝혔다. 미 NSC국장을 지낸 마이클 그린은 "이 추세대로 한국군의 전시 작통권 이양이 추진되면 주한 미군은 결국 철수할 것"이라며, "전시 작통권은 한국이 알아서 결정할 문제지만 현재 진행되고 있는 전작권 준비 과정은 전혀 엉뚱한 방향으로 흐르고 있다.”고 우려했다.(조선 2006.8.16) 이와 관련 이태식 주미 한국 대사는 8월 14일 “작전권 환수와 관련한 논의는 이미 90~95% 진행됐다는 것이 미국 측 평가”라고 말했다.

부시 대통령은 8월15일 미 국방부청사에서 열린 ‘전군 야전지휘관회의(Tank Conference)’에서 “한국이 전작권 행사 능력이 있다고 보느냐”고 물었다. 이 질문에 벨 사령관과 도널드 럼즈펠드 국방장관이 동시에 “한국은 전작권을 행사할 능력을 갖추고 있다.”고 대답하자, 부시 대통력은 “공감한다(I agree). 한국이 원하는 대로 해 주겠다. 최대한 지원해 주라.”고 한국군 고위 관계자가 밝혔다.

한편 도널드 럼즈펠드 미 국방장관이 전시 작통권을 2009년에 한국으로 넘기겠다고 우리 정부에 공식 통보했다. 럼즈펠드 서한은 ‘(주한 미군) 방위비 분담금을 공평한(Equitable) 비율로 분담하자.’고 제안했다. 현재 40% 안팎인 한국측 부담 비율을 더 높여 양국이 절반씩 내자는 의미로 해석된다. 방위비를 동등하게 분담하자는 럼즈펠드의 요구에는 전작권 이양을 보는 미국의 ‘냉소’마저 엿보인다. 주한 미군 규모가 감축되는 만큼 부담률 자체를 축소하는 것이 순리인데 10%정도 더 올리겠다니 말이다. “한국이 전시 작통권을 단독 행사할 만큼 국력이 큰 나라가 됐다는데 그에 걸맞은 부담을 지는 건 당연한 것 아니냐”라는 논리다.

버웰 벨 한미연합사령관 및 주한미군사령관은 9월 7일, 전시 작통권 이양과 관련 “앞으로 3년간에 걸친 집중적인 조직 활동, 연습과 훈련 등을 통해 2009년까지 이양이 가능할 것”이라며 “한국이 주요 정보, 정찰 감시 체계에 대한 투자를 하도록 미국이 촉구할 것”이라고 말했다. 그는 또 “전작권 이양 이전에 발생할 군사력 공백을 방지하기 위해 미국은 돌다리 전략(Bridging Capability)을 제공할 것이며 여기엔 정보·감시·정찰 체계·전장 지휘 체계가 포함된다."고 밝혔다. 결국 미국의 입장은 "한국 정부가 그렇게 전작권 이양을 원한다면 더 빨리 갖고 가고 그에 따른 부담은 한국이 져라."는 것이다.

전작권을 한국 정부가 원하는 것보다 3년 이른 2009년에 이양하겠다는 미국의 속셈은 네 가지로 요약된다. 첫째, 한국 요구대로 하는 것이 미국의 기동군 재편 계획을 포함 미국 이익에 부합된다는 판단, 둘째, 동맹보다 '자주'를 강조하는 노무현 정부에 대한 미국의 좌절감, 셋째, 내년 한국의 대통령 선거를 앞두고 반미 분위기 고조 차단, 넷째, 한국의 미국 무기 구매 증대 등이다.

한편 국방부나 부시 대통령의 입장과는 달리 백악관, 국무부, 싱크탱크, 그리고 학계 그룹은 전작권 이양에 신중한 태도를 보이고 있다. 한국의 대북 방위 능력이 충분하지 않고, 북한에 잘못된 신호를 보낼 수 있으며, 한미 동맹의 큰 틀이 깨질 수도 있는 문제를 굳이 이 시점에서 서두를 필요가 없다는 이유 등으로 백악관과 국무부는 신중한 입장이다. 고든 플레이크 멘스필드재단 연구원은 "미 국방부의 전작권 조기 이양 추진에는 그동안 한국에 쌓여온 좌절감도 상당 부분 작용했다. 전작권 이양은 사실상 한미가 이혼하는 셈"이라고 비판했다. 한반도 안보 문제 전문가인 브루스 벡톨 교수도 "준비 없이 한미연합사령부를 해체하는 것은 한국이 북한의 침공에 치명적인 취약성을 드러낸다는 뜻"이라고 우려를 나타냈다.(중앙 2006.9.11)

또 전직 국방장관 등은 한국의 전작권 행사 능력이 충분한지 아직 입증되지 않았으며, 조기 이양할 경우 한미 동맹 약화라는 잘못된 메시지를 북한에 전해 불행한 사태가 빚어질 수 있다고 지적했다. 이들

중 리스카시 전 주한미군사령관은 "6자 회담 상황과 북한의 미사일 발사 등을 감안할 때 전작권 조기 이양은 잘못된 결정"이라며 "북한에 약점을 노출하면 한미 동맹과 한국에 모두 도움이 안 된다."고 밝혔다.(중앙 2006.9.11)

브루킹스연구소의 마이클 오헨런 박사는 "전시 작통권 이양은 그 시기가 아직 이르며 여러 가지로 준비가 미흡하다."면서, "북한이 이를 한미 동맹과 전투력 약화로 오판하면 전쟁 발발 가능성이 높아질 수도 있다."고 경고했다. 미국의 한반도 전문가인 돈 오버도퍼는 "북한이 남한에 더 이상 군사적 위협이 안 된다."는 럼즈펠드 미 국방장관의 발언에 대해 "말도 안 되는 주장"이라고 일축하기도 했다.

지난 9 · 15 한미정상회담에서 부시 대통령은 "전작권 이양이 정치적 문제가 돼서는 안 된다."고 언급했다. 부시 대통령의 의도는 분명하다. 전작권 이양 문제가 불거진 이래 한국 내에서는 전직 국방장관 · 전직외교관들이 잇따라 집단 반대 성명을 내는 등 균열음이 커지고 있다. 이런 상황에서 부시 대통령이 정치적 이슈화를 경계한 것이다. 고든 플레이크 맨스필드재단 연구원은 "이제 미국이 전작권 이양 방침을 굳혔고, 양국 실무자들이 이양 시기를 협상하는 단계인 만큼 한국 내에서 보수 · 진보 진영 모두 더 이상 이 문제를 정치적으로 제기하지 말아달라는 의미"라고 분석했다. 외교가 일각에서는 "전작권 이양을 한국의 자주 문제인 것처럼 확대해 지지 세력을 결집하려는 노 대통령의 인식도 바꿔야 한다."는 분석도 나왔다.(조선 2006.9.16)

4) 남은 과제, 그러니 어떻게

위에서 우리는 전시 작통권이 생기게 된 경위, 전작권 단독 행사가 필요하다는 주장과 이양은 해야겠지만 아직은 시기상조라는 엇갈리는 주장, 그리고 미국의 입장과 태도를 살펴보았다.

이러한 상황에서 우선적으로 우리가 해야 할 일은 무엇인가. 무엇보다도 우리가 성취하고자 하는 목표와 전략의 우선순위를 재점검하고 필요하면 다시 설정하는 것이다. 이 시점에서 우리가 달성하고자하는 우선 목표는 한반도의 평화, 통일 그리고 경제 번영이다. 그러나 불행하게도 우리의 힘만으로는 이 목표를 달성할 수 없는 현실을 인정할 수밖에 없다.

설사 우리의 힘만으로 이 목표를 달성할 수 있더라도 더 적은 비용으로 더 빨리 이룰 수 있다면 금상첨화이다. 그런데 우리의 주변 안보 환경은 이미 통일된 독일과도 다르다. 독일은 주변에 여러 국가들과 국경을 같이하고 있지만 그래도 제일 힘센 나라이다. 이에 비해 우리는 주변에 우리보다 강한 나라들이 진을 치고 있다. 이것은 아무리 주변 환경이 유리하게 바뀐다 하더라도 우리 힘만 가지고는 우리가 목표하는 것을 성취할 수 없다는 이야기다.

우리의 주변 국가인 중국, 일본, 러시아 중 한 나라를 붙들고 우리가 필요할 때 도와줄 수 있는 여건을 미리 만들어 놓아야 할 형편이다. 그런데 이 세 나라는 이해관계가 극심하게 엇갈려 우리가 한쪽을 잘못 택했다가는 큰 손해를 볼 수 있는 상황이다. 우리에게는 다행하게도 세계 유일 초강대국가인 미국과 동맹을 맺고 반세기 동안 도움을 받아 왔기 때문에 오늘의 한국을 가능케 했다. 약소국가였던 우리가 초강대국인 미국의 보호를 받아오다 보니 힘의 논리가 작용하는 국제 정치에서 때로는 불평등하게 억울하게 당한 때도 있음을 부인할 수 없다.

그럼에도 불구하고 미국은 한국전쟁의 폐허 속에서도 자유 민주주의와 시장 경제 원리를 우리 땅에 뿌리를 내리게 했다. 우리는 이러한 이념과 원리를 기꺼이 받아들여 이 지역에서 자유 민주주의의 '쇼 윈도우'로서 그리고 세계 10대 경제대국으로 우뚝 서게 되었다. 이제 이들은 우리 사회의 지탱 원리인 동시에 남북 관계 개선 혹은 분단 상황에서 포기할 수 없는 가장 중요한 가치로 자리매김했다. 현 시점에서 뿐만 아니라 앞으로 상당 기간 우리가 지향하는 가치 체계를 공유할 수 있는 국가는 일본이나 중·러가 아니고 미국일 수밖에 없는 것이 현실이다.

한반도 주변에 중국, 일본, 러시아 그리고 좀 떨어져서는 대만을 비롯하여 동남아 국가들이 있지만 미국의 존재와 영향을 완전히 배재하고 사는 나라들은 하나도 없다. 우리가 원하건 원하지 않건 관계없이 그게 현실이고 다른 나라들도 그렇게 받아들이고 있다. 북한이 핵 문제를 걸고 미국으로부터 사회주의 체제와 김정일 정권의 생존을 보장받으려고 그토록 안간힘을 들이는 이유도 거기에 있다.

이렇게 냉엄한 국제 질서 속에서 한국은 시대착오적인 '자주'에 집착하며 생존 전략을 무시한 정치적 결단을 앞세우고 미국과 감정적 대립의 각을 세우고 있다. 반세기 동안 지켜 온 한미 동맹의 근간이라 할 수 있는 전시 작전 통제권을 한국 정부가 군사 주권 회복이라는 명분을 내세워 무리하게 이양 받겠다는 것이다. 주권 국가로서 당연히 생각해볼 수 있는 일이나, 문제는 우리의 역량과 추진 방식이다.

우리가 전작권을 완전 이양 받기에는 역량이 부족하고 조건이 좋

아진다 해도 그 선택이 꼭 최선은 아니다. 북한을 감싸고 미국과 거리를 두는 추진 방식도 문제가 있다. 전작권을 이양 받을 셈이면 '민족 공조'를 내세워 반미 감정을 부추기는 것은 최악의 전략이다. 오히려 동맹 관계를 회복시켜 미국을 우리의 든든한 지원 세력으로 만들고 전작권 단독 행사의 미비점을 보완토록 해야 할 것이다. 전작권 이양을 주장하는 측에서는 우리가 반미를 해도 미국은 우리와 동맹을 유지할 수밖에 없고 전작권을 다소 언짢은 가운데 이양 받아도 한국을 소홀이 하거나 떠나는 일은 결코 없을 것이라는 전제를 깔고 있다. 매우 위험천만한 발상이다. 나라의 안보를 희망적인 기대에 맡길 수 없는 것은 반미에 휩싸인 필리핀 주둔 미군이 뒤도 돌아보지 않고 떠났던 냉엄한 현실을 보아도 알 수 있다.

앞으로 한미 동맹이 오래 지속되기 위해서는 호혜적 관계가 되어야 한다. 호혜적 동맹의 핵심은 한미가 호혜적으로 공헌을 하는데 있다. 만약 한국이 미국으로부터 전쟁 억지와 안전 보장을 기대한다면 한국도 이에 상응하는 호혜적 역할을 해야 한다. 한국은 '반미'를 하는데 미국으로부터 '친한(親韓)'을 기대할 수 없는 것처럼, 미국이 유엔의 대북 제재 결의를 밀고 나가는데 한국이 가로막는다면 북한이 한국 안보를 위협해도 필요한 미국의 도움을 기대할 수 없는 것은 정한 이치다.

이제라도 한국 정부는 전작권 문제를 정치·이념적 논쟁과 갈등에서 벗어나 순수한 군사·안보적 차원에서 다루어야 할 것이고, 한미 동맹의 장래에 대한 확고한 비전이나 로드맵을 만들어 한미 관계를 회복하며, 전작권 이양에 따른 군사·안보 및 재정적 측면에 대한 여론의 공감대를 형성하여 정부에 대한 국민의 신뢰를 회복해야 할 것이다.

국제 사회에서는 때때로 자존심과 힘의 과시가 필요할 때도 있지만 국익에 도움이 되지 않는다면 물러서고 낮추는 지혜도 있어야 한다. 반세기 동안 돈독한 우방국으로서 동맹을 유지해 온 한국이 미국과 공조로 민주와 번영을 구가하는 것은 '사대'이고, 우리가 희생을 치르더라도 전통적인 한미 관계의 틀을 벗어나는 것은 '자주'라는 이분법은 위험한 사고다.

또 '반미'를 해야 '우리 민족끼리' 민족 공조가 가능하다는 생각을 버려야 한다. 북한의 입장은 그럴지 모르지만 적어도 우리는 아니다. 미국이 민족 공조를 방해하고 통일을 가로막는 세력이라기보다는 미국과 공조를 통해 민족 공조를 이루고 힘을 빌려 통일을 이룰 수 있는 대상으로 보는 것이 전략적 지혜이다. 지금 한국과 미국은 상호 쌓인 불만을 서로 토로할 수는 있으나 우호 관계에 치명상을 주는 행동을 해서는 안 된다. 지금처럼 한미 관계가 불편한 상황에서 가장 시급한 일은 먼저 신뢰 관계를 회복시키고 국군의 전력 증강에 진력하는 것이다. 전시 작전 통제권 단독 행사는 그 다음 일이다.

5) 우리의 기도

너희가 오른쪽으로 치우치든지 왼쪽으로 치우치든지 네 뒤에서 말소리가 네 귀에 들려 이르기를 이것이 바른 길이니 너희는 이리로 가라 할 것이며 (사 30:21)

첫째, 그 백성에게 은혜를 베푸시며 긍휼히 여기시기를 기뻐하시는 정의로우신 하나님, 최근 한국 사회의 모든 사안마다 보수와 진보, 우파와 좌파가 서로를 비난하며 보혁 갈등이 심화되고 있습니다.

저희를 긍휼히 여기셔서 갈 바를 가르쳐 보여 주소서.

둘째, 전시 작전 통제권 이양 문제를 놓고 '자주', '주권'을 주장하는 현 정부와 진보계, 그리고 '안정'을 고민하는 보수계의 목소리가 첨예하게 대두되고 있습니다. 비난과 무시로 해결책 없는 갈등만 야기하는 것이 아니라 서로를 이해하며 건설적인 대안을 함께 고민할 수 있도록 도와주소서.

셋째, 전작권 논의, 한미 FTA 찬반 논의 등으로 악화되고 있는 한미 관계와 동북공정, 독도 문제 등으로 위태로운 동북아 정세 가운데 한국 정부가 어떻게 해야 할지 외교, 국방 위정자들에게 지혜를 주시고, 특별히 하나님을 경외하는 정치 지도자들에게 특별한 지혜와 중보의 마음을 주셔서 이 위기를 슬기롭게 극복할 수 있도록 도와주소서.

넷째, 전작권 이양 문제에 관해 전직 국방장관, 전직 외교관, 경찰관들이 들고 일어나 반대하는 가운데 14일 열린 한미정상회담에서는 전작권 이양이 논의되었습니다. 10월 말 열리는 한미안보협의회(SCM)에서 전작권 이양 로드맵을 결정하는데 있어 핵 문제 해결, 한반도 평화 체제 구축, 남북한 군사적 신뢰 구축 등의 조치가 선행되고, 전시 작전 통제권 단독 행사시기를 신축적으로 변경 적용할 수 있는 장치가 마련되는 방향으로 이 문제를 다시 잘 협상할 수 있도록 도와주소서.

예수님의 이름으로 기도합니다. 아멘!

2. 미사일 발사와 한미 갈등

1) 북한의 미사일 발사

북한이 국제 사회의 경고를 무시하고 끝내 미사일 발사를 강행했다. 대륙간 탄도 미사일인 대포동 2호를 비롯해 단·중·장거리 등 모두 7기의 미사일 쏜 것으로 파악되고 있다. 결국 '북한 미사일 위기'가 현실화된 것이다.

북한은 지난 7월 4일 오전 국제 상선 공용 주파수를 통해 이번 미사일이 떨어진 해역에 대한 선박 항해를 피해 달라고 밝혔다. 즉 발사 통보를 한 것이다.

대북 전문가들은 대포동 1호 발사가 90년대 식량 위기 후 느슨해진 사회 분위기를 다잡는 데 이용됐다며 이번에도 정권의 기반을 더욱 강화시킬 것으로 분석했다. 제 3세계 반미 국가에 '미국과 맞서는 국가' 이미지를 주고 미사일을 홍보할 수 있었던 것 또한 북한의 소득이다.

실제로 북한은 1998년 8월 당시 뉴욕에서 미국과 회담을 하는 도중에 함경북도 화대군 무수단리(옛 대포동)에서 대포동 1호를 발사해 세계를 경악케 한 바 있다. 대포동 1호 발사 후 클린턴 행정부는 윌리엄 페리 전 국방장관을 대북정책 조정관으로 임명해 미·북 관계 정상화, 미사일 문제, 핵 의혹을 동시에 푸는 '페리 프로세스'를 시작했다.

그 후 제네바, 평양 등에서 미·북간 고위급 회담이 이어진 후 마침내 1999년 북한은 미사일 시험 발사를 유보하는 대가로 미국으로부터 경제 제재 완화 조치를 얻어냈다.

그에 따라 6 · 25 이후 50년간 금지됐던 북한산 원자재 소비재의 대미 수출, 미국 소비재의 대북 수출 제한이 풀렸고 여행 · 관광 분야의 대북 투자 제한도 풀렸다. 미사일 발사를 대미 협상 카드화하는데 성공한 것이다.

이런 분위기 속에 2000년 10월 매들린 올브라이트 미 국무장관이 역사상 처음으로 평양을 방문했고, 조명록 차수의 방미에 이어 미 · 북 '공동 커뮤니케'가 나왔다. 즉 미사일을 통한 벼랑 끝 전술이 성공한 것이다.

'북한 미사일 위기'는 미사일 발사 자체가 아니라 이를 통해 북한이 단기적으로는 금융 제재 해제, 중기적으로는 포괄적 협상안을 이끌어 내려는 것이라는 분석이 제기되기도 했지만 대포동 2호는 본질상 북한의 전략 무기 운반 능력을 의미한다.

북한은 이미 2005년 2월 10일 외무성 성명을 통해 핵무기 보유를 선언한 바 있다. 2 · 10 성명을 통해 '자위를 위해 핵무기를 만들었다'는 표현으로 핵무기 보유를 처음으로 공식 선언한 바 있다. 그러하기에 이번에 대포동 2호 발사는 북한이 핵무기에 운반 수단까지 겸비하게 되면서 전략 핵 능력을 갖게 된다는 것이 이번 사태의 본질일 것이다.

2) 우리의 기도

하나님이여 주의 이름으로 나를 구원하시고 주의 힘으로 나를 판단하소서. 하나님이여 내 기도를 들으시며 내 입의 말에 귀를 기울이소서. (시 54 : 1-2)

첫째, 먼저 영적으로 북한 땅과 지도부에 우상 숭배와 무력에 집착하도록 종용하는 악한 세력을 보기 원합니다. 예수 그리스도의 이름으로 악한 세력의 역사를 결박하여 주시옵소서.

둘째, 미사일 발사 이후 민감하고 어려운 상황 속에서 북한 주민을 향한 인도적 지원이 지속되게 하시며 북한 주민을 향한 지원이 정치적인 문제로 중단되지 않게 하시고, 영적으로 죽어가는 북한 주민들에게 육의 양식뿐만 아니라 복음이 흘러 들어갈 수 있도록 지원 움직임이 더욱 활발히 일어날 수 있도록 도와주시옵소서.

셋째, 주민들이 먹는 식량보다 미사일과 핵 개발에 더 많은 돈을 허비하는 북한 정부가 평화와 안정, 번영이라는 순리를 외면한 위기 재현을 통한 벼랑 끝 전술을 포기하게 하옵소서.

예수님의 이름으로 기도합니다. 아멘!

참조: 중앙일보, 2006.7.6.

3. 북한 사회의 변화와 군(軍)

1) 북한 사회 변화가 군(軍)에 미친 영향

사회주의권 붕괴와 함께 1990년대 초반부터 가시화되기 시작한 북한 주민들의 탈북 현상은 식량난이 악화되면서 주민들의 주요한 생존 수단으로 작용하였다. 이러한 주민들의 탈북 현상은 국가의 사회 통제가 이완되는 현상을 가져왔다. 그 결과 북한 사회는 아래로부터 체제 일탈 현상 증대, 배금주의 사조 확산, 개인주의 사조 확산을 가져왔고 이러한 경향은 선군 정치의 지속과 강조에 따른 군의 사회 역할 증대에 따라 군에도 영향을 미치고 있다.

그런데 사회 통제의 이완과 치안 상황의 변화는 사회안전부, 국가안전보위부, 인민군 등 주요 기관에 의한 부정부패 행위의 횡행으로 나타나고 있다. 사회안전부는 뇌물을 받고 통행증 없이 이동하는 주민들을 눈감아 주고, 밀수단은 통상 국가안전보위부원들과 연계되어 활동하고 있으며, 협동 농장의 경비를 담당하는 인민군은 부대 단위에서의 조직적인 농작물의 절도, 전매 등으로 큰 이익을 챙기고 있다고 한다.

국경 지대 경비를 담당하는 군인들은 10m마다의 잠복근무에도 불구하고 인근 지역에 내려가 술을 마시거나 접경지대인 중국 마을에 가서 식량 및 가축을 훔치며 탈북을 방관하면서 재입국 탈북자들은 잡아서 금품을 뺏기도 한다. 실제로 최근 들어 북한 군인들이 중국 국경을 넘어 주민들을 대상으로 한 강도 사건이 부쩍 늘고 있는 것으로 알려지고 있다. 지난해 12월 중국관영 창사완바오(長沙晚報)가 보도한 북한 무장 군인의 총격 사건을 비롯하여 10월, 11월에도 여러 차례 발생했다.

2006년 1월 17일에는 연변 조선족자치주 도문(圖們)시 양수진(凉水鎭)에서 무장 북한 군인 8명이 양수 탄광을 습격하여 금품을 강탈하려다 미수에 그치고 도주한 사건이 발생한 것으로 알려졌다. 또한 국경경비대 군인들은 탈북자들을 건네주고 중국 돈이나 달러를 받는 등 군의 부패와 기강 해이가 국경 지대를 중심으로 만연하고 있다.

군의 기강 해이의 원인이 일차적으로는 북한의 극심한 경제난에서 기인한 것으로 평가되지만, 북한군의 통제 시스템의 약화로 인한 사병들의 정신적인 해이가 가장 큰 원인이라고 볼 수 있다. 이러한 현상은 선군 정치의 강조로 더욱 심해지고 있다고 볼 수 있다. 즉 심각한 식량난, 경제난 하에서 인민들은 군인들의 어떠한 행동에 대해서도 이를 이해하고 묵인해야 하며 오히려 군인의 충성심과 정신을 배워야 한다는 논리는 북한군의 횡포를 용인해 주는 분위기로 몰고 갔고, 민군간의 갈등 심화를 가져왔다.

한편 사회 변화에 따른 가치 의식 변화로 나타난 제도 변화 중 두드러진 현상은 군대 기피 풍조이다. 북한 청년들이 군 복무를 선택하는 기본 동기는 입당을 하기 위한 것인데, 입당해서 당원이 되어도 별 이득이 없기 때문에 길고 고생스런 군 생활을 거치기보다는 돈을 쉽게 버는 길을 선택하는 추세다. 또한 선군 정치에 따른 군인 우대 정책에도 불구하고 제대 군인에게 주택도 배정해 주지 못하는 실정이기에 돈이 권력을 대체하는 효과가 나타나고 있다.

2) 우리의 기도

> 만물보다 거짓되고 심히 부패한 것은 마음이라 누가 능히 이를 알리요(렘 17:9)

첫째, 주님, 북한군의 횡포와 부정 부패, 민군간의 갈등으로 무고한 생명이 피해를 입지 않도록 도와주시옵소서.

둘째, 북한이 변화되는 모습들을 알게 하심을 감사드립니다. 북한 내의 변화가 사회와 군 주민들에게 긍정적인 영향을 미치고, 시작되고 있는 변화를 통하여 더불어 사는 방법을 알게 하여 주옵소서.

셋째, 주의 백성들이 돈이 권력을 대체하는 효과가 나타나는 세상에서, 부패한 세상과 어울려 요동치는 삶이 아니라 믿음의 주요, 온전케 하시는 예수님을 날마다 바라보며, 빛으로 소금으로 소중한 존재로 든든히 서 가게 하옵소서.

넷째, 무지와 사망의 그늘에 앉은 사람들에게 생명과 진리의 빛 되신 주님, 주의 백성들이 부정부패가 횡행하는 불의한 북한에서 착하게 살 때(마 5:14-16) 불신자들이 선행의 원천이신 하나님께 영광을 돌리게 하옵소서.

예수님의 이름으로 기도합니다. 아멘!

참조: 데일리앤케이. 2006.1.17 『북한』 2006년 1월호

VI. 북한 체제 일탈 현상

1. 탈북자 왜 모른 체하나

1) 미 탈북자 정책 변화 신호탄?

미국 정부가 동남아를 거쳐 2006년 5월 5일 밤 입국한 탈북자 6명에게 2004년 10월 발표된 북한 인권법에 따라 처음으로 난민 지위를 부여했다. 지금까지 미국은 북한에 대한 인권을 거론하면서도 정작 단 한 명의 탈북자도 난민으로 받아들이지 않아 국제인권단체들로부터 '말뿐인 관심', '정치적 압박 수단으로 인권 문제를 저하시키는 것 일뿐'이라는 등의 비난과 압박을 받아 왔다.

이번 탈북자 난민 수용으로 미국의 대북한 인권 압박 정책이 새로운 단계로 넘어가고 있음을 보여 주는 것이다. 그동안의 정책이 말뿐이었다면 이제는 구체적인 행동으로 표출되기 시작했음을 보여 주는 것이다. 대북 금융 제재를 통한 '돈줄 죄기'와 함께 김정일 정권에 대한 압박 강도를 한층 높여 나가겠다는 뜻이기도 하다. 일각에서는 부시 행정부가 '6자 회담 대신 인권 문제'로 대북 정책의 방향을 틀고 있는 뚜렷한 징후라는 분석도 나오고 있다.

앞으로 관심은 2004년에 제정된 북한 인권법의 추가적 적용이 과연 어느 범위까지 확대될 것이며, 어느 정도의 속도와 규모로 미국의 탈북자를 받아들일 것이냐 하는 것이다.

2006년 4월 22일부터 29일까지 미 워싱턴 DC에서 열린 '북한 자유 주간(North Korean Freedom Week)' 행사에서는 북한의 불법 행위와 인권 문제의 근원적 해결을 위해 김정일 폭정이 종식되어야 한다는 목소리가 높이 울려 퍼졌다.

이 기간 미 로스앤젤리스 이민 법원은 4월 27일 탈북자 출신 서재석(40)씨에게 정치적 망명을 처음 허용했다. 한국 국적을 취득한 북한군 장교 출신의 탈북자에게 미국 법원이 사상 최초로 정치적 망명(Political asylum)을 승인한 것이다. 서씨는 1년 뒤 미국 영주권 신청 절차를 밟을 수 있으며 영주권을 받은 뒤 5년이 지나면 미국 시민권도 신청할 수 있다.

북한 국적의 탈북자에게 미국 망명이 승인된 경우는 그 동안 몇 차례 있었지만 일단 한국에 정착해 한국 국적을 취득한 탈북자에게 미국 망명이 승인된 것은 처음 있는 일이다. 이번 판결이 미국에 다른 한국 국적 탈북자들의 망명 신청 사건에 어떤 영향을 미칠지 주목된다. 2006년 5월 10일 미 행정부 한 고위 관계자는 "최근 망명 업무 담당자들에게 탈북자들의 국적을 무조건 남한으로 간주하지 말라는 지시를 내렸다고 말했다. 그는 "그동안 탈북자에 대해선 남한 헌법에 의해 자동적으로 남한 국적을 갖는 걸로 취급, 망명 신청을 제한했으나 2004년 제정된 북한 인권법 302조에 따라 새로운 지침을 내린 것"이라고 설명했다.

미국의 이 같은 조치는 탈북자들에게 망명 문호를 넓혀 주기 위한 것으로 분석된다. 특히 최근 조지 부시 미국 대통령이 탈북자 가족을 직접 면담하고 제이 레프코위츠 북한 인권 특사가 "북한 난민들의 미국 정착을 받아들일 준비가 돼 있다."고 밝힌 바 있어 미국의 탈북자 정책 변화가 예상되는 시점이다. 그동안 미국 정부는 한국에 정착한 탈북자의 경우 이미 한국 국적을 갖고 있기 때문에 한국에 정착하기 어려운 절박한 사유가 있거나 중요한 정보 제공자에 대해서만 망명을 고려할 수 있다는 입장을 유지해 왔다.

이러한 맥락에서 보면, 서씨의 망명을 받아들인 것은 미국의 분명한 입장 변화라고 볼 수 있다. 서씨는 "로스앤젤리스에 40~50명, 뉴욕에 20~30명의 탈북자가 망명을 준비하고 있는 것으로 알고 있다."며 "아직 100명은 안 되겠지만 앞으로 이 지역으로 많이 밀려들 것이라고 말했다. 그러나 서씨의 망명 사건을 대행한 인권단체인 '휴먼 라이츠 프로젝트' 소속 강은주 변호사는 "모든 사례는 개별적인 기준에 따라 판단될 것" 이라며 지나친 기대를 경계했다.(동아 2006.5.1)

한편 부시 대통령은 2006년 4월 28일 백악관 집무실에서 '북한자유주간' 행사에 참석하러 온 김한미 양(7) 가족과 서울 자유북한방송 김성민 대표 등 탈북민들과 북한에 납치된 일본인 요코다 메구미의 어머니와 오빠를 만났다.

부시 대통령은 탈북한 김한미 양 가족을 소개하며 이들은 잔혹하고 인간의 존엄성이 존중되지 않는 사회에서 자신의 자녀를 키우고 싶지 않아 폭정(Tyranny)의 손아귀에서 탈출했다고 강조, 북한이 폭정임을 분명히 했다. 김 양 가족은 2002년 5월 중국 심양(瀋陽)의 일본 총영사관에 진입을 시도하다 끌려나온 장면이 전 세계 언론에 보도되면서 알려졌다. 당시 중국 공안에 끌려나오는 엄마를 바라보는 두 살배기 한미 양의 사진은 탈북자 문제의 심각성을 대표하는 상징적 존재가 되었다.

이번의 탈북 난민 수용을 계기로 미국 안에서 북한 인권 문제에 대한 관심과 공세 수위가 한층 높아질 것은 분명하다. 주한 미국 대사관은 부시 대통령이 김한미 양 가족을 만난 직후 제이 레프코위츠 북한인권특사의 보고를 받는 사진을 2006년 5월 4일 이례적으로 공개했다. 레프코위츠 특사는 북인권 상황에 대한 거침없는 비판으로 우리 정부의 반발을 사고 있는 인물이다. 미국은 이 사진을 통해 그에 대한 부시 대통령의 신임을 보여 줌으로써 한국 정부를 우회적으로 압박했다는 해석들이 나왔다.(동아 2006.5.8)

레프코위츠 특사도 최근 의회 청문회에서 "탈북자들이 미국에 정착할 수 있도록 우리는 받아들일 준비가 돼 있음을 우방과 동맹들에게 분명히 알릴 것"이라고 밝힌 바 있다. 북한 인권 문제에 침묵으로 일관해 온 우리 정부의 슬기로운 대처가 절실한 상황이다.

2) 탈북 동포의 실상

(1) 탈북 동포의 규모와 성격 변화

중국에 체류하고 있는 탈북 동포의 경우, 불법 체류의 성격상 은신해 있거나 일정한 주거지 없이 떠돌아다니기 때문에 현실적으로 그 규모에 관한 정확한 실상 파악이 어렵다. 더욱이 식량 확보 후 북한으로 돌아가는 사람과 장기 체류하는 사람 등이 섞여 있어 항상 유동적인 상황이다. 따라서 공식적인 집계보다는 현장의 상황을 토대로 한 추산이 발표되어 왔으며, 각 추정치 간에 상당한 편차가 있다.

외교통상부, 통일부 등 정부 내 관련 부처의 추산은 그동안 1만~3만 명으로 보는데 반하여 중국에서 탈북 동포를 지원하는 민간단체

활동가 및 관련 연구자들은 약 10만~30만 명 선까지 추정해 왔다. 탈북 동포의 전체 규모를 보면, 현재 길림성에 제일 많이 있고, 흑룡 강성에도 상당수 있는 것으로 보고 있다. 미국의 자유아시아방송 (RFA)보도 따르면 탈북 동포 600여 명이 라오스에 체류 중이라고 했다. 중국으로 탈북한 사람들은 지난 3~4년간 중국 남부에서 라오 스를 거치는 '남방 통로'를 통해 태국에 들어와 한국행을 가다려 왔 다는 것이다.

탈북의 원인으로 볼 때, 그 일차적 원인을 북한 내 경제적 어려움 과 변방 관리의 허술함이다. 대부분의 탈북자들의 증언에 따르면, 북 한 주민들은 북한 경제에 상당히 비관적으로 보고 있다는 것이다. 또 변방 군인들은 책임감과 복무 임무상 관리, 통제를 엄히 해야 하나 탈북자에 대한 동정심 때문에 묵인·간과하는 경우가 많다. 이들은 월경자들에게 담배·술·돈 등을 요구하면서 생활 조건이 나쁜 변 방 부대에서 버티어 나간다는 것이다.

탈북 목적도 과거에는 단순히 식량을 구해가지고 바로 돌아가는 것이 대부분이었으나, 얼마 전부터는 일정 기간을 체류하면서 중국 에서 돈을 벌어 생활을 꾸려나가거나 중국 내지로 이동하여 돈을 벌 어 제3국으로 망명의 길을 찾고 있는 경우가 많다. 가족을 북한에 두 고 있는 탈북 동포들은 다시 돌아가지만 돈을 써서 비밀 경로를 알아 낸 후 가족을 동반해서 재탈북을 하기도 한다. 최근 탈북 동포들은 여러 번 북한을 다녀 온 사람들이 많고, 탈북의 원인이 주로 배고픔, 돈 벌기 등 경제적 요인이 많지만 정치·사회적 불만 요인에 의한 경 우도 적지 않다.

탈북 동포들의 인적 구성을 보면, 대부분 젊은 여성들이고, 일명 '꽃제비'로 불리는 10대 전후의 남자 어린이들도 있으나 최근 들어서는 나이 많이 든 노인들은 찾아보기 어렵다. 탈북 동포들의 연령이 낮아지는 경향을 보이고 있으며, 지식 수준이 높은 보다 전문화된 사람들이 점차 증가하고 있다.

출신 지역별로 보면, 황해남·북도나 강원도 등 북한 남부 지역 출신은 북한 내 여행·이동의 자유가 제한되기 때문에 극히 드물다. 그러나 최근에는 바다를 통해 탈북 하는 경우도 있어 북한의 남부 및 내지 지역으로 확산되는 추세이다.

종래에는 개인적으로 분산되어 탈북 하는 경우가 있었지만, 요즈음에는 가족 단위 또는 5~6명의 친지 중심으로 조직화되고 있다고 한다. 그 이유는 '전파 효과' 때문인 것으로 보인다. 과거에는 북한으로 송환된 후 재 탈북 하는 경우가 적었으나 최근에는 다시 탈북하는 사람들이 많아졌는데 북한 당국의 송환자 처리 및 관리가 소홀해지고 있는 틈을 이용한 것으로 분석된다.

(2) 주중 탈북 청소년 현장 조사

이 사장의 안내에 따라 시내에서 제일 구석진 곳 불도 없는 캄캄한 아파트로 들어갔다. 올라가는 뒷길 계단에는 칠흑같이 어두워 손으로 더듬으면서 조심조심 올라갔고 도착한 곳은 아파트 맨 위층 다락방이었다. 천정이 낮아 일어설 수도 없는 방에는 매니저를 포함해서 20여 명의 탈북 청소년들이 모여 쪼그리고 앉아 있었다.

우리는 잠시 함께 기도를 했고 이 사장은 그들에게 북한, 통일, 남북 관계 등 알고 싶은 것들을 물어보라고 했다. 그들이 선뜻 질문을 하지 않고 잠시 머뭇거리는 동안 필자가 먼저 북한의 실상이나 남북 관계가 진행되는 상황들을 설명하니 모두가 신기한 듯 귀를 기울였고 한 아이는 "그러면 통일은 언제쯤 되나요?" 하면서 말문을 열었다. 자연스럽게 서로 묻고 대답하는 시간이 한동안 계속되었지만 그들의 관심은 언제 고향에 돌아가 가족과 함께 살 수 있는가 하는 것이었다.

그들 중에 가장 나이가 어린 아이는 13세였고, 나이가 가장 많은 사람은 26세인 여성이었다. 교육은 인민학교 중퇴가 20%, 인민학교 졸업자가 60%, 고등중학교 중퇴 및 졸업자가 15%, 대학 중퇴 및 졸업자가 5% 정도였다. 북한 인민학교(4년)나 고등중학교(6학년)에서는 공부를 하는 날이 거의 없고, 학생들은 학교에서 다른 일에 동원되거나 집에 돌아가고 일부는 '꽃제비'로 시장 바닥에서 구걸을 한다고 한다. 선생들도 출근하여 출근부에 도장을 찍고는 대부분 장마당에 나가 장사를 하기 때문에 북한에서 학교를 졸업하는 것은 별 의미가 없다고 한다. 평양을 제외한 지방의 모든 학교 교육이 이렇게 부실하다니 앞으로 북한 젊은이들의 장래가 암담하다는 것을 느꼈다.

탈북 남자 아이들만 6명이 모여 있는 장소로 안내되었다. 그들은 모두 탈북 해 온지 한 달도 안 되는 아이들이라고 했다. 얼굴도 까맣게 찌들었고 깡말라 있었으며 행동도 매우 불안해하는 눈치였다. 한 아이는 얼굴 한쪽에 큰 흉터가 있었고 생김새도 불량해 보였다. 이들이 처음 이곳에 도착하면 그동안 굶주렸던 배를 채우기 위해서 보통 10인분 정도의 식사를 한꺼번에 한다고 한다. 그러면 배가 부어오르고 얼굴이 부석부석해지다가 차차 식사량을 줄이면서 며칠이 지나면 정상으로 회복되는데 이들이 지금 그런 상태라고 했다.

이 지역에 있는 탈북 청소년들의 하루 일과는 빡빡하게 짜여 있다. 아침 6시에 일어나 QT(Quiet time)를 한 시간 반 동안 갖고, 7시 30분부터 9시까지는 아침을 먹은 후 주변을 정리 정돈하고 주방도

깨끗이 청소를 한다. 9시부터는 오전 학습이 시작되는데 한족말 배우기, 제자 훈련, 찬양과 악기 연주를 배우는데 주일날에는 예배를 본다. 11시 30분부터 오후 한 시까지는 점심을 먹고 정리 정돈과 순번에 따라 주방에서 일을 한다. 오후 2시부터 5시까지 3시간 동안에는 요일에 따라 구약 · 신약 성경을 바꿔가며 공부하고 예배를 보면서 성경을 통독하도록 하고 있다.

화요일에는 한족말을 배우고 금요일에는 영어를 배우고 토요일에는 시험을 치르는 것으로 시간표가 짜여 있다. 오후 5시부터 6시 30분까지는 저녁을 먹고, 그 후 주변을 정리 · 정돈하고 설거지를 한다. 저녁 7시 30분부터 QT와 자율 학습이 있고 밤 10시가 되면 잠자리에 든다. 부모도 없고 집도 잃은 탈북 청소년들에게 이런 기회가 주어졌다는 것이 얼마나 다행한 일인지 몰랐다.

이곳에 함께 있던 영진, 홍철이 등 4명이 북한에 들어가 있는데 겨울에 두만강이 얼면 12월이나 1월경에 돌아올 것이라고 했고, 2~3명도 겨울에 북한에 다녀올 계획을 하고 있기 때문에 기도할 때마다 이들을 위한 기도가 빠지지 않았다. 그곳에 있는 탈북 청소년들은 이미 북한을 7~8번 들어갔다가 붙잡히고, 붙잡히면 얻어맞고 또 도망쳐 돌아온 경험이 있어 북한에 다녀오는 것을 그렇게 두려워하지 않는다고 한다.

(3) 탈북 소년 이성민의 북한 방문 면담 요약

보호구를 떠나 낯선 외지로의 모험이 시작되었다. 대련->도문->연길->화룡->숭선을 거쳐 북한으로 들어가는 길을 택했다. 버스와 택시를 이용할 때마다 불안하고 변방대들이 무장하고 무전기까지 차고 버스에 올라와 조사를 할 때는 피를 말렸다. 세 번씩이나 아슬아

슬한 순간을 기도로 넘기고 국경에 도착했다. 4년 전에 넘었던 국경 길을 찾으려 했으나 주변이 바뀌어 길을 잃고 깊은 산 속으로 빠져 죽을 고비를 넘겼다. 또 모르는 길에 들어서 반나절을 고생을 하다가 결국 강을 건너 조국 땅을 내딛었다.

　그러나 나는 무장한 조선 인민군 국경경비대 대원한테 그 자리에서 붙잡혀 몸수색을 당해 인민폐 200원을 빼앗기고 거짓 자백서를 작성했다. 나머지 돈은 항문을 통해 배속에 넣었기 때문에 누구도 찾지 못했다. 보위지도원은 총박죽으로 머리를 치고 주먹으로 눈을 갈겼다. 내 혁띠를 빼 그것으로 마구 때리고 도망 못 치도록 발가락뼈를 끊어 놓겠다고 총박죽으로 내려쳤다. 너무 아파서 발가락을 붙잡고 뒹굴었다.

　백두산 부근 북부 지방이어서 얼마나 춥던지 몸을 웅크리고 반나절을 앉아 있으니 다리가 저려나서 무릎이 끊어지는 것 같았다. 5월 중순 경이었는데 량강도는 낮에도 엄청나게 추웠다. 이빨이 갈렸고, 오래 웅크리고 있어 온 몸이 저려나고 전신이 마비가 되어 걸을 수도 없다. 그렇게 삼일 동안 죽게 다룬 다음 군 안전부로 이간(호송)시켰다. 안전원은 진술서를 쓰게 한 후 자기 집에 데리고 가 먹다 남은 밥을 주었다. 민족 반역자라고 개 취급을 하는 것이 보통인데 자기 집에서 밥까지 주다니 정말 있을 수 없는 일이었다. 그리고 그 안전원은 화물 자동차로 무산까지 이송시켜 주었다. 거기서 나는 화물차를 타고 청진까지 갔다. 우리 집은 농촌이어서 다시 자동차를 잡아타고 집으로 갔다.

　먼저 집에서 4리 정도 떨어진 할머니 집에 갔으나 나를 못 알아보셨고, 나중에야 알아보고는 우시면서 내가 없는 동안 가정 사정을 알려 주셨다. 날이 어두워졌을 때 산길로 집에 갔다. 성난 아버지는

"혁명가의 가문에 평펑이 같은 민족 반역자가 하나 생겼구나!" 하면서 나를 뒷산으로 데리고 갔고 시퍼런 식칼을 들고 나온 삼촌이 나를 죽이려 했다. 그러나 고모가 진정을 시켜 위기를 모면했다. 아버지는 나를 집으로 데리고 돌아왔다.

집으로 돌아온 나는 가지고 간 돈을 가족에게 건네주면서 복음을 전했으나 아버지와 고모로부터 꾸중만 듣고 다음날 가족들과 리별한 채 고향을 등지고 중국으로 다시 넘어왔다. 공동체에 돌아오기까지 단속의 위험한 고비를 수없이 넘기었다. 하나님은 나의 길이시며, 나의 방패이시다. 그런 하나님을 내가 믿기에 또 그분이 나를 사랑하기에 나의 앞날은 희망 찬란할 것이다. 아멘

(4) 중국인과 결혼한 탈북 여성들

중국 북부 깊숙한 한 농촌 마을에서 탈북 여성 5명과 데리고 나온 어린아이들을 만났다. 중국 공안들의 감시가 심하기 때문에 더 많은 사람들이 한 곳에 모일 수가 없다는 것이다.

5명의 여성들은 모두 중국 농촌 남자들과 결혼하여 그곳에서 농사일을 하면서 정착하고 있다. 이들은 북한에서 먹고 살 수가 없어 무조건 중국에 넘어가 노동이라도 해서 돈을 벌어 고향으로 돌아가 가족을 먹여 살리겠다는 생활력이 강한 여성들이다. 중간에서 안내하는 사람을 좇아 자신은 농사일을 돕는 줄 알고 왔는데 알고 보니 노총각, 가난한 총각, 심지어는 지체 부자유자에 팔려 왔다는 것이다. 인신 매매 조직 브로커들은 탈북 여성들을 한국 원화로 70~100만원에 팔아넘긴다고 한다.(데일리앤케이 2006.4.28)

중국 변경의 농촌 사회는 대부분의 여성들이 한국 또는 중국의 대·중 도시로 돈벌이를 하러 나가 결혼할 여성이 부족하기 때문에

농촌 총각들은 결혼 상대자로 어차피 북한 여성들을 선택할 수밖에 없다고 한다. 이렇게 한 결혼이 얼마 못가 파경에 이르거나 결혼 생활 중 중국어가 익숙해지면 도망해서 다른 곳에서 일자리를 찾기도 하지만 딸린 아이들이 있어 마음뿐이지 모든 어려움을 감수하면서 살 수밖에 없다는 것이다. 이렇게 불행하게 마지못해 살고 있는 탈북 여성들이 3만 명에 이른다고 한다.

탈북 여성 중에는 함경북도 등 국경 지역 출신이 많았으나 한 젊은 여성은 평양에서 온 평양의대 출신이라고 자신을 소개했다. 이들은 그곳에 정착한지 8~10년 정도 되었고 모두 아이들이 있는데, 대부분 학교에 입학해야 할 나이로 보였다. 이 아이들은 모두 불법 체류자들이기 때문에 호구도 없어 학교에 정식으로 입학할 수도 없다. 어쩌다 주변의 도움을 받아 학교에 들어가게 되어도 중국 정부의 지원을 받을 수 없고, 수업료, 차비 등 아이들을 양육하는데 드는 비용을 감당키 어려운 실정이라는 것이다. 이러한 아이들이 3,000~5,000명 정도 된다니 그들에 대한 도움의 손길이 절실히 필요한 상황이다.

중국 남자들과 결혼해 살고 있는 탈북 여성들이 가장 어려운 점은 불안한 것이라고 말했다. 불법 체류자들로 호구가 없기 때문에 중국 공안들이 언제 급습해서 붙잡아 북한으로 강제 송환시킬지 모르는 것이다. 중국 공안들은 평상시는 단속을 하지 않고 있다가 위에서 명령이 떨어지면 사전에 파악해 두었던 곳을 쳐들어가 중국인들과 결혼해 살고 있는 탈북 여성과 아이들을 잡아 북한에 넘겨 실적을 올린다고 한다.

이중 한 탈북 여성은 북으로 강제 송환되었던 경험을 털어놓았다. 조국을 오염시켰다는 죄명으로 고문과 매질과 감금을 당하면서 한

달여간의 고생 끝에 재 탈북에 성공했다고 한다. 이렇게 불안에 떨면서 생활을 하고 있는 탈북 여성들이 그래도 버텨 나갈 수 있는 것은 보이지 않는 도움의 손길이 그들을 신앙으로 무장시키고 있기 때문이라고 한다. 자신의 의지와는 상관없이 반 강제로 중국 남자들과 사는 탈북 여성 인권 문제를 남한의 인권 단체가 왜 모른 체하는지, 이들에게 호구 문제를 해결해 주고 보호해 주는 방법을 왜 정부가 침묵하고 있는지 답답하다는 생각을 가졌다.

3) 관련국들의 탈북 동포에 대한 입장

(1) 북한의 탈북 동포 처리 정책

북한의 탈북 동포 처리 정책은 내부 식량 위기와 배급제도 붕괴와 긴밀한 관련이 있다. 1993년경부터 함경북도, 양강도 등 북부 지역에서 식량 배급이 중단되기 시작, 1994년부터 전국적으로 확대되어 갔다. 이로 인한 북한 주민의 '식량 구하러 다니기' 현상이 전국화되고 빈곤층에서는 중국의 친척을 찾아 월경하기 시작했다.

북한 당국은 경비대와 병력을 국경 지역에 배치, 탈북 동포에 대한 경계를 강화했으며 북송되는 경우 공개 처형, 가족에 대해서도 전원 정치범 수용소에 감금했다. 1995년 홍수로 북한의 배급제가 완전히 붕괴되자 중국 내 친지 방문을 목적으로 하는 단기 월경자 외에 그곳에 숨어 살 목적으로 탈북 하는 주민이 급증하기 시작했다.

탈북 동포의 급증으로 북한은 국경 지역 주민들에 대한 교육과 국가안전보위부에 의한 탈북자 체포 활동을 강화하는 한편, 탈북에 대한 처벌을 완화하기 시작했다. 1996~99년 기간 탈북 동포 숫자가 급증했으며, 식량의 절대량이 부족한 가운데 이들 식량이 일부 계층에 집중된 결과 대규모의 탈북자와 아사자가 발생했다. 이때 북한은 탈북 동포들에 대한 처벌을 완화, 1998년 개정 헌법에서 조국과 인민에 대한 배반죄(구헌법 제86호)를 삭제, 명분상 탈북자를 정치범이 아닌 일반 범죄로 규정하여 처벌하였다.

2001년 들어 탈북자의 수가 다시 늘어나고 있는데 이는 북한의 식량 사정이 다시 악화되기 시작했음을 반영하는 것이다. 북한 국경 경비대도 중국에서 돌아오는 탈북자는 단속을 강화하지만 중국으로 들어가는 탈북자들은 단속을 거의 안했다. 월경자들이 국경 경비대대에 상납하는 돈은 전에는 인민폐 500위안이었던 것이, 200위안으로 내려갔다고 한다. 이 당시 김정일 위원장은 사회안전부와 변방보위부에 장기 탈북자 관대 처리, 강제 노동 기간의 단축 및 인권 유린 금지 등의 지시를 내렸다.

2005년 들어 북한의 식량 사정이 다소 나아지고 탈북 동포들에 대한 북한 국경 경비대와 중국 공안들의 단속이 강화됨에 따라 탈북자들의 수가 급격히 감소되었다. 북한 내부 실정에 정통한 소식통에 따르면 2006년 4월 12일경 북한 보위부 요원 217명이 탈북 동포들에 대한 '료해 사업'을 위해 중국으로 파견됐다는 것이다. 이는 김정일 위원장의 내적 지시에 따른 것이며, 파견된 북한 요원들은 탈북민으로 위장하고 중국 동북 지방을 중심으로 조선족 교회 · 처소 등을 조사 · 공작활동을 벌리고 있는 것으로 알려졌다.

한편 대북 라디오 방송인 자유북한방송은 2006년 4월4일 북한 주민들의 탈북 경로에 대못이 박힌 널판자 등 장애물을 북한 국경 경비원들이 설치하는 사진들을 공개한 바도 있다.(미래한국 2006.4.8)

이러한 상황에서는 누구도 삼엄한 두만강을 건널 수 없다. 북한 경비대가 제대로 국경만 지킨다면 도강(渡江) 자체가 불가능한데도 탈북 행렬은 그치지 않고 있다고 한다. 경비대에게 돈만 주면 쉽게 강을 건널 수 있다. 지난해까지만 해도 인민폐 200~300위안 정도였지만 요즈음은 단속이 심해져 500위안(한국 돈 약6만 5,000원)은 주어야 한다. 돈 받은 경비대원은 자신이 초소를 지키는 시간과 장소를 알려 주고 약속한 시간에 가면 안전한 곳으로 안내해 강을 건너게 한다. 북한 경비대 출신의 한 탈북자는 "경비대 전체가 상납 구조로 얽혀 있기 때문에 발각되어도 큰 문제가 없다."고 말했다.(조선 2006.2.28)

(2)탈북 문제에 대한 중국 측 태도

중국 정부는 탈북 문제를 심각하게 인식하지 않고 있으며 자연적·역사적 현상으로 보아 왔다. 100여 년 전 함경도민들이 기근 때문에 만주 지역을 이주하였고, 1960년대에는 중국인들이 생활이 어려워 북한으로 넘어간 적이 있었기 때문이다. 현재 탈북자들도 북한의 식량 문제가 해결되면 북한으로 돌아갈 것으로 보고 있다.

중국은 탈북민 문제를 중·북한 간 양자 문제로 그 성격을 엄격히 제한해 왔으며, 한국을 포함한 제3국의 간섭을 배제하고 이 문제가 국제화되는 것을 원치 않고 있다. 한국의 시민·종교단체들이 탈북민 문제에 개입하는 것은 자신들의 이익 확대 및 입지 강화나 선교에 목적이 있는 것으로 보고 철저히 단속하고 있다. 탈북민들의 송환 문제는 정부간 협의보다는 북·중 양국 공안국 간의 협의에 의해 송환 업무가 수행되었다.

중국측은 중·북한간 1960년대 비밀리에 체결된 '밀입국자 송환 협정', 1986년 8월 중·북한 국경 지역 질서 유지와 월경자의 통제를 목적으로 체결된 '국경 지역 업무 협정' 1998년 적용된 '지린(吉

林)성 변경 관리 조례'에 따라 처리해 왔다.

중국은 이러한 중북한간 협의 의정서에 따라 북한 측의 구체적 요구에 호응하는 등 보다 피동적이고 소극적인 입장을 견지해 왔으며, 탈북민 발견 시 대부분 일정량의 식량을 주어 발견 지역에서 즉시 송환시키는 방식을 취해 왔다.

중국에 장기 체류하는 탈북 여성의 경우, 중국의 혼인법상 중국인과의 결혼은 불법이기 때문에 자녀를 낳아서도 체포되면 북한으로 송환시켰다. 탈북민의 난민 지위 획득과 관련해서도, 한국 등 제 3국이 개입하면 탈북민 문제의 해결이 더욱 복잡해짐을 강조하고 있다. 중국 당국이 탈북민들에게 경제적 지원 및 인도주의적 혜택을 베풀면 더 많은 월경자가 발생할 것이고, 이에 대한 북한 측의 반발이 명약관화하기 때문에 중국 측은 이들을 체포해 북한으로 송환시키는 방법밖에 없음을 역설하고 있다.

실제로 중국은 2005년 8월 옌타이 한국국제학교 진입을 시도하다가 체포된 탈북자 7명과 2005년 말 한국행을 희망하며 중국 내 한국학교 진입을 시도하다가 중국 공안에 체포된 탈북 여성이 2006년 2월 15일 중국 공안부에 의해 강제 북송되었다.(중앙 2006.3.22) 중국의 국내 정치나 대 한반도 정책 및 인권 문제에 대한 중국의 기본 시각으로 볼 때, 탈북 동포의 국제법상 난민 지위에 대한 중국 측의 기본 시각이나 입장의 변화는 기대하기 어렵다. 특히 탈북민 중 비교적 국제법상 난민 지위를 허용할 가능성이 크지 않을 것으로 보인다.

중국 당국이 탈북민 처리에는 한계가 있다. 중국의 일반 주민들이 불법 월경자 문제의 심각성에 대한 인식이 부족하다. 지방 관리로부터 일반 주민에 이르기까지 민족적 동정심만으로 바라보는 경향이 강하다. 탈북민들을 은닉시켜 주고 수색의 정보를 알려 주기 때문에 공안 당국에서 이들을 수색 · 색출하기가 사실상 대단히 어렵다.

그러나 중국은 유랑 탈북민들의 범죄로 인한 사회적 불안 조성, 탈북민 보호 관련 조선족 사회의 민족의식 강화로 인한 소수 민족 정책에 대한 위협, 변경 지역에서의 밀수, 지방 정부와 중국 주민의 부담 증가 등 자국 내의 현실적 이해 관계로 북한 당국과의 협조를 강화하고 있는 것으로 보인다.

(3) 미국의 '북한 인권 실현 3대 목표'

제이 레프코위츠 미 국무부 북한인권특사는 2006년 4월28일 워싱턴에서 열린 '북한자유주간' 행사에서 북한 인권 실현을 위한 3가지 주요 목표를 밝혔다. 첫째는 국제 사회가 북한 인권 문제에 모두 동참하는 것이다. 그는 "북한 인권 문제에 대한 우려를 국제 사회에 더욱 제기해 북한 사회가 실질적으로 변할 수 있도록 돕는 것"이라고 말했다. 이어 그는 "이 같은 목표를 실현하기 위해 중국을 포함해 북한의 이웃 국가들의 역할이 크다."고 강조하고 "올 가을 다시 북한 인권 결의안을 상정할 때 주변국 등 모든 국가들의 동참을 요구할 것이라고 밝혔다."

한편 부시 대통령은 최근 북한 인권 문제에 대해 특별한 개인적 관심을 갖고 지난번 미중 정상회담에서 탈북민 김춘희 씨 문제를 다룬 것도 주목할 만하다. 이는 물론 미국 내 복음주의적 기독교인들의 영향이 컸다고 한다.(워싱턴포스트 2006.4.19) 또 2006년 4월 28일 부시 대통령은 백악관 집무실에서 한국인 5명, 일본인 1명 등 탈북자 및 납북 피해자 가족을 면담한 현장에 일본 대사는 참석한 반면, 한국 관계자는 초청받지 못했는데 북한 인권을 모른 체하는 한국 정부에 대한 은근한 불만의 표시인 것으로 보인다.

둘째, 대북 방송을 강화하는 것이다. 레프코위츠 특사는 "북한 주민에 대한 외부 정보 전달이 중요하다."고 말했다. 그는 "북한이 스스로 변할 수 있도록 북한 주민들에게 힘을 실어 줘야 한다."고 주장했다. 이어 그는 "방송을 통해 그들에게 빛과 자유의 축복을 전달해 160Km도 안 되는 거리에 세계 12대 경제 강국으로 성장한 남한처럼 북한도 그렇게 변해서 남북한이 편차와 민주주의의 번영 속에 통일을 이루길 소망 한다."고 말했다.

이런 맥락에서 레프코위츠 특사는 "북핵보다 인권 문제가 우선돼야 한다."고 주장했다. 미국 인권단체 '디펜스 포럼'의 수잔 숄티 회장도 "국제 사회가 대 북한 정책에서 핵보다 인권 문제를 우선순위로 다뤄야 한다."고 말했다.

셋째, 탈북 난민을 보호하는 것이다. 레프코위츠 특사는 북한을 탈출해 중국 등 제 3세계에 머물고 있는 '탈북 난민들의 보호'를 강조하며 미국이 매우 빠른 시기에 일부 북한 난민을 수용할 것임을 밝혔다. 같은 맥락에서 미국 정부는 4월27일 탈북자가 망명을 신청할 경우 외국인에 대한 망명 처리 절차를 똑같이 적용할 것이라고 미 국무부가 밝혔다. 마이클 호로위츠 미 허드슨 연구소 연구원은 "북한 인권법이 명시한 연간 예산 2,400만 달러가 조만간 예산에 반영될 것이며 미국 정부는 올해 상당수의 탈북민을 수용하게 될 것"이라고 말했다.

이와 함께 레프코위츠 특사는 "동북아 지역에서 우선적으로 탈북 난민을 보호할 수 있는 방법이 간구되어야 한다."면서 "중국 등 주변 국들이 국제난민협약에 의거해 탈북자들을 자유 속으로 인도할 수 있도록 국제 사회가 더욱 압력을 행사해야 한다."고 말했다.(데일리 엔케이 2006.4.30)

4) 정부의 정책과 부정적 평가

(1) 침묵이 정부 정책인가?

정부가 추진하고 있는 탈북 동포들의 보호ㆍ지원 방향은 첫째, 탈북자들에 대한 모든 보존ㆍ지원 정책은 전반적인 통일 정책 구도 하에 추진한다. 둘째, 해외 체류 탈북민은 동포애와 인도주의 시각에서 국내 입국을 희망하는 자는 전원 수용한다는 원칙 아래 체류국 실정에 부합하는 보호ㆍ지원 방안을 마련하기 위해 외교적 노력을 적극 전개한다. 셋째, 국내 거주 탈북자들은 일회성의 물질적 지원보다는 자립 기반 조성 및 자활 능력 배양을 통한 건전한 민주 시민을 양성하는데 주안점을 둔다. 넷째, 정부 차원의 지원과 병행하여 탈북자 후원회 등을 중심으로 각종 민간ㆍ종교 단체의 적극적인 참여와 지원 활동을 유도해 나간다는 것이다.

정부의 탈북자에 대한 지원은 입국 조치, 초기 자립 지원, 그리고 사후 관리 등 크게 세 가지 영역으로 구분하고 있다. 정부는 이러한 보호ㆍ지원 정책이 탈북 동포 자신들에게는 때때로 미흡하겠지만 그들도 하루 빨리 탈북민의 틀을 벗어나 대한민국의 선량한 민주 시민이 되도록 노력을 해야 한다는 것이다.

한편 정부는 탈북 동포 문제 해결을 위해서 3가지 국제적 접근 방법을 쓰고 있다. 첫째, '조용하면서도 내실 있는' 대 중국 외교 교섭을 계속하고 있다. 우선적으로 탈북 동포의 생존권 보호 차원에서 중국 내 체류를 묵인하고 본인의 의사에 반해 북한에 강제 송환되지 않도록 협조하고 있다. 그 이상의 조치는 당장 어려운 것이 기본적으로 탈북민들이 '동포'인 것은 분명하지만 냉정한 국제 사회에서 이들에 대한 우리 정부의 관할권을 인정하지 않고 있다. 정부는 이로 인해 그동안 다각적 파트너십을 강조하면서 신뢰를 쌓아온 한·중, 한·러 관계가 더 이상 악화되지 않기를 원하고 있다.

둘째, 정부는 유엔난민고등판무관사무소(UNHCR)와 협의하고 긴밀한 협력을 하고 있다. 중국이 기본 입장을 견지하고 있음에 따라 UNHCR의 활동에 한계가 있으나, UNHCR로 하여금 중국 정부에 인도적 접근을 권유하도록 요청하고 있다. 한편 UNHCR는 자신의 활동 범위 내에서 탈북 동포 실태를 파악하는 등 우리와 협력을 계속하도록 하고 있다.

셋째, 정부는 인권 및 난민 관련 국제기구의 각종 회의 시, 북한 인권 문제와 함께 탈북민 문제를 적절한 수준에서 거론, 해결 방안을 모색하고 있다.

(2) 부정적 평가

정부의 이러한 정책 방향이나 접근 방법이 구체적인 사건에 적용될 때마다 외부로부터 강한 반발에 부딪쳐 왔다. 한마디로 정부는 심각한 탈북 동포 문제를 '강 건너 불을 보듯' 침묵해 왔다는 것이다. 탈북 동포 문제를 처리하는데 '북한을 자극하면 남북 관계가 악화된다.' 며 "북한을 자극하지 말고, 경제 회생을 도와야 한다."는 기본 논리를 펴온 것이다. 주미 한국 대사관은 지난번 한국서 온 탈북 동포들을 만나주지 않았다. "시끄럽게 해서 북한을 자극하면 남북문제 해결에 도움이 안 된다."는 이유를 달았다.

탈북 동포를 기본적으로 한국민으로 간주해 이들을 적극적으로 수용하면서도 북핵 문제의 우선적 해결을 이유로 탈북민 문제에 대한 조용한 외교를 견지해 온 정부가 성과로 내놓을 수 있는 것이 없다. 북한을 자극하면 관계가 악화된다고 하지만 북한을 자극해 온 미국이나 일본에게는 납치 사실을 시인하고 대화하려고 하는데 북한을 자극하지 않고 엄청난 지원을 해 주는 우리에게는 왜 막무가내인지 알 수 없다.

5) 이대론 안 돼

(1) 3가지 해결 방안

주중 탈북 동포 문제를 해결하는 데는 기본적으로 3가지 방안이 있다. 첫째, 그들이 원하는 바에 따라 제 3국을 통해 한국에 보내는 것이다. 그러나 이런 방법은 여러 가지 어려움이 있으며 긍정적으로 바람직하지도 않다. 탈북 동포들로부터 돈을 받고 한국에 밀수를 시키거나 북경에 있는 대사관들에 침투시켜 그들이 한국에 가게 하는 NGO들의 방법은 많은 위험이 따르고 실패 가능성도 높다. 설령 성공한다 해도 탈북 동포들을 모두 한국으로 보내는 것은 한국 국내에서 사회 문제들을 일으킬 수도 있어 주의 깊게 다루어야 할 것이다.

둘째, 탈북 동포들을 현지에 정착시키는 것이다. 탈북자들을 일정 기간 현지 언어와 생활 방식 등을 교육시켜 일하게 하고 현지에 있는 외국인 회사에 취직을 시키는 방법이다. 또 일정한 훈련 과정을 거쳐 조선족과 비슷한 언어와 생활양식을 습득케 한 다음, 중국 거주 증명서를 받아내는 것이다. NGO단체들을 활용하는 방법이 있을 것이다. 그러나 자칫 중국 정부와 마찰을 빚을 수도 있다.

셋째, 탈북 동포들을 현지에서 교육 훈련을 통해 기술을 습득케 하여 북한에 돌아가서도 살 수 있는 방법을 가르쳐 주는 것이다. 장사하는 방법과 북한 경제 생활을 개선시키는 기술 교육을 시키고 정착금을 주어 북한으로 돌려보내는 것이다. 정부가 직접 나서서 이를 추진하거나 지원할 수는 없으나 이런 일을 하고 있는 종교 단체들을 지원하는 방법은 찾아볼 수 있을 것이다. 결국 북한의 변화는 스스로 추구할 수 있도록 지원하는 것이며 인민 학교도 졸업하지 못한 북한 청소년들에게 교육의 기회를 주어 그들을 계발시킬 수 있도록 하는 것은 민족적인 차원에서도 바람직한 것이다.

(2) 원칙과 의지 천명, 행동으로 뒷받침

한민족 문제는 한국이 책임진다는 원칙과 의지를 보다 분명하게 국제 사회에 천명하고 이를 정책과 행동으로 뒷받침하는 노력을 기울이지 않는 한, 국외 탈북 동포 문제에 한국 정부가 개입할 여지는 결코 넓어지지 않을 것이다. 따라서 장기적인 안목에서 지금부터라도 탈북 동포 문제에 대한 종합·체계적인 대책과 남북한 급변 통합의 단초가 될 대량 탈북 동포 발생에 대한 대비책의 강구가 절실히 요구된다.

무엇보다 탈북 동포 문제에 대한 기본적인 인식을 재정립해야 한다. 탈북 문제는 '우리 민족의 문제'라는 분명한 원칙을 천명하고, 중국인과 결혼한 북한 여성에 대해서는 중국 시민권을 부여케 하는 등 중국 내 체류 환경을 개선하고, 이들이 난민의 지위를 얻을 수 있게 하며 통일 대비 차원에서 탈북 동포 문제는 우리 정부와 사회의 '부담'이 아니라 '기회'라는 인식 전환이 필요하다.

둘째, 재중 탈북 동포에 대한 난민 지위 부여를 위한 노력이 필요하다. 국제적으로 난민 규정에 관한 현재 기준이 정치적 측면에 국한돼 있다는 비판을 받고 있고, NGO들은 '경제적 유민'과 '환경 유민'도 난민의 범주에 포함시켜야 한다고 주장하고 있는 추세이기 때문에 우리는 탈북 동포를 '난민'으로 규정할 수 있다는 주장을 할 수 있을 것이다. 한편 이들이 정치적 박해의 위험에 처해 있고 송환될 경우 심각한 생명의 위협을 받는다는 사실을 경험적으로 증명할 명백한 자료를 확보해야 할 것이다.

셋째, 탈북 동포 문제에 대한 한·중 협력 가능성을 찾는 것이다. 중국 정부가 탈북 동포들의 신변 안전 위험 요소를 제거하고, 보다 안정적인 생활을 할 수 있도록 외교력을 발휘하는 것이다.

필요한 경우 한국 내 조선족 또는 화교에 대한 정책을 중국 내 탈북민 문제와 연계하는 방법도 간구할 수 있을 것이다. 정부는 중국 측이 탈북민 문제에 대한 한국 측의 개입을 전면 배제할 것이 아니라 한·중간에 중요 의제로 협의해 해결하는 방안을 마련하고 이러한 협의 결과를 북·중간의 협의 과정에서 반영토록 해야 할 것이다.

주중 탈북 동포들의 신변 보호와 생계유지를 위한 현금, 의류, 의약품, 식료품 지원, 인력 등을 인도주의에 초점을 맞추어 지원을 확대함으로써 탈북 동포들에게 실질적인 혜택이 돌아가도록 해야 할 것이다. 장기적으로 조선족 밀집 지역인 연변 지역에 생산 공장과 농장 같은 대규모 투자 사업을 시행 및 참여하여 조선족들의 생활 여건을 향상시킴으로써 이들이 탈북 동포들에 대한 보호막이 되도록 하는 것이다.

넷째, 탈북 동포 수용을 위한 국내적인 제도 정비가 필요하다. 정부의 탈북민 문제에 대한 사태 대응적 차원에서의 처리로 인해서 남한 사회 적응에 실패한 탈북민들의 자살, 강도 사건, 북한으로의 재탈출, 외화 밀반출 기도 등 국내 탈북 동포들의 관리상 문제점과 부작용이 드러나고 있다. 대량 탈북 사태가 발생할 경우, 기존의 귀순자 보호·관리 체계와 재정만으로는 감당하기 어렵기 때문에 초기에 즉각적·효율적인 대처를 해야 할 것이다. 따라서 탈북민 수용·보호·교육 등의 시설의 확보는 이들의 임시 거주를 위한 조치로서 가장 급선무이다.

다섯째, 국제기구 및 국내외 NGO와의 협력을 모색해야 할 것이다. 불법 체류 탈북 동포들의 불안과 공포는 이를 악용하는 인신매매라든지 부당 노동 강요 등 비인간적인 대우를 피할 길이 없다. 이를 막기 위해서는 외교적 채널보다는 정치적 부담이 적은 NGO를 통해 국제적 여론을 환기시키고 국제 사회의 관심과 지원을 촉구하는 것이다. 정부는 NGO의 활동을 직·간접으로 적극 지원하고 그들과 협력하여 탈북 동포의 철저한 실태 조사 및 이를 바탕으로 한 종합적인 탈북자 대책을 수립해야 할 것이다.

6) 우리의 기도

> 여러 해 후에 애굽 왕은 죽었고 이스라엘 자손은 고역으로 인하여 탄식하며 부르짖으니 그 고역으로 인하여 부르짖는 소리가 하나님께 상달한지라 하나님이 그 고통 소리를 들으시고 아브라함과 이삭과 야곱에게 세운 그 언약을 기억하사 이스라엘 자손을 권념하셨더라 (출애굽기 2:23-25)

첫째, 이스라엘 백성의 고통 소리를 들으시고 권념하시는 아버지, 북한 동포들의 아픔과 신음 소리도 들으시고 권념하실 줄 믿습니다. 재중 탈북 동포들이 유랑하며 불안한 환경에서 두려워하며 고통당하고 있습니다. 그들의 아픔을 돌아보시고 치유하여 주옵소서. 돕는 손길들을 보내 주시고 고통 가운데 하나님만 더욱 의지할 수 있도록 그들을 돌보아 주옵소서.

둘째, 탈북 문제에 대해 한국 정부의 '조용하고 내실 있는' 정책과 미국의 인권 중시 정책이 반목함으로 인해 갈등의 여지가 발생하고 있습니다. 양국 정부의 위정자들에게 하나님을 경외하고 두려워함으로 진정으로 탈북 동포들의 아픔을 체감하며 그들의 보호를 위해 최선의 정책을 세우도록 지혜를 허락하옵소서. 또한 미국의 인권 중시 정책이 순수하게 탈북 동포들의 아픔을 체휼하며 진정으로 그들의 인권을 보호하기 위한 정책이 되게 하시고 다른 의도로 정략적으로 이용하지 않게 하옵소서.

셋째, 중국은 1995년 난민 지위에 관한 협정을 맺었으며, 이 협정 제 3조 5항에 따르면 UNHCR은 중국 정부와 협의 아래 중국 내 난민들에 대해 아무런 제한 없는 접근을 상시적으로 허용 받을 수 있도록 되어 있습니다. 하지만 중국 정부는 이 조항을 어기고 그동안 UNHCR의 탈북자에 대한 접근을 허용하지 않고 있으며, 특히 자국 내 탈북자들에게 난민 지위를 부여하지 않고 불법 경제 이주민으로 간주하고 있습니다. 3월 23일 안토니오 구테레스 UNHCR 판무관은 "중국 정부가 탈북자를 포함해 외국 난민을 보호할 수 있는 법률의 제정을 추진하고 있다."고 밝혔습니다. 이 기회를 통해서 중국이 국제 사회 속에서 인권을 보호하는 국가로 거듭날 수 있도록 인도하옵소서.

넷째, 재중 탈북 동포들의 신변 안전 및 최소한의 인권 보호를 위해 시급히 해결해야 할 문제들에 대하여 관련 당사국 및 기관들이 좀더 적극적으로 조치를 취할 수 있기를 원합니다. 탈북한지 오래되어 중국인과 결혼하여 자녀들까지 낳은 북한 여성에 대해서는 임시 거류증 및 중국 시민권을 부여케 하여 중국 내 체류 환경을 개선하고 그들의 자녀들도 정상적으로 교육받을 수 있도록 환경을 개선하는데 한국 정부와 중국 정부가 협조할 수 있도록 인도하소서.

다섯째, 최근에 미국에서는 핵 문제 해결을 위한 6자 회담과 동시에 북미 평화 협정 체결을 논의하는 새로운 대북 접근법을 검토 중인 것으로 알려졌습니다. 이를 통해 미국의 대북 인권 정책이 위협적인 대북 압박 정책이 아니라 인권 보호를 위한 정책임을 드러내게 하옵소서.

여섯째, 2006년 5월 9일 한국은 UN 인권이사회의 초대 이사국에 선출되었습니다. 한국 정부가 이제 인권이사국에 걸맞는 인권 존중 국가로서 발돋움할 때이니만큼, 대북 화해 협력 정책에 걸림돌이 된다는 이유로 북한 인권 문제를 도외시할 것이 아니라, 화해 협력과 인권 신장을 동시에 추진할 수 있도록 확고한 원칙을 가지고 임할 수 있도록 하옵소서.

예수님의 이름으로 기도합니다. 아멘!

2. 식량난과 북한 여성

1) 식량난은 여성에게 먼저

1990년대 중반 이후 북한의 식량난은 사회 전반에 크고 작은 변화에 직·간접적인 영향을 미친 것으로 평가되고 있다. 특히 북한 여성은 식량난으로 인해 다른 집단 및 계층에 비해 보다 더 직접적인 영향을 받았으며, 이로 인해 북한 여성의 역할 및 의식에 변화가 초래된 것으로 알려지고 있다.

식량난이 북한 여성에게 미친 영향은 거주 지역, 직업, 연령, 교육 수준, 가족 구조 및 가족 구성원의 노동력, 친척의 지원 여부, 경제력 등에 따라 양상이 다르며 그 정도를 달리한다.

하지만 식량난으로 북한 여성들은 가족 부양의 책임이 크게 증대하였으며, 이로 인해 여성들은 과도한 노동과 건강 악화, 생계유지 수단으로 자신의 몸을 도구화하는 상황에까지 놓여졌다.

식량난을 비롯한 경제난의 악화로 인해 보다 더 열악해진 생활환경에서 생계 부양자로서의 과도한 역할 부담으로 인해 북한 여성들의 삶의 질이 크게 저하되고 있는 것이다.

식량난으로 인해 북한 여성들의 가족 부양책임이 커진데 대해서는 북한 당국도 인정하고 있는 부분이다. 《노동신문》 2000년 3월 8일에는 "뜻밖에 들이닥친 식량, 전기, 땔감 등의 부족으로 인한 어려움은 우리 녀성들에게 미쳐 왔다." 이어서 2000년 7월 30일에서는 "돌이켜 보면 몇 년째 이 땅을 뒤덮었던 고난과 시련의 검은 구름은 이 나라 녀성들의 가슴속에 먼저 그늘을 드리웠었다."라고 게재한 바 있다.

직접 북한을 방문하여 여성들과 면담한 내용을 분석하여 작성된 『90년대 이후 조선 녀성들의 가정에서의 삶에 관하여』라는 논문에도 식량난으로 인해 북한 여성들이 가족 생계유지 부담이 매우 커졌으며 가족 부양을 위해 북한 여성들이 희생적·헌신적 삶을 살고 있는 것으로 나타난다.

아울러 논문에는 1990년대 이후 경제난이 대부분의 북한 가정에 심각한 영향을 미치고 있는데, 실질적으로 분거해 있거나, 이혼한 것과 다름없는 가정이 점점 늘어나고 있어 심각한 '가정 위기'에 직면하고 있다고 서술하고 있다.

또한 식량 및 생활비 조달을 위해 경제 활동이 크게 증대되었음에도 불구하고 사회 전반에 만연해 있는 남성 중심의 가부장적 의식으로 종래와 마찬가지로 가사 노동까지 전담함으로써 이중 부담이 보다 더 가중 되었다.

식량난이 북한 여성에게 미친 또 다른 영향·파급 효과로는 식량 구입을 위한 주민 이동의 급증에 따른 주민 상호간 정보 유통의 증대, 장마당 활성화에 따른 주민 간 상호 접촉 및 정보 교환의 증대와 북한 주민의 의식 변화와 사회 질서의 혼란 및 사회 통제 이완 등을 생각해 볼 수 있다.

식량난으로 인한 국가 공급 체계의 붕괴와 텃밭 및 소토지 경작, 장마당 등 비공식 부분의 활성화 즉 비공식 경제의 확산, 외부 사조·문물의 침투는 북한 주민들로 하여금 국가와 사회, 집단과 인민보다는 개인과 가족 위주의 가치관, 정치 사상보다는 돈과 물질 위주의 가치관을 형성하게 하였으며 식량 구입을 위한 주민 이동의 급증과 장마당의 활성화는 이러한 가치관의 확산 및 심화에 속도를 더했다는 것이다.

2) 우리의 기도

저가 사모하는 영혼을 만족케 하시며 주린 영혼에게 좋은 것으로 채워 주심이로다. (시 107:9)

첫째, 북한 여성들의 본질적인 아픔과 고통을 아시는 주님, 그들을 위로하시고 긍휼과 자비를 베푸사 교회들이 그들의 외침을 간과하지 않게 하시고 실질적인 도움이 되게 하옵소서.

둘째, 식량난을 비롯한 경제난의 악화로 생존 형성 및 인신 매매, 가족 해체 등 삶의 질이 크게 저하된 북한 여성들이 여성으로서 존귀함과 아름다움이 회복되어지도록 역사하여 주시옵소서.

셋째, 과도한 노동과 심신 건강 악화, 가정 위기 · 자녀 교육 위기 심화 등의 아픔과 상처로 인한 상한 마음과 육체를 치유하시고, 상처를 주고 괴롭힌 자를 용서하여 하나님의 생명과 능력과 위로가 흘러내리는 삶이 되게 하옵소서.

넷째, 식량 구입을 위한 주민 이동의 급증에 따른 주민 상호간 정보 유통의 증대, 장마당 활성화에 따른 주민 간 상호 접촉 및 정보 교환의 증대가 복음이 흘러가는 통로가 되게 하옵소서.

다섯째, 돈과 물질 위주의 가치관이 형성되고 가족 부양의 책임이 크게 증대한 북한 여성들이 의에 주리고 목마를 때에(마 5:6, 시 34:10) 하나님과 인간, 부모와 자녀, 남편과 아내 등에서 깨어진 관계가 올바른 관계로 회복되는 복을 누리게 하옵소서.

예수님의 이름으로 기도합니다. 아멘!

참조: 식량난과 북한 여성의 역할 및 의식 변화, 2004, 통일연구원

3. 평양 대부흥 운동의 교훈

1) 평양 대부흥 운동의 교훈

'1907년 대부흥의 재현'이라는 기치를 내걸고 추진되고 있는 평양 대부흥 운동 100주년 기념행사가 각 단체들의 개별적인 활동으로 또 하나의 소모성 행사에 그칠 것이라는 우려가 나오고 있다.

현재 평양 대부흥 운동 100주년 행사를 준비하거나 이미 실행하고 있는 단체는 11곳에 달한다. 시간이 지나갈수록 행사 주체들은 더 늘어날 전망이다. 최근 11개 단체는 경기도 성남시 새벽월드평화센터에 모여 행사의 중복과 지나친 경쟁을 방지하기 위해 연합조직위원회를 결성하는 방안을 논의했다. 그러나 단체 간 의견이 엇갈려 결론을 내지 못했다. 대표들은 3월에 다시 모여 협력 방안을 논의키로 했다.

이런 점에서 지역 교회와 단체들이 연합해 공동 기념행사를 기획하고 있는 부산의 사례에서 배워야 할 점이 많다. 부산에서는 자체적으로 부산대회준비위원회가 결성돼 각 교회와 단체 행사가 질서 있게 치러지도록 협력하고 있다.

평양 대부흥 동은 1907년 평양의 교회를 중심으로 일어나 전국 교회로 확산된 부흥 운동을 말한다. 평양 대부흥 운동을 통하여 한국인들은 성령의 역사를 체험했다. 이런 점에서 선교사들은 이 대부흥을 한국의 오순절이라고 불렀다. 마가의 오순절 다락방 사건이 교회의 진정한 시작이듯이 1907년의 대부흥은 한국 교회의 진정한 시작으로 보았다.

평양 대부흥 운동의 결과 죄 고백, 원수들 사이의 화해, 도덕의 회복, 지속적이고 뜨거운 기도회 그리고 복음 전도의 열정이 뜨겁게 타올랐다.

오늘날의 남북(교회) 관계에서 평양 대부흥 운동이 주는 교훈이 있다면 무엇보다도 죄 고백(반성)과 화해라고 할 수 있다. 반성과 화해의 차원에서 한국 교회의 몇 가지 모습을 살펴보려고 한다.

우선 조선그리스도교련맹의 세계교회협의회(WCC) 가입 신청설이다. 1974년과 1981년 두 차례에 걸쳐 그리스도교련맹이 세계교회협의회 가입을 신청했으나 기각된 것으로 한국 교회에는 알려져 왔다. 이것에 의문을 제기한 사람은 1994년 3월 사망한 조선그리스도교련맹의 고기준 목사였다. 고 목사는, 조선그리스도교련맹이 세계교회협의회 가입을 신청하지 않았는데 남쪽 책들에는 가입 이야기가 나온다고 밝힌 것이다.

조선그리스도교련맹의 세계교회협의회(WCC) 가입 신청설은 종교 탄압으로 교회 하나 없는 처지에서 감히 세계교회협의회에 가입하려 했다는 이유로 1970년대 이후 한국 교회가 조선그리스도교련맹을 불신하고 경멸하는 중요한 근거가 되었다.

다음으로 조국 통일을 위한 북과 해외 동포 기독자간 대화 반대를 둘 수 있다. 1981년 11월 3일부터 6일까지 오스트리아의 비엔나에서 열린 "조국 통일을 위한 북과 해외 동포, 기독자간의 대화"가 열렸다. 그러나 한국 정부와 한국기독교교회협의회(KNCC)는 이 대화를 강력히 반대했으며, 장소를 빌려주기로 한 스위스교회에 압력을 가해 회의장이 스위스에서 오스트리아로 바뀌기도 했다.

한국기독교교회협의회는 "적색 분자 기독교인들의 회의를 위하여 스위스 교회가 협조해서는 안 된다."는 전문을 스위스개신교연합회에 보내고 세계교회협의회에도 유사한 내용의 전문을 보냈다. 이런 일을 통해서 한국 교회는 해외 동포 및 세계 교회들과 관계를 맺으려는 조선그리스도교련맹의 노력을 방해하였다.

평양 대부흥 당시 정치, 문화, 사회적 위기 상황에서 한국 교회는 깊은 종교적 경험을 통해 신앙을 내적으로 심화시키고 교회를 외적으로 성장시키며 사회를 변화시키는 기회로 삼았다. 영적, 신학적, 도덕적 위기에 직면한 오늘날의 한국 교회가 또 다시 어려운 상황을 극복하는 좋은 본보기로 삼아야 할 것이다. 자신의 과거에 대한 역사적 반성을 통해 현재의 총체적 난국을 극복의 기회로 삼기 위해서는 무엇보다도 평양 대부흥 운동과 같은 영적 각성이 필요할 것이다.

2) 우리의 기도

> 우리 하나님이여 지금 주의 종의 기도와 간구를 들으시고 주를 위하여 주의 얼굴빛을 주의 황폐한 성소에 비취시옵소서. (단 9:17)

첫째, 부흥을 기대하기에 앞서, 먼저 거룩하신 하나님 앞으로 나아가기에 부적합한 삶이 무엇인지 돌아보며, 우리의 영적 삶을 부패시키는 하나님 이외에 사랑하는 것들을 제하여 버리게 하옵소서.(요일 2:15-16)

둘째, 철저한 개인의 각성이 사회 전반의 개혁으로 이어져 성령 안에서 한국 교회와 민족을 놀랍게 갱신 시켰던 평양 대부흥 운동의 역사가 이 땅에 다시 임하기를 간절히 소망합니다. 오 성령이여! 이 땅에 부어 주셨던 그 놀라운 부흥을 다시 허락해 주시옵소서!

셋째, 야곱이 결단을 하고, 세상적으로는 번영했으나 신앙적으로 실패했던 땅 세겜을 떠나 벧엘로 올라갔던 것처럼(창 35장) 북한 지하 교회를 붙들어 주사 탄압과 핍박 속에서 흔들림 없이 십자가의 길을 걷게 하시며 북한 교회에 놀라운 성령의 역사가 일어나게 하시옵소서.

넷째, 평양 대부흥 운동 100주년 행사를 준비하거나 이미 실행하고 있는 단체들이 평양 부흥 운동이 한국 교회에 가져다 준 두드러진 결실인 영적 각성 및 사회 개혁 운동, 전도열과 놀라운 교회 성장, 그리고 복음주의 연합 운동 등을 기억하며 행사를 준비하여 소모성 행사에 그치지 않게 하옵소서.

예수님의 이름으로 기도합니다. 아멘!

참조: 국민일보, 2006.2.4.
1907년 대부흥 운동의 교회사적 의의, 김흥수

4. 북한의 통일교 현황

1) 북한의 통일교 현황

많은 사람들은 금강산 관광 때문에 현대그룹이 북한과 가장 가까운 것으로 알고 있다. 그러나 통일교도 그 이상으로 북한과 가깝다. 남북정상회담 이전 이미 통일교의 문선명이 1991년 11월에 평양을 방문하여 같은 해 12월 6일 북한 김일성과 회담을 갖고 남북 교류 협

력 합의서에 서명한 바 있다.

이후 통일교는 북한에 적극적인 진출을 시도했다. 통일교의 북한 진출 예를 보면, 리틀엔젤스가 민간단체로는 분단 이후 처음으로 1998년 5월 4일 평양 봉화예술 극장 무대에 올라 남북한 문화 예술 교류의 물꼬를 텄다. 그리고 그 다음해인 1999년 7월, 전국대학원리 연구회와 세계평화청년연합 공동주최로 제 5차 남북청년학생평화세미나가 개최되었다.

통일교와 북한의 관계는 이것만이 아니다. 북한의 일방적인 통보로 중단되긴 했으나, '북한 육로 관광' 을 계획 추진해 왔다. 그리고 통일교와 박경윤 금강산그룹 회장이 공동 주주로 참여한 금강산 국제그룹을 통해 대북 사업을 벌여왔고 그 결과 통일교 단독의 대북 사업인 평화자동차총회사 출범을 계기로 북한 진출을 모색하게 됐다.

평안남도 남포시 항구동에 위치한 평화자동차총회사 종합 공장은 이탈리아 피아트(Fiat)사 제품의 자동차들이 생산되고 있는데, 이 공장은 김정일 위원장이 33만 평의 대지를 직접 지정한 곳으로 현재 제 1공장과 함께 수리 공장이 세워져 있다. 2002년 4월 6일 준공식을 갖고 자동차 조립 생산을 위한 본격적인 가동에 돌입한 이 공장은 제조업 분야로는 남북 경협 사상 최대 규모이다.

평화자동차는 현재 생산, 판매가 이뤄지고 있지만, 북한에서는 자동차를 판매할 수 없고 재일 교포와 중국 화교들만이 소유할 수 있는 만큼 지금으로서는 부속을 만들어서 중국으로 건네주는 데 치중하고 있는 정도이다.

한편 평화차동차 출범은 북한과 이탈리아가 수교하는 계기가 되었다. 2000년 1월 4일 람베르토 다니 이탈리아 외무장관은 로마에서 김형림 북한 유엔식량농업기구(FAO) 상주 대표와 수교 합의서를 교환함으로써 외교 관계를 갖게 되었다.

이와 같은 외형적인 모습 외에도 문선명은 김정일에게 '생일 선물'로 3백만 달러를 상납하는 등 북한 정권에 수천만 달러를 지원했다는 것은 이미 알려진 사실이다.

통일교는 또한 남북 관계가 원활하지 않았던 문민정부 시절에 이미 평양 시내 중심에 보통강호텔과 안산관호텔 운영에 참여했다. 보통강호텔은 김일성이 손수 아홉 차례나 현지 지도를 하였으며 현재에도 흑자 운영 중에 있다는 것이다.

무엇보다도 문선명의 고향인 평안북도 정주에 대지 30만평을 자칭 재림 주 황제 메시아 탄생지로 성역화 작업을 완료하고 세계평화공원으로 명칭을 붙여 통일교 교인들의 성지 관광 코스로 이용하고 있다. 평양에는 통일교의 평양가정교회가 세워져 있다.

이러한 통일교의 북한 진출은 통일교의 종교적 목적 실현을 염두에 둔 하나의 과정으로 문선명이 '원리 강론'을 통해 가르치는 지상천국의 건설을 위해 수단방법을 가리지 않고 있음을 보여 주는 것이다.

2) 우리의 기도

> 마귀의 간계를 능히 대적하기 위하여 하나님의 전신 갑주를 입으라. 우리의 씨름은 혈과 육을 상대하는 것이 아니요 통치자들과 권세들과 이 어둠의 세상 주관자들과 하늘에 있는 악의 영들을 상대함이라. (엡 6:11-12)

첫째, 이미 북한에 정치·경제적인 영향력을 확보하고 있는 통일교에 대해 한국 교회와 선교 단체들이 통일교의 북한 진출 전략과 실

체를 바로 알아 지혜롭고 효과적으로 대처하여 주의 영광만이 선포
되게 하시옵소서.

둘째, 어느 정도 북한 진출의 성과를 이룬 통일교가 한국으로의
전면적인 재진출 시도가 주님의 능력으로 좌절되게 하여 주시옵소
서.

셋째, 통일교의 자칭 "메시아"요 "평화의 왕"인 문선명의 고향 평
안북도 정주에 조성된 세계평화공원 관광이 중지되어 거짓 신에 대
한 우상숭배와 참배가 사라지게 하옵소서.

넷째, 한국 교회가 철저한 영적 무장으로 문선명을 메시아로 북녘
땅·세계에 선포하려는 적그리스도 통일교 세력과의 영적 전쟁에서
승리하게 하옵소서.

예수님의 이름으로 기도합니다. 아멘!

참조: 북한의 통일교 현황과 전면적인 남한 진출의 의도, 탁지일

5. 마약 중독

1) 마약 중독

북한 주민의 마약 복용이 빠르게 늘어나면서 새로운 사회 문제로

부각되는 것으로 나타나고 있다. 북·중 국경 지역인 함경북도의 경우, 한창 일할 나이인 청장년층의 5% 정도가 생활난으로 인한 고통과 마음의 공허감으로 마약을 복용하고 있는 것으로 전해져 그 심각성을 더하고 있다.

김정일 위원장의 직접 지시와 강한 처벌 방침에도 불구하고 마약 거래와 복용이 사라지지 않는 것은 생활난 때문인 것으로 알려지고 있다.

오늘날 북한은 평양, 원산, 신의주, 남포, 평성 등지에서 마약 중독자들이 꼬리를 물고 늘어나고 있으며, 담배의 씨를 뽑아서 마약을 섞어 넣고 피우는 사람들, 흰 가루로 된 미약을 코에 흡입하는 사람들, 심지어 주사에 주사를 거듭하고 있는 사람들이 해가 다르게 점점 더 늘어나고 있다고 한다.

또한 마약 복용은 범죄로 이어지고 있으며, 마약 복용의 심각성은 직위 고하를 불문하고 빠르게 번져가고 있다고 한다.

또 올해 1월 3일 신의주의 김일성 동상 전깃줄 절단·절도 사건, 2월 13일 온성 왕재산 동상 투석 사건, 4월 15일 회령 김정숙 동상 전깃줄 절단 사건 등이 모두 마약 복용자의 범죄로, 그리고 지난해 함경북도에서 발생한 살인 사건 500여 건 가운데 무려 30%가 마약 중독자와 술에 취한 사람에 의해 저질러졌다는 주장이 최근 제기되기도 하였다. 외화벌이 차원에서 시작했던 마약 밀매가 이제는 북한 사회를 좀먹고 있는 것이다.

북한에서 마약 생산이 국가적인 차원에서 본격적으로 진행되기 시작한 것은 1980년대 후반이라고 한다. 1980년 후반, 소련을 비롯한 동유럽 사회주의 나라들을 친선 방문하였던 김일성 주석은 해외 순방 과정에서 사회주의 국가들의 붕괴 조짐들을 확연히 느끼게 되었으며 이는 그 후 북한 사회가 생존을 위해 마약 사업에 본격적으로 뛰어들게 한 기본 동기가 되었다고 한다.

함경북도를 현지 지도한 김일성 주석은 고산 지대로 경지 면적이 제한되어 있는 함경북도에서 아편 제배를 본격화하여 앞으로 자본주의 사장에서 더 많은 외화를 얻을 수 있는 마약 생산 원료 원천 기지를 꾸릴 것을 지시하였다고 한다.

이때부터 함경북도에서 대대적으로 아편을 심는 사업이 진행되었으며, 인민무력부 보위사령부와 국가안전보위부가 동시에 마약 판매 사업에 대한 권한을 처음 합법적으로 부여 받게 되었으며 이를 계기로 인민무력부 보위사령부에서 마약을 전문적으로 담당하는 기관인 '518군상관리소'가 생겼다고 한다.

2) 우리의 기도

> 길르앗에 유향이 있지 아니한가, 그곳에는 의사가 있지 아니한가, 딸 내 백성이 치료를 받지 못함은 어찜인고(렘 8:22)

첫째, 북한뿐만 아니라 한국 사회에도 마약 중독 문제가 심각함을 봅니다. 풍요 속 빈곤감에 시달리는 한국 주민들과 실질적인 생활난으로 고통 받는 북한 주민들 가운데 절대적으로 필요한 것은 물질이 아니라 주의 평안과 사랑입니다. 주여 ! 긍휼과 자비를 베풀어 주사 북한 주민들이 거짓 평안과 만족을 약속하는 마약 중독으로부터 벗어날 수 있도록 도와주시옵소서.

둘째, 외화 벌이 목적으로 시작된 마약 밀매가 도리어 북한 땅을 황폐케 하고 있습니다. 북한 당국이 이를 깨달아 더 구체적인 방법으로 마약 거래와 복용을 중단시킬 수 있도록 도와주시옵소서.

셋째, 북한 주민들이 거짓 만족과 평안, 즉 터진 웅덩이와 같은(렘 2:13) 인생을 의지하는 것이 아니라 전능하신 자의 그늘 아래에서 평강을 얻게 하옵소서.(시 91:1)

예수님의 이름으로 기도합니다. 아멘!

참조: 2006.6.8. 연합뉴스
북한 요지경, 맑은 소리, 2006

VII. 북한 종교 탄압과 선교

1. 북한 선교와 평양

1) 평양과 기독교

평양은 1892년 감리교 의료선교사 홀(W. J. Hall, 賀樂), 1893년 장로교 선교사 그라함 리(Graham Lee, 李吉咸), 그리고 스왈렌(W. L. Swallen, 蘇安論) 등이 파송됨으로써 본격적인 선교가 시작되었다. 평양은 당시 상업이 성행했고, 교통의 요지인 평안도의 중심지로 선교 기지로서는 안성맞춤이었다.

이에 대하여 홀 선교사는 선교사 마펫(Samuel A. Moffett, 馬布三悅)의 말을 인용하여 평양을 다음과 같이 언급하기도 하였다.

조선에서 가장 더럽고 문란한 도시이며 사람들이 거칠어 돌로 때리는 폭력이 난무하는 곳이기 때문에 최적의 선교 도전지이다. 초기 선교사들은 평양을 '한국의 소돔', '죄를 많이 지은 고을'이라고까지 불렀을 정도였다. 하지만 이러한 악조건을 오히려 선교가 필요한 이유로 본 것이다.

1890년대 초부터 시작된 평양 선교는 청일 전쟁과 교인 박해라는 시련을 겪으면서 큰 진전을 보였고, 마펫을 비롯한 선교사, 그리고 한국 교인들의 열심과 헌신으로 기독교가 점차 뿌리를 내려갔다. 그 결과 평양은 한국에서 첫 번째로 기독교가 강성한 도시로 성장하였다.

그리고 인류 역사상 최초로 성경으로 도배한 집, 말씀의 집이었던 장대현교회에서 1907년 1월 14~15일 평양 대부흥 운동이 일어났던 것은 무엇보다도 의미 있는 일이었다.

1866년 순교한 토마스 선교사로부터 한문 성경책 3권을 건네받은 12세의 소년 최치량이 성경이 금서라는 사실을 알고 평양의 영문주사(營門主事) 박영식에게 건네주었다. 토마스 선교사를 죽인 병졸 박춘권은 훗날 토마스로부터 받기를 거절했던 그 성경을 읽고 예수를 믿어 영주교회 영수가 되었다.

성경책을 건네받은 영문주사(營門主事) 박영식은 질 좋은 종이로 만들어진 성경책으로 자기 집 도배를 하고 싶은 생각이 문득 들었다. 당시 중국 성경책은 종이의 질이 좋았고 한쪽 단면만 인쇄되어 있어 도배가 가능했던 것이다.

이 성경책으로 도배한 집이 평양 최초의 교회, 널다리골교회가 되었고, 이 널다리골교회가 바로 장대현교회의 전신이었다. 현재 장대현교회가 있던 곳은 평양 지하철 승리역과 학생소년궁전 사이인 것으로 짐작된다.

한편 평양은 6·25 이후 초토화된 시가지의 전후 복구 사업 운동으로부터 본격적인 개발을 시작하여 1970년대에 이른바 혁명의 수도 건설이라는 구호 아래 평양을 시범·선전 도시로 만드는 데 주력하면서 김일성 우상화 시설 등을 짓기 시작 하였다.

성경에 기록된 하나님의 말씀은 우리가 어떻게 하나님을 영화롭게 하고 그를 즐거워 할 것인가를 설명해 주고 있다. 이와 같이 북한도 성경의 일종인 주체사상의 경전, 즉 김일성 교시와 김정일 말씀에 따라 생각하고 행동한다고 믿고 있다.

이러한 주체사상이 단순한 국가의 통치 이념이나 사상을 넘어서 김일성과 김정일을 절대화, 신격화한 수령교로 자리 잡고 있는데, 수령교의 중심이 바로 평양이다.

2) 우리의 기도

> 내 영혼을 소생시키시고 자기 이름을 위하여 의의 길로 인도하시는도다. (시 23:3)

첫째, 거룩하신 하나님 앞으로 나갈 수 없고, 영적 삶을 부패시키는 수령교와 북한 전역에 만연한 우상숭배, 하나님 이외의 것들을 사랑하는 죄악이 평양과 북한에서 사라지게 하시고 죄에 대한 애통함과 충만한 은혜가 그곳에서 넘쳐나게 하옵소서.

둘째, 하나님의 특별한 은혜 · 긍휼인 부흥으로 말미암아 영적으로 쇠퇴하고 도덕적으로 나태한 상태에 빠져 있는 평양과 북한이 살아나게 하시고, 죄인들을 회심케 하는 영적 각성을 주시옵소서.

셋째, 하나님이 교회를 에워싼 악한 원수들을 친히 물리치시며, 하나님의 영광을 자기 백성들에게 보이심으로써 교회를 새롭게 하시는 능력이 북한, 특히 평양에서 나타나게 하옵소서.

넷째, 초기 선교사들이 '한국의 소돔'이나 '죄를 많이 지은 고을'이라고 불렀던 평양을 최적의 선교 도전지로 삼게 하시고 그곳에서 하나님 홀로 영광을 받으시는 날이 속히 오게 하시기 원하나이다.

예수님의 이름이로 기도드립니다. 아멘.

참조: 평양과 기독교, 이 광린

2. 주기철 목사 복권과 한국 교회

1) 주기철 목사 복권과 한국 교회

지난 4월 17일 대한예수교장로회(통합측) 평양노회는 주기철 목사의 목사직 복적을 결의했다. 주기철 목사는 1939년 12월 25일 평양노회의 결정으로 파면당한 바 있다. 평양 남문밖교회에서 노회장의 주도로 열린 임시 노회에서 주기철은 그 목사직을 파면한다고 결정했던 것이다. 교역자로서 국가 의식 불응은 총회 결의 정신 위반이라는 것이 그 이유였다.

우상 숭배를 하기로 한 총회의 결정에 장로교 목사 주기철이 감히 거부하고 불순종했다는 것이다. 즉 총회 관할 아래에 있는 목사가 신사 참배를 행하기로 한 총회의 결의를 거부하고 따르지 않았다는 것이다.

당시 평양노회는 주기철 목사의 산정현교회 담임 목사직을 해임한 것만이 아니라 목사 자격 자체를 박탈했다. 산정현교회와 목회 관계를 끊어 버린 동시에 목사직을 더 이상 수행하지 못하도록 자격을 박탈했던 것이다.

하지만 이러한 복권 결정은 처음이 아니다. 1997년 4월 통합측 서울동노회를 중심으로 노회와 총회가 복권을 결정한데 이어 1939년 파면 후 두 번째로 복권된 것이다.

이 같은 복권 결정에 대해 이날 유족 대표로 참석했던 주기철 목사의 4남 주광조 은퇴 장로는 "복적은 의미가 없는 일이다. 목사직은 하나님으로부터 받은 것인데 어찌 사람이 파면하고 복적시키고 할 수 있느냐는 말이다. 부친도 생전에 그렇게 말씀하셨다."고 말했다.

실제로 주기철 목사를 복권시킨 것에 관하여 "과거의 결정을 유효한 것으로 간주한 전제에서 출발한다. 파면당한 주기철 목사는 지금까지 목사가 아닌 상태였다는 것이다. 순교한 지 반세기가 더 지난 인물에 대한 복권을 결정·선언하여 목사로 만들고 곧 명예를 회복시키려고 했던 것은 우상 숭배를 거절한 이유로 파면을 시킨 것이 유효하다는 것을 전제로 한다."라고 지적한 어느 교회 사가의 지적은 적절하다고 볼 수 있다.

굳이 죽은 자에 대한 어떤 것을 결정하자면, 과거의 면직, 파면 결정이 유효하지 않다고 하는 원인 무효 선언을 해야 한다. 원인 무효 선언은 노회·총회가 과거에 터무니없는 결정을 한 것을 인정하는 것이며 따라서 목사직을 박탈한 것은 교회가 참회 고백을 해야 할 것을 뜻한다.

순교자 주기철 목사의 교회사적 의의는 순교 신앙, 일사각오 정신에만 있는 것은 아닐 것이다. 주기철 목사는 우상 숭배를 거부한 까닭에 자신을 파면·면직시킨 한국 교회의 우상 숭배, 불순종, 배도, 패역을 고발하는 선지자이다.

2) 우리의 기도

> 우리는 수치 중에 눕겠고 우리는 수욕에 덮이울 것이니 이는 우리와 우리
> 열조가 어렸을 때로부터 오늘까지 우리 하나님 여호와께 범죄하여 우리
> 하나님 여호와의 목소리를 청종치 아니하였음이니이다. (렘 3:25)

첫째, 주기철 목사의 복권을 계기로 한국 교회가 일제 말기 수년 동안 범한 우상 숭배, 불순종 등 여러 가지 행악을 진정으로 참회하고 자복하게 하여 주시기를 기도합니다.(사 44:22)

둘째, 일본 제국주의자들의 통치 하에서 교회가 마땅히 지켜야 할 신앙 양심을 지키지 못하고 신사 참배에 가담한 것과, 신사 참배에 반대하며 신앙을 고수하기 위해 일제에 항거했던 주기철 목사를 파면하고 산정현교회를 강제로 폐쇄하는 일을 자행했던 죄악상을 참회·고백한다는 평양노회의 '회개에 합당한 열매'(마 3:8, 행 26:20)를 맺게 되기를 기도합니다.

셋째, 기독교를 말살 하려는 일제의 혹독한 박해 아래에서 그리스도의 주권(Lordship)을 고백하며 그리스도의 고난에 동참한 주기철 목사를 비롯한 수많은 '믿음의 선진들'(히 11:1-2)의 희생과 헌신, 순교를 본받아 한국 교회가 새롭게 태어나게 되어지기를 기도합니다.

예수님의 이름으로 기도합니다. 아멘!

참조: 2006.4.21. 동아일보

3. 허시모 사건

1) 허시모 선교사 사건이 주는 교훈

북한은 해방 후 각종 교육과 선전 매체를 통해 기독교 선교사를 미 제국주의의 앞잡이로 선전해 왔다. 인간의 탈을 쓴 악마, 승냥이? 흡혈귀라고 선전한다.

김일성 저작 선집과 1982년 12월에 발행된 천리마를 보면 "지난 날 선교사의 탈을 쓰고 조선에 기어들었던 미제 승냥이 놈이 조선의 한 어린이가 사과밭에 떨어진 사과 한 알을 주었다고 하여 그 이마에 청강수로 도적이라고 새겨 놓는 천인 공로할 만행을 감행하였다는 것은 널리 알려진 사실입니다. 이것이 미제 침략자들의 승냥이의 본성입니다."라고 주장했다.

기독교 선교사가 흡혈귀로 표현된 이유에 대해 1992년 귀순한 강봉학은 그의 저서 『동토의 땅에서 원쑤의 나라로』에서 "어떤 아이가 선교사의 과수원에서 떨어진 사과 한 개를 주웠는데 그것을 목격한 선교사가 개를 풀어서 아이를 추격한다. 결국 아이는 잡히면서 개에게 심하게 물어 뜯긴다. 그것도 모자라 선교사는 아이를 나무에 묶어 놓고 청강수(염산)로 이마에 도적이라고 새겨놓는다."라고 기술하고 있다.

이것이 바로 한국 교회사에 관심이 있는 사람이라면 낯설지 않은 '허시모 사건'으로 '허시모(許時模)는 안식교 미국인 선교사 헤이스머(C.A. Haysmer)이다. 그는 1925년 4월 한국에 와서 평남 순안(현재의 평양 순안 구역)의 안식교 병원 의사로 일하고 있었는데 바로 그 해 9월, 자기 집 과수원에서 사건을 일으킨 것이다. 피해자는 사

건이 일어난 1925년 당시 12살인 김명섭이라는 소년이었다. 당시의
보통 아이들이 그러했듯 소년은 과수원에 서리를 갔다가 붙잡혀 봉
변을 당했다.

'허시모 사건'은 한국 기독교 사상 가장 불미스러운 사건의 하나
이다. 하지만 그동안 이 사건은 실제보다 과장되어 알려져 왔다. 허
시모가 소년의 얼굴에 영원히 글씨를 남기려 한 것은 아니었으며, 그
가 쓴 약품도 염산이 아닌 초산은이었다. 그리고 처음부터 작정한 것
이 아니라, 배상을 받기가 어려워지자, '징벌' 차원에서 그렇게 한
것이었다는 것이다.

그렇지만 그는 당시 사태의 심각성을 너무도 깨닫지 못했으며, 죄
의식도 거의 없었던 듯하다. 사건이 크게 번지자 부랴부랴 사과문을
내며 반성하는 듯했지만, 몰래 피해자 측과 합의를 하고나자 곧 태도
를 바꾸었다. 법정에서도 시종 자기는 잘못한 것이 없다는 입장을 보
였다고 한다.

사건이 불거졌을 때 허시모가 솔직히 잘못을 고백하고 용서를 구
했다면 그 파장이 그렇게 크지는 않았을 것이다. 하지만 이 사건은
당시 교계는 물론 사회에서 매우 큰 반향을 불러일으켰으며, 선교사
는 물론 한국 기독교계를 궁지에 몰아넣었다.

어찌 보면 한 선교사의 '우발적' 행동으로 넘길 수도 있겠지만,
1920년대에 들어와 선교사들의 폭언, 구타, 여학생 감금, 추행 등
'추문'과 '비행'이 계속 터져 나오던 시점에 일어났기에 파장도 그
만큼 컸다.

그리고 서양인들의 '백인 우월주의'를 보여 주는 사례로 부각되어
국내외 사회주의자들 및 일본의 우익 세력이 미국인이나 서양인 선
교사와 기독교를 공격하는 호재로 삼기도 했다.

2) 우리의 기도

첫째, 섬김의 모범을 보이신 예수님을 따라 문화와 문명이 다른 세계 각처에서 활동 중인 선교사들이(2004년 말, 현재 1만 2,874명) '허시모' 사건을 타산지석(他山之石)으로 삼아 겸손히 믿음과 진리 안에서 주어진 사명을 잘 감당하게 하옵소서.

둘째, 북한이 주한 미군 철수와 같은 현실적인 당면 목표를 달성하기 위한 북한 주민 교양용으로 선교사들을 인간의 탈을 쓴 악마, 승냥이·흡혈귀, 미 제국주의의 앞잡이로 묘사하는 죄악이 중단하게 하옵소서.

셋째, 반 종교 선전의 일환으로 선교사를 매도하고, 북한 주민들에게 주체사상의 우위성을 납득시키는 한편, 이른바 "철전지 원수"들에 대한 증오심과 적개심을 고양시키는데 선교사들을 이용하는 불의가 사라지게 하옵소서.

넷째, 종교는 비과학적이며 미신이라고 믿고 종교에 대한 거부감을 지닌 채 기독교에 대해서는 선교사들의 만행을 열거하면서 혐오감을 들어내는 북한 주민들에게 복음이 씨앗이 심겨지게 하옵소서.

예수님의 이름으로 기도합니다. 아멘!

참조: '허시모 사건'의 경위와 성격, 한 규무

4. 방송 선교

1) 방송 선교

최근 북한에서 외국의 대북 라디오 방송 청취자들이 크게 늘고 있는 것으로 나타나고 있다. 미국의 시사 주간지 《뉴스위크》는 2005년 5월 9일자에서 외부의 정보 유입이 이뤄지면서 국경 지역의 북한 주민들이 라디오를 통해 한국방송을 청취하고 있으며 심지어 휴대폰을 통해 탈북자들이 북한 내 가족과 접촉하는 일조차 가능해졌다고 전했다.

한편 중국 체류 중 선교사들의 도움으로 교인이 되어, 지금은 비밀리에 복음을 전파하고 북한에 들어갈 때마다 선교 단체에서 제공하는 의복과 의약품, 성경책, 라디오 등을 가져가는 함경북도 청진 출신 리영호(가명)는 "국경 지역 도시는 외국 라디오를 듣는 사람이 10집에 5~6집 정도 된다."고 밝히기도 하였다.

실제로 '새터민 언론 접촉 현황'에 따르면, 북한에서 한국 언론을 접촉한 경험이 있는 탈북자는 24.1%로 나타났고, 이들이 북한에서 접한 언론 매체 유형은 라디오(18.2%), TV(5.2%), 신문(0.7%) 순으로 나타나 북한 주민들이 외부 정보를 입수하기에 라디오 방송이 가장 용이한 매체임이 확인됐다.

그리고 한국 언론을 접촉한 경험자 가운데 22.7%는 거의 매일 접속한 것으로 답변하여 북한 주민들이 외부 언론 매체에 접촉하기는 어렵지만 한 번 경험을 하면 잦은 이용 빈도를 보이는 것으로 드러났다.

아울러 라디오를 소유했던 탈북자(47.8%)의 45.7%가 북한에 있을 당시 대북 방송을 청취한 경험이 있으며, 또 대북 방송이 북한 이탈에 절대적 영향을 받았다는 응답이 14.3%, 보통 정도 이상의 영향을 받았다는 비율도 70%에 달하는 한국방송영상산업진흥원의 조사 결과도 발표된 바 있다.

또한 리영호(가명)는 라디오 보급률에 대해 농촌보다는 도시 사람들이 라디오를 많이 갖고 있고, "국경 지역이 내륙 도시보다 라디오를 듣는 집이 훨씬 많다. 탈북 한 경험을 가진 사람들이 많기 때문이다."라고 하면서 "라디오가 달려 있는 녹음기를 보유하고 있는 것으로만 따진다면 청진은 10집에 3~4집, 함경남도 지역은 1~2집 정도 보유하고 있다."고 말하였다.

북한 주민들이 외부 정보를 입수하기에 가장 용이한 매체인 라디오에 대해 이야기해 달라는 질문에 대해서는 "대개 녹음기에 달려 있는 라디오인데, 원래는 보안서에 신고하고 체신소에 가서 채널을 봉인해야 한다. 그 봉인을 뜯고 몰래 듣거나 애초에 보안서에 신고를 하지 않는 사람들이 늘고 있다."고 대답하였다.

주로 어떤 방송을 듣는지에 대해 중국에서 교회의 도움을 받았거나 교인이 된 사람은 "극동방송으로 성경 말씀을 듣는다."고 하여 복음이 철저하게 제한된 지역인 북한에서 방송을 통한 말씀 배달 사역이 매우 효과적임을 보여 주고 있다.

이에 대하여 백석대 선교학과 한화룡 교수는 "방송을 통해 북한 주민들에게 복음을 전해야 한다. 그것이 북한 동포들을 진정 살리는 길이며, 통일을 앞당기고 통일 이후를 준비하는 첩경의 하나이다. 현재 미신 행위가 만연하고 있는 현실에 비추어 볼 때 북한에 복음을 기다리는 사람들이 의외로 많다는 사실을 알아야 한다."고 '북한 주민 최근 동향과 선교 전략' 이란 주제로 북한선교학교 강의에서 제시한 바 있다.

2) 우리의 기도

> 그가 우리를 대신하여 자신을 주심은 모든 불법에서 우리를 구속하시고 우리를 깨끗하게 하사 선한 일에 열심 하는 친 백성이 되게 하려 하심이니라. (딛2:14)

첫째, 방송 선교를 하나님이 평안과 복으로 채우사, 필요한 재정·신실한 일꾼 등이 준비되어 주님을 기쁘시게 하는 도구가 되게 하여 주시옵소서.

둘째, 방송을 통하여 배달되어지는 하나님의 말씀으로 고난 중에 신앙생활을 하는 주의 백성들이 주를 바라보며 소망을 잃지 않게 하시고, 선한 일에 열심 하는 친 백성들이 되게 하여 주시옵소서.

셋째, 악한 영에 사로잡힌 영혼들이 방송 선교를 통하여 주님과 동행하는, 열매 맺는 그리스도인으로 거듭나 주님의 말씀과 임재 앞에 굳건히 서게 하옵소서.

넷째, 방송을 통한 하나님의 말씀 배달을 방해하려는 악한 세력의 역사가 전능하신 하나님의 능력 아래 사라져 주님 홀로 영광 받으시옵소서.

예수님의 이름으로 기도합니다. 아멘!

참조: 데일리앤케이, 2006.1.20

5. 재중 동포들의 북한 선교

1) 재중 동포들(조선족)의 북한 선교

중국 조선족 사회는 매우 강한 민족의식과 전통을 유지하고 있었으며, 문화 혁명 시기 개인적으로 북한 사회로부터 상당한 도움을 받은 경험을 갖고 있는 것으로 알려지고 있다. 또한 재중 동포들은 북한에 친척이 있는 경우도 많기 때문에 탈북 사태가 발생하던 1990년대 탈북자들에 대해 매우 동정적이었던 것으로 평가된다.

따라서 북한 식량난 초기 탈북자들에게 개인적으로 혹은 지역 단위에서 상당한 보호자 역할을 수행할 수 있었으며, 이러한 배경에는 한국 및 해외의 선교 단체 및 선교사들의 지원과 역할이 중요한 부분을 차지한 것이 사실이다. 즉 조선족 교회와 현지 조선족들의 도움을 기반으로 선교 단체와 선교사들이 탈북자들에 대한 선교를 감당해 온 것이다. 하지만 탈북자 발생이 장기화되면서 탈북자 관련 절도, 강도, 살인, 인신 매매 등 사회 문제가 발생하게 되고, 이와 함께 중국 중앙 당국의 처벌 압력이 가중되면서 탈북자 선교에 많은 부분 어려움이 생겨나기 시작했다. 아울러 탈북자들을 숨겨 주거나 밥을 주고 도와주면 지역에 따라 다르지만 상당한 규모의 벌금을 지불해아 한다. 이러한 어려운 현실에서도 대부분의 조선족들은 탈북자들을 외면하지 못하였다.

그리고 동북(東北) 3성(省)에 살고 있는 약 200만 명의 조선족들 중 많을 때는 연간 약 20만 명이 북한을 방문하여 친척들에게 도움을 주고 왔으며 최근 연간 약 10만 명이 강을 건너 북한으로 들어간다고 한다. 이들 중 신앙을 가진 조선족들이 북한으로 들어가 위험을 무릅쓰고 복음을 전하고 있다. 북한을 오가는 조선족들 중에 성경을 가지고 가서 복음을 전하는 이들이 크게 늘고 있고, 이들이 단순히 성경과 찬송가, 식량을 전달하는 것 뿐 아니라 북한 지하 교회의 지도자들을 만나 북한 내 복음 확산에 대해서 깊은 논의를 하고 있는 것으로 밝혀지고 있다.

한국 교회가 북한 주민들을 외면하고 있는 동안 조선족들이 먼저 달려가 북한 지하 교회 성도들에게 쌀과 옷 등을 주고 격려하면서 눈물로 기도하는 일들이 계속되고 있다.

선교 차원에서 탈북자 중 성도들과 신실한 사람들을 대상으로 성경 공부와 신앙 교육 · 훈련을 실시하여 탈북자들이 자발적으로 귀환하여 선교 활동을 하도록 도움을 주거나 강 건너 북한으로 들어가 복음을 전하는 조선족들이 크게 늘고 있다.

2) 우리의 기도

> 그는 흉한 소식을 두려워 아니함이여 여호와를 의뢰하고 그 마음을 굳게 정하였도다. (시 112:7)

첫째, 위험을 무릅쓰고 북한에서 복음을 전하는 재중 동포들이 어떤 상황에서도 진정으로 두려워할 대상은 오직 하나님뿐임을 알고, 상황에 대해서는 담대하게, 하나님에 대하여서는 겸손하게 반응할 수 있도록 인도해 주시옵소서.

둘째, 재중 동포들이 중국 중앙 당국의 처벌 압력 가중 등 탈북자 선교의 어려운 현실에서 하나님 말씀의 고귀함과 하나님을 의지하며 살아가는 신앙의 소중함을 배우며 나날이 거룩해져 가게 하옵소서.

셋째, 지속적으로 재중 동포들의 필요(의류, 의약품, 성경 등)가 채워져 탈북자 선교와 북한 안에서의 사역이 더욱더 활발해지게 하시며, 경제적 형편과 어려움으로 인하여 탈북자들에 대한 보호 의지가 점점 약해지고 북한에서의 선교 활동이 위축되지 않도록 하나님께서 힘을 주시옵소서.

넷째, 재중 동포들이 마음을 정한 기도로(시 112:7) 하나님 앞에 간절히 나아가 북한 선교의 어려운 한계와 현실을 극복하고 진토와 같은 비참한 영혼을 살리며, 하나님께 영광 돌리게 하옵소서.

예수님의 이름으로 기도합니다. 아멘!

참조: 북한 주민의 국경 이동 실태, 이 금순

6. 평양신학원

1) 평양신학원

북한에 최초의 여성 목사가 탄생했다. 기독교대한감리회(감독회장 신경하) 서부연회 전용호 총무에 따르면 평양신학원 교수로 있는 이성숙(58) 전도사가 최근 안수를 받고 목사가 됐다.

조선그리스도교연맹(위원장 강영섭 목사)이 주관한 안수식에는 이 목사 외에도 백봉일(평양신학원 교무처장), 백근삼(조그련 선교부장), 이정로(조그련 국제부장) 전도사가 목사 안수를 받았다고 전 총무는 밝혔다.

현재 9기생 12명의 학생들(2명의 여성 포함)이 공부를 하고 있는 평양신학원은 1972년에 건립되어 2000년 9월에 개원한 후 3년제에서 5년제 과정으로 전환되었다. 평양신학원은 한 기수 당 10여 명 내외를 뽑는데, 한 기수가 5년을 공부하고 졸업하면 다음 기수 10여 명을 채우는 식으로 운영된다.

평양신학원은 당초 평양의 사회민주당 건물에 있었으나 1988년 조선그리스도교연맹 건물이 세워짐에 따라 이 건물 3층으로 이주했으며, 평양신학원의 원장은 연맹위원장인 강영섭 목사가 맡고 있다.

평양 신학원의 교과목은 성경 신학, 조직 신학, 실천 신학, 역사 신학, 교회 음악 등이며, 일반 과목은 이름 있는 대학들에서 교수들을 초빙하여 진행한다고 한다. 평양신학원의 신학생, 즉 목사 후보생은 가정 교회의 추전을 받아 선발되며, 자격은 고등중학교(고등학교) 학력 이상이면 되는데, 이는 일정 학력 이상을 요구하기 때문이기도 하지만 17세 미만의 미성년자에게 종교 교육을 시킬 수 없다는 이유도 있다. 이들은 대개 대학을 마치고 입학하기 때문에 입학 당시 연령은 30 세 이상이 다수를 차지한다.

평양신학원을 졸업한 신학생들은 출신 가정 교회와 각 지방의 가정 교회에서 봉사하는데 전용호 총무에 의하면 "현재 북한 전역에는 총 35명의 목사들이 활동하고 있으며, 이중 10명이 평양의 봉수교회와 칠골교회에서 사역하고 있다."고 한다. 한편 문화체육부(1994)에서 발간한 『북한 종교 자료집』에는 전도사로 5년에서 8년간 가정 교회에서 일한다고 돼 있다.

1972년 건립 이전 평양신학원은 1912년 건립 이후 3번의 폐교와 3번의 재건을 반복해 왔다. 1942년 전쟁 준비에 몰두하던 일제가 모든 신학교를 통폐합, 경성 기독교교사연성소를 세운 후 1945년 10월 재건되었으나 해방과 더불어 북한에 진주한 공산주의자들에 감리교의 성화신학교와 함께 또 다시 통폐합된 후 기독교 신학교로 개칭된 후 1950년 7월 1회 졸업생을 남긴 채 사라졌다가 1972년에 다시 평양신학원이란 이름으로 등장한 것이다.

2) 우리의 기도

저희가 여호와의 율법 책을 가지고 유다에서 가르치되 그 모든 성읍으로 순행하며 인민을 가르쳤더라. (대하 18:9)

첫째, 평양신학원에서 수업 중인 9기생 모두가 복음의 능력 안에서 진정한 참회로 하나님 앞으로 나아가게 하시고, 섬김의 모범을 보이신 주님만을 따라 살게 하옵소서.

둘째, 평양신학원의 교수와 학생 · 평양신학원 졸업생들을 통하여 많은 영혼들이 주 앞으로 돌아오며, 하나님의 영광이 북한 땅에 임하게 하옵소서.

셋째, 평양신학원을 직접 후원하는 단체와 섬기는 사역자들이 하나님의 음성에 귀 기울이며 북한을 향한 하나님의 뜻과 계획 · 섭리를 깨닫는 복된 주의 용사들이 되게 하옵소서.

예수님의 이름으로 기도합니다. 아멘!

참조: 국민일보. 2006.5.23.
북한에도 교회가 있나요? 국민일보, 1998

7. 북한어 성경

1) 북한어 성경

존 로스(John Ross) 목사를 중심으로 매킨타이어(John Macintyre), 이응찬(李應贊), 백홍준 (白鴻俊), 서상륜(徐相崙), 이성하(李成夏) 등이 최초의 한글 성경인 누가복음과 요한복음을 각각 번역해서 출판한 것은 1882년이었다.

1882년의 성경 출판은 한국 성경 번역사에서 매우 중요한 의미를 지닌다. 그것은 최초의 한글 성경이라는 사실 때문만이 아니라 뛰어난 번역자들과 수차례의 재 교정을 통해 모든 난관을 극복하고 원문에 충실하면서도 순 한글로 인쇄되었다는 사실 때문에 더욱 값진 결실이었다라고 평가받고 있다.

한 가지 더 놀라운 사실은 성경 번역에 기여한 이들이 복음을 전하기 위하여 권서인(勸書人, 책을 사서 읽도록 권하는 사람이라는 뜻으로 성경책이나 전도 책자를 파는 사람을 말한다. 이들은 단순히 성경만 판매한 것이 아니라 전도자, 교사, 설교자의 역할을 감당하므로 초기 기독교회를 창건한 주역이 되었다.)이 되어 고향으로 돌아가 자신들이 만든 성경을 배달하는 일에 중요한 역할을 했다는 사실이다. 이렇게 해서 한국에는 처음부터 한국인에 의한 복음 전파가 놀랍게 진행되었다.

존 로스(John Ross)와 매킨타이어(John Macintyre)가 저본(底本)으로 사용한 성경은 중국어 성경 문리(文理)역, 헬라어 성경, 영어 성경인 KJV, ERV 등 네 종류의 성경 이었다.

최초의 성경 번역 이후 대한성서공회(당시 영국성서공회 경성 지부)가 1900년에 「신약젼셔」 출판 후 구약 번역이 1911년에 나왔다. 이 신구약 성경을, 후대에 나온 「성경전서 개역」과 구별하여, 옛 번역 곧 "구역(舊譯)"이라고 일컫는 것이다.

최근 모퉁이돌선교회는 북한 성도들이 성경을 보고 이해하기 쉽도록 그들이 사용하는 언어로 신약 성경의 번역을 마쳤다.

현재 남북의 언어는 각각 표준어와 문화어라는 테두리 속에서 서로 다른 길을 걷고 있다. 남과 북의 언어생활의 이질화는 분야에 따라 다소 차이는 있지만 발음, 어휘, 철자법, 띄어쓰기 문체 등 모든 부문에서 나타나고 있다.

번역한 성경 10만 권을 인쇄하여 북한으로 보내려 한다. 성경 번역에 참여했던 탈북 목회자는 "북한에 성경을 가르쳐 줄 지도자를 만나기 어렵기 때문에 북한 주민들이 사용하는 언어로 만든 성경을 보내는 것은 정말 중요한 일이다. 성경 번역을 도우면서 북한 성도들이 성경을 받고 기뻐할 것을 생각하며 감격스러웠던 때가 한 두 번이 아니다."라고 고백하기도 하였다.

성경을 북한에 보내는 일이 결코 쉬운 일이 아니다. "지난 2000년 집에서 성경책이 발견된 30대 중반 남자가 온성탄광 건너편 산 아래에서 공개 총살을 당했다."고 밝히고 있는 대한변호사협회의 『2006 북한 인권 백서』를 통해서도 알 수 있다.

북한은 오직 하나님의 능력(슥 4 : 6)으로 하나님의 말씀인 복음으로만 회복될 수 있기에 하나님의 말씀인 성경을 배달하는 것은 더 없이 중요한 일이다.

2) 우리의 기도

북한의 성도들이 성경을 보고 이해하기 쉽도록 그들이 사용하는 언어로 된 신약성경 10만 권을 보내기 원합니다. 통제가 심해졌다고 하지만 여전히 많은 성경이 들어가고 있습니다. 탄압과 핍박에 고통 당하는 북한 성도들에게 이 성경은 따뜻한 선물이 될 것입니다.

모든 것을 감찰하시는 하나님! 목숨을 걸고 성경을 얻기 위해 국경을 넘는 북한 성도들을 귀히 여기는 하나님, 많은 성경이 들어가고 있지만 아직 받지 못하고, 성경 한 권을 얻기 위해 기도하며 눈물 흘리는 성도들이 있음을 기억합니다. 아버지, 허락하신 이 귀한 사역에 기름 부어 주시어 더 많은 성경들이 들어가게 하옵소서.

북한어 성경을 허락하신 하나님! 북한어 성경이 인쇄되고 북한의 성도들에게 보내지는 그날까지 모든 과정을 친히 주장하사, 이 일을 감당하고 있는 일꾼들에게 지혜를 주시고 사람에 의해서가 아닌 성령님 도우심으로 모든 일에 아름다운 열매를 맺도록 하여 주시옵소서.

예수님의 이름으로 기도합니다. 아멘!